| 司法鉴定论丛 |

教育部人文社会科学研究规划基金项目"司法鉴定服务合同研究"（编号：14YJA820023）

司法鉴定服务合同研究

SIFA JIANDING
FUWU HETONG YANJIU

刘鑫 著

知识产权出版社
全国百佳图书出版单位
——北京——

图书在版编目（CIP）数据

司法鉴定服务合同研究 / 刘鑫著 .—北京：知识产权出版社，2021.9
ISBN 978-7-5130-7673-9

Ⅰ.①司… Ⅱ.①刘… Ⅲ.①司法鉴定—商业服务—经济合同—研究—中国 Ⅳ.①D923.6

中国版本图书馆 CIP 数据核字（2021）第 168008 号

责任编辑：雷春丽　　　　　　　　　责任校对：谷　洋
封面设计：乾达文化　　　　　　　　责任印制：孙婷婷

司法鉴定服务合同研究
刘　鑫　著

出版发行：	知识产权出版社有限责任公司	网　　址：	http://www.ipph.cn	
社　　址：	北京市海淀区气象路 50 号院	邮　　编：	100081	
责编电话：	010-82000860 转 8004	责编邮箱：	leichunli@cnipr.com	
发行电话：	010-82000860 转 8101/8102	发行传真：	010-82000893/82005070/82000270	
印　　刷：	北京九州迅驰传媒文化有限公司	经　　销：	各大网上书店、新华书店及相关专业书店	
开　　本：	880mm×1230mm　1/32	印　　张：	12	
版　　次：	2021 年 9 月第 1 版	印　　次：	2021 年 9 月第 1 次印刷	
字　　数：	255 千字	定　　价：	60.00 元	
ISBN 978-7-5130-7673-9				

出版权专有　侵权必究
如有印装质量问题，本社负责调换。

前　言

随着社会进步、科技发展、法治加强，我国进入诉讼领域的案件涉及越来越多的专业技术问题，并且很多案件涉及的是形形色色的新兴科学技术问题。法官在法律方面是专家，但往往对其他学科知识知之甚少，甚至完全不知。人民法院想要顺利完成审判，并且保证裁判结果客观、公正、科学，这些专门性问题就无法回避，因此有必要启动司法鉴定程序。

从20世纪90年代后期开始，社会鉴定机构开始萌发，到了2005年2月28日，颁布了《全国人民代表大会常务委员会关于司法鉴定管理问题的决定》，之后面向社会的鉴定机构越来越多。截至2017年12月，全国经司法行政机关登记管理的鉴定机构共4 338家；鉴定人共49 498人；全年共完成各类鉴定业务2 273 453件，比上年增长6.66%；业务收费约40亿元，比上年增长11.02%。[1] 当然，这些鉴定机构开展的鉴定内容仅限于传统"四大类"司法鉴定[2]，"四大类"以外的司法鉴定种类庞杂，涉及学科和专业广泛，甚至无法作出统计。然

---

[1] 党凌云、张效礼：《2017年度全国司法鉴定情况统计分析》，《中国司法鉴定》2018年第3期，第96页。
[2] "四大类"司法鉴定是指：法医类鉴定，物证类鉴定，声像资料鉴定，根据诉讼需要由国务院司法行政部门商最高人民法院、最高人民检察院确定的其他应当对鉴定人和鉴定机构实行登记管理的鉴定事项。

而，即便是"四大类"司法鉴定机构和其中的司法鉴定人也是鱼龙混杂，司法鉴定活动目前面临很多问题。如果再扩展到"四大类"以外的司法鉴定机构和司法鉴定人，其混乱情况更是不可想象。

在《全国人民代表大会常务委员会关于司法鉴定管理问题的决定》实施后，司法鉴定存在的问题并未得到很好的解决，鉴定乱象依然存在，须进一步深化改革。针对我国统一司法鉴定管理体制改革的要求以及鉴定实践存在的问题，2012年修改的《刑事诉讼法》和《民事诉讼法》对鉴定的内容进行了大量修改，完善了鉴定制度，将专家辅助人制度作为鉴定制度的补充予以确立，同时对鉴定人出庭作证规定了较为严格的法律后果。然而，在修改后的两大诉讼法实施一年后，其效果并不显著，不仅原来存在的问题没有得到很好地解决，在司法实践中又出现了部分鉴定机构之间"恶性竞争"，甚至出现了"司法鉴定黄牛"等一些新的鉴定乱象。[①]

首先面临的是鉴定主管部门的问题。传统的"四大类"鉴定是由司法行政部门主管，其他鉴定由其他行业管理部门主管，但是又会有交叉和重叠。因为司法鉴定活动本身具有极强的内容专业性和过程隐蔽性，行政管理部门难以从真正意义上对司法鉴定活动加以监督管理。即便有司法鉴定投诉，相关行政监管部门也只能做形式上、程序上的监督、调查。

其次是司法鉴定意见的审查和采信问题。由于司法鉴定过

---

① 郭华：《治理我国实践中司法鉴定失序的正途》，《中国司法鉴定》2014年第4期，第10页。

程在鉴定意见作出之前已经完成，诉讼相关各方仅能从鉴定文书上了解和审查鉴定过程、鉴定方法以及所采用的鉴定标准。一方面，鉴定文书上记载的这些信息往往简单、模糊；另一方面，鉴定机构记载的这些内容是否与其实施的鉴定活动相一致，难以考量。而司法鉴定服务活动强调实践过程，是用司法鉴定程序符合标准和规范来保证鉴定结果、鉴定意见的准确性和科学性。

最后是司法鉴定的监管单位问题。司法行政部门主管鉴定机构，但是鉴定意见却是司法机关在使用。人民法院在审理案件过程中如果发现司法鉴定有问题，甚至是司法鉴定机构或其司法鉴定人的职业操守、鉴定能力有问题，人民法院对这样的鉴定机构和鉴定人也无能为力，无法实施制裁。监管者与使用者分离，如何实施有效监管，如何保证鉴定的质量？这也是为什么这些年人民法院一直在坚持要制定并发布法院的鉴定机构名册的原因所在。为保证审判工作的质量，各级人民法院应当加强对鉴定机构和鉴定人专业能力、业务水平、规范管理、诚信执业等情况的审查，择优选择符合审判工作需要的鉴定机构和鉴定人，没有必要也没有义务将所有专业机构纳入人民法院对外委托名册。行政管理部门要求将其登记的所有社会鉴定机构全部纳入人民法院对外委托名册是没有法律依据的。[①]

近年来，由司法鉴定引起的诉讼日益增多，当事人对鉴定意见不服，认为鉴定过程存在问题的投诉时有发生。我们统计

---

① 最高人民法院办公厅《关于北京市司法局就登记管理的鉴定机构均进入北京法院专业机构名册意见的复函》（法办函〔2019〕604号），2019年7月22日。

了北京市三级人民法院从2000年到2014年因司法鉴定引起的诉讼，共计52例，案由多半是其他合同纠纷，人民法院多以"不属于法院的受案范围"予以驳回起诉。我们收集整理了当事人因为对法医学鉴定行为或者鉴定结论不满意而提起诉讼的案件，共计16例。通过分析可以发现：一方面，涉及司法鉴定的行政诉讼案件在增加。笔者同样收集了2002年到2014年北京市各级人民法院审理的所有此类诉讼案件（包括一审、二审及申请再审案件），共计87例。在这些案件中，暴露了鉴定机构和鉴定人存在以下问题：鉴定程序不规范，鉴定活动违反相关法律规定，鉴定行为侵犯当事人的合法权益，鉴定资料丢失，鉴定文书表述不当，鉴定结论错误等。作者对这些案件分析、研究的结果提示，提高中国鉴定机构和鉴定人的法律素质和鉴定业务水平迫在眉睫，并提出了防范司法鉴定纠纷的对策。[1]另一方面，如果司法鉴定机构和司法鉴定人在鉴定过程中由于过失给有关单位和个人造成了损害或者损伤，应否承担民事责任，在司法实践和理论上均存在分歧。我国对诉讼中启动鉴定采用职权主义和鉴定人回避制度；在司法鉴定管理上，实行行政登记管理制度。这些制度性安排导致了我国的司法鉴定机构和鉴定人的诉讼地位以及承担责任类型不同于国外当事人委托的专家证人或其他大陆法系的鉴定人。郭华教授建议，司法鉴定机构和鉴定人在职权机关委托的鉴定存在错误导致当事人受损的，可以纳入国家赔偿；对于当事人自行诉前委托的鉴定机

---

[1] 刘鑫：《当事人起诉鉴定机构16例分析》，《中国法医学杂志》2010年第25卷第6期，第458–460页。

构和鉴定人存在过错造成损害的,应当承担民事责任。①

由此可见,目前司法鉴定的鉴定机构和鉴定人的水平和能力堪忧,鉴定意见质量同样堪忧,这是司法鉴定面临的困境,那么如何保证司法鉴定的公正性、科学性,则成为当前司法鉴定证据审查与适用的最大问题。毫无疑问,司法鉴定的过程是保证鉴定意见质量的重点。如果将司法鉴定纳入服务合同的范畴加以研究,重点考察和监管司法鉴定活动的实施过程,无论是司法鉴定管理,还是司法鉴定意见审查,都会更为聚焦、更有针对性。同时,在行政管理方面,作为司法鉴定的行政管理部门,应当如何加强对司法鉴定机构及其鉴定人的监管,对于违法违规的机构和人员如何追究行政责任,对于因过错实施司法鉴定给有关单位和个人造成的损害如何承担民事责任,这都需要进行深入研究。这也是我们选择"司法鉴定服务合同研究"课题的目的。本书从司法鉴定服务合同的性质入手,进一步讨论司法鉴定服务合同当事人的各项权利和义务,重点梳理和讨论了司法鉴定机构和司法鉴定人的执业义务,对司法鉴定机构和司法鉴定人的行政责任和民事责任的承担做了重点研究。

---

① 郭华:《司法鉴定机构及鉴定人被告身份及民事责任的反思与省察》,《中国司法鉴定》2019年第4期,第9页。

凡 例

1. 法律、法规、规章和规范性文件名称中"中华人民共和国"省略，其余一般不省略。例如，《中华人民共和国民法典》简称为《民法典》，《中华人民共和国民事诉讼法》简称为《民事诉讼法》，《中华人民共和国刑法》简称为《刑法》。

2. 对本书以下出现较多的司法解释，使用简称：

（1）《最高人民法院关于适用〈中华人民共和国刑事诉讼法〉的解释》（法释〔2021〕1号，2021年3月1日施行），简称为《刑事诉讼法解释》。

（2）《最高人民法院关于适用〈中华人民共和国民事诉讼法〉的解释》（法释〔2020〕20号，2021年1月1日施行），简称为《民事诉讼法解释》。

（3）《最高人民法院关于民事诉讼证据的若干规定》（法释〔2019〕19号，2020年5月1日施行），简称为《民事诉讼证据规定》。

（4）《最高人民法院关于行政诉讼证据若干问题的规定》（法释〔2002〕8号，2002年10月1日施行），简称为《行政诉讼证据规定》。

目　录

第一章　司法鉴定服务合同概论 ······················· 001
　　第一节　司法鉴定概述 ······························ 001
　　第二节　司法鉴定服务合同的概念和特点 ········· 009

第二章　司法鉴定服务合同文本内容和形式 ······· 055
　　第一节　司法机关出具的司法鉴定委托书 ········ 055
　　第二节　司法鉴定协议书的内容 ···················· 063

第三章　司法鉴定委托人的义务 ······················ 083
　　第一节　司法鉴定委托人义务概述 ················· 083
　　第二节　委托人保障司法鉴定活动顺利进行的
　　　　　　义务 ··· 085
　　第三节　委托人保障司法鉴定机构及其鉴定人
　　　　　　合法权益的义务 ······························ 091

第四章　司法鉴定机构的执业义务 ··················· 096
　　第一节　司法鉴定机构执业义务概述 ·············· 096

第二节　司法鉴定机构的执业义务 …………… 100

第五章　司法鉴定人的执业义务 …………… 112
第一节　司法鉴定人执业义务的概念和特点 …… 112
第二节　司法鉴定人的执业义务 ……………… 116

第六章　司法鉴定人的郑重陈述 …………… 149
第一节　司法鉴定人郑重陈述的发展 ………… 151
第二节　我国司法鉴定人郑重陈述的现状 ……… 164
第三节　我国司法鉴定人郑重陈述的法律
　　　　性质 ……………………………………… 172
第四节　完善我国司法鉴定人郑重陈述制度的
　　　　建议与有关实例介绍 …………………… 176

第七章　司法鉴定的民事法律责任 ………… 183
第一节　司法鉴定人民事法律责任概述 ………… 185
第二节　专家证人责任豁免及演变 ……………… 190
第三节　我国追究司法鉴定人民事法律责任的
　　　　现状及误区 ……………………………… 207
第四节　专家责任讨论 …………………………… 222
第五节　司法鉴定侵权法律责任 ………………… 230
第六节　司法鉴定违约法律责任 ………………… 239

第八章 司法鉴定服务合同行政监管 ·················· 262

第九章 结 论 ·················· 342

主要参考文献 ·················· 343

附 录 2000—2014年北京市各级法院因司法鉴定引起的
民事诉讼 ·················· 349

后 记 ·················· 367

第一章

司法鉴定服务合同概论

随着人们法律意识的增强及法律制度和审判方式的日益完善，司法审判越来越注重证据。近年来，证据成为诉讼中原被告双方高度关注的对象，也成为诉讼胜败的决定性因素。此外，随着社会的发展和科学技术的进步，诉讼中涉及的科学问题越来越多，这些科学问题直接制约了法官对案件事实的认定。越来越多的案件事实认定需要具有专门知识的人的协助。我国法律中规定了认定诉讼中专门性问题的制度——司法鉴定制度，但是，司法鉴定的内涵、司法鉴定的特点、司法鉴定合同的性质等，在实践中都存在争议，无论是理论上还是实践中都存在一定程度的模糊认识。

第一节 司法鉴定概述

一、司法鉴定的概念

虽然不同时期、不同学者均对司法鉴定下过定义且有所差异，但是我国立法机关在相关立法文件中对司法鉴定所下的定义被认为是司法鉴定的最权威的表述。《全国人民代表大会常务委员会关于司法鉴定管理问题的决定》第1条规定，司法鉴定是指在诉讼活动中鉴定人运用科学技术或者专门知识对诉讼涉及的专门性问题进行鉴别和判断并提供鉴定意见的活动。

无论是什么版本的司法鉴定的定义，一般而言应包含以下几个要素：鉴定主体、鉴定方法、鉴定对象、鉴定成果、鉴定适用范围。无论是谁对司法鉴定进行定义，都不能回避这五个要素。

对这五个要素具体含义进行界定的核心关键词便是科学技术。鉴定主体——具有科学技术知识的人，一般为某个专业领域的专家；鉴定方法——运用科学技术理论、具体技术和经验的方式；鉴定对象——需要用科学技术进行分析和解释的专门性问题；鉴定成果——用科学技术概念、判断、推理来通俗解释的结论。鉴定适用范围虽然没有使用科学技术的相关概念，但却揭示了将这种运用科学技术方法对专门问题进行判断的活动采用司法鉴定概念的原因。

在社会生活和工作中，鉴定在很多领域、很多场合都会使用到，例如，"人事鉴定""档案鉴定""自我鉴定"等，但在诉讼中需要专家提供专业性意见的专门性问题的鉴定，由于有着特殊的目的和要求，事关司法审判的公正性、严肃性、严谨性，不可有半点儿疏忽和偏差，因此在概念表述上必须有所区别。如果将其称为"法律鉴定""裁判鉴定"等，与我国诉讼活动涉及的名词概念有些不协调。在我国，诉讼活动涉及的一些制度往往冠以"司法"一词，例如，司法解释、司法活动、司法拘留等，因此，诉讼中对专门性问题进行的鉴定被称为司法鉴定。

关于司法鉴定，容易引起误会的是，人们认为只有由司法机关委托产生的鉴定才叫司法鉴定，只有由司法行政部门认定的具有司法鉴定资格的鉴定机构、鉴定人作出的鉴定才叫司法鉴定。而事实上并非如此，司法鉴定本身与司法没有直接的关联性，仅指为解决案件中的专门性问题由专业技术人员提供的专业技术性意见的分析判断活动，是执法、司法活动中为判断涉法事件而对专门性问题作出的技术判断。司法鉴定的司法是从其作出的目的、适用的范围来界定的。

二、司法鉴定的特点

（一）技术性

司法鉴定的本质，在于对诉讼过程中的案件所涉及的专门性问题作出技术判断。无论法律上对其如何界定，也无论鉴定过程中如何适用相关的法律、法规、部门规章和技术规范，实际上鉴定是由没有系统的法律知识和理论但却具有相关专业领域的知识、技术和经验的专家来进行的，鉴定的过程也是这些法律外行对专门性问题所做的技术上的分析。因此，司法鉴定是对既往发生的案件事实的专门性问题所做的全面技术回顾、技术细节重建的过程，是一种技术性分析和判断活动。

（二）法定性

司法鉴定活动，从鉴定的组织、鉴定的过程、鉴定的形式及鉴定意见的构成等方面来看，都具有法定性。司法鉴定的组织,是依法设立的专门从事司法鉴定的机构,例如,社会鉴定机构是由司法行政部门批准设立的,侦查机关的鉴定机构是由所属公安机关、检察机关批准设立的。鉴定的启动必须依照法定的启动程序,由相关行政部门、人民法院或者其他相关办案单位来委托,鉴定机构依照法定的程序进行操作。鉴定意见,无论是其表现形式——鉴定文书,还是结论的实质内容,都需要依照具体法律规定的标准来确定,不能违背法律的规定和要求。

(三) 证据性

无论我们怎么强调司法鉴定意见在诉讼中的意义和作用,从根本上说,司法鉴定意见都属于法定证据之一。既然是证据,就具有证据的属性,就应当符合证据的要求。不过,现在司法活动中对鉴定意见倾向于采用一种更为宽泛的定义,将具有行政色彩的事故调查意见也视为鉴定意见。最高人民法院于2020年12月7日通过的自2021年3月1日起施行的《刑事诉讼法解释》第101条规定,有关部门对事故进行调查形成的报告,在刑事诉讼中可以作为证据使用;报告中涉及专门性问题的意见,经法庭查证属实,且调查程序符合法律、有关规定的,可以作为定案的根据。以医疗事故鉴定为例,其具有以下特点:一是医疗事故鉴定的对象不是人,也不是物,而是医疗行为或者医疗活动;二是在鉴定过程中,鉴定专家要甄别证据真伪,判断证据的证据能力和证明力,进而运用证据来确认事实;三是鉴定专家在作出事实判断的基础上,需要进一步适用法律,比照法律规定,结合自己对法律条文的理解来回答医疗事故技术鉴定中必须回答的专门性问题；四是鉴定活动不是一个单纯的技术是否违规的判断，也不是一个简单的事实判断，而是要在技术和事实判断的基础上，最终上升到法律层面，根据医疗法律规定及相关判断标准作出判断。根据《刑事诉讼法解释》的上述规定，医疗事故鉴定结论就可以作为鉴定意见。

三、司法鉴定的本质与要求

司法鉴定的本质与要求是科学性。长期以来，法律界都将鉴定意见描述为科学证据，但这种科学性的表述是笼统的、模糊的。这种科学性到底是什么，科学性是否包含技术性，没有人作过详细而深入的研究。笔者认为，司法鉴定中的"科学"，实际上已经不仅在于科学本身，也包含着技术的成分，甚至主要表现为技术。司法鉴定中的科学性是通过具体的技术表现出来的。

（一）从两大法系的立场看司法鉴定意见的本质与要求

下面我们从两大法系对鉴定人的选任和鉴定意见的可采性审查方面来考察鉴定意见的本质与科学要求。在英美法系的专家证人制度之下，专家证人由控辩双方自行选择，但是否能够站在法庭上以专家证人的身份作证，则需要接受法庭的审查。英美法系国家对专家证人的资格基本上没有具体标准，既没有学历学位的要求，也没有职称等级的要求，而只是抽象地规定专家证人在一定的知识、经验、技能、训练等方面应当具有优于常人的能力。[1]

---

[1] 《美国联邦证据规则》第702条规定：如果科学、技术或其他专业知识将有助于事实审判者理解证据或确定争议事实，凭其知识、技能、经验、训练或教育而具备专家资格的证人可以用意见或其他方式作证。

在法庭辩论中，双方当事人一般通过交叉询问以暴露对方专家证人资格上的瑕疵，从而达到阻止对方专家证人作证的目的。[①] 英美法系国家的庭审采用控辩双方对抗的方式审理案件，一方当事人针对对方提出的专家证人的资格进行审查，往往从专家在某个具体的科学领域是否具备一定的知识、经验、技能、训练，包括接受该专业教育的背景、从事专业工作年限、从事专业工作的具体内容、发表论文的情况等方面进行，最终专家证人是否是合格的专家证人，由法官根据质证的情况，结合法律对专家资格的一般要求进行裁决。英美法系国家的专家证人资格的核心，就是要考察其是否具备专业知识、经验和技能。对于允许在法庭上作证的专家证人的证言是否具有可采性，核心的问题是看其是否具有科学性。对专家证言科学性的审查，英美法系国家也规定了相应的标准，这其中经历了由弗赖伊标准（Fye rule）走向多伯特标准（Daubert rule）。而无论是弗赖伊案所确定的鉴定方法和技术在相关科技领域被普遍接受才具有可采性的标准，[②] 还是多伯特案对"科学"和"知识"的具体要求，均需要考虑以下事项：（1）形成专家证言所依靠的科学理论和方法是否建立在可检验的假设之上；（2）形成专家证言所使用的科学理论和方法是否与现有的专业出版物中记载的内容相同；（3）有关该理论已知的或潜在的错误率情况以及该理论的研究标准；（4）指导相关理论的方法论及具体研

[①] 上野正吉：《刑事鉴定的理论和实践》，徐益初等译，群众出版社1986年版，第14页。

[②] Frye v. United State, 293 F. 1012, 1014 (D. C. Cir. 1923).

究方法为相关科学团体所接受的程度。① 专家证言可采性的判断,并不是直接考察专家证言是否正确,而是看专家得出其专家证言是否建立在科学的方法和科学的程序之上,不是凭空猜测和想象出来的。

大陆法系国家对鉴定人采用职权主义,对鉴定专家采取事先确定鉴定资格的方法来选任鉴定人。相关部门在制定鉴定专家名册时,一般都非常重视专家的学历、职称、工作单位,因而更注重专家的权威性。只有在某个领域具有权威性的专家,才可能入选鉴定专家名册。② 因此,大陆法系国家一般都有鉴定机构名册和鉴定专家名册,法庭遇到需要聘请专家就专门性问题进行鉴定时,往往从鉴定专家名册遴选鉴定机构或者挑选鉴定人。

(二)从我国司法鉴定制度看司法鉴定意见的本质与要求

我国实行混合制司法鉴定制度,鉴定人实质上已经扮演当事人的专家证人角色,③ 因而我国的司法鉴定实际上兼具了英美法系专家证人与大陆法系鉴定人制度的特点。从理论上讲,司法鉴定意见是以科学理论为依据、以科学方法和设备为手段而形成的,具有科学性和专业性的特征。④ 从鉴定意见产生的过程来看,鉴定意见是鉴定专家针对司法人员的委托,对案件

---

① Bert Black, et al., "Science and the Law in the Wake of Daubert: a New Search for Scientific Knowledge". 72 *Texas Law Rewiew*, (1984): 715, 782.
② Déirdre Dwyer, "Changing Approaches to Expert Evidence in England and Italy", *International Commentary on Evidence*, (2003): 523 - 550.
③ 常林:《司法鉴定与"案结事了"》,《证据科学》2009 年第 5 期,第 632 页。
④ 卢建军:《司法鉴定结论使用中存在问题及解决途径——兼论我国诉讼专家辅助人制度的建构和完善》,《证据科学》2010 年第 6 期,第 705 页。

中所涉及的专业技术问题进行的专业性判断。鉴定意见的得出，必须要经历鉴定的启动环节（委托）、鉴定人的检查和分析环节、鉴定意见的提出环节。

鉴定的启动环节，是处理案件的司法人员根据当事人的申请，就案件中的专门性问题决定启动鉴定程序；或者是司法人员在办理案件过程中遇有专业问题，依自己的知识和经验难以把握，依职权决定启动鉴定程序。司法人员在启动鉴定程序时面临两个重要问题：第一，需要对拟提起鉴定的事项是专业问题还是法律问题进行判断，属于专业问题而非法律问题便可以确定启动鉴定；第二，在决定启动鉴定后，需要遴选鉴定机构和鉴定专家，因而司法人员需对鉴定名册中的鉴定机构及鉴定人的资格进行审查，挑选合适的鉴定机构和鉴定专家。

鉴定人的检查和分析环节是鉴定意见产生过程中的核心环节。鉴定人要保证鉴定意见的科学性和准确性，首先，需要设计和选择恰当的检查、鉴定方法；其次，对鉴定对象进行全面、客观而科学地观察、检查，并对检验结果加以记录，这其中可能会用到辅助的科学仪器和设备，以保证检查结果的准确和可靠；最后，对观察和检测得到的结果和数据，结合相关学科的理论和经验加以分析，提出鉴定人的科学分析意见。

鉴定意见的提出环节是鉴定人在前期鉴定的基础上，汇总委托单位委托的鉴定事项、鉴定资料，观察检查结果和数据，结合专业理论和经验对专门性问题进行判断并提出意见，最终按照鉴定文书的书写要求，制作正式的鉴定文书。

通过以上对鉴定的三个要素性环节的分析不难发现，三个环节中都是围绕科学知识和专业经验来进行的，无论是司法人员对鉴定机构、鉴定人的遴选，还是鉴定专家采用的鉴定方法、对专门问题的分析判断，乃至最终鉴定文书的撰写，都不例外。

（三）司法鉴定意见的本质与对其科学性的要求

正如前文所述，司法鉴定意见是否能够为法庭采用，取决于审理案件的法官，司法鉴定意见只是一种证据。而法庭对鉴定意见的审查，是从鉴定人的资格和鉴定方法等方面进行的，注重的是科学性。无论是英美法系的专家意见，还是大陆法系及我国的鉴定意见，其本质都是相关领域的专家为法庭审理的案件所涉及的专门问题提供的专业性意见，是专业人员运用其掌握的科学知识和实践经验，对涉案专门问题所做的科学分析与解释，是专业人员的专业判断结论，其所解决的是对事实情况的科学认定而非法律认定。司法鉴定的本质是鉴定人在司法机关委托之下，运用自己所掌握的科学知识和经验，对案件中的专门性问题进行科学分析和识别的活动，司法鉴定意见的生命力在于其科学性。

第二节　司法鉴定服务合同的概念和特点

司法鉴定活动是一种应办案单位要求而实施的技术分析和判断的专业性服务。从事司法鉴定活动的单位和个人实施司法鉴定活动的目的，并不是满足自己的专业需要，而是满足办案单位查明案件事实的需要。办理案件必须查明案件事实，这是办案人员的任务，而非司法鉴定机构及鉴定人的任务。办案人员虽是精通法律的专家，但是由于专业所限，不可能掌握和了解各种专业问题，只能求助于其他专业机构或者专业人员。于是，办案单位就会根据法律规定"指派"或者"聘请"具有专门知识的机构或者个人为其解决案件中的专门性问题。司法鉴定机构和鉴定人是基于办案单位的"指派"或者"聘请"而为，因而办案单位与鉴定机构之间形成了一种特殊的约定关系，办案单位需要查明案件事实，但是基于专业知识所限无法查明，通过委托的方式，将案件中的专门问题交由司法鉴定机构进行技术分析和判断；司法鉴定机构及其鉴定人本身并没有查明案件事实的需要，也无权干涉案件事实调查，但是基于案件办理单位的"指派"或者"聘请"，可以参与到案件调查过程中来，按照案件调查单位划定的范围查清案件中的专门性问题。从这个角度来理解司法鉴定活动，办案单位与鉴定单位及其鉴定人之间形成了合同关系。但是，司法鉴定合同到底是一种什么合同？合同的性质决定了合同的内容和要求，也决定了合同当事人各方的权利和义务，只有把司法鉴定合同的性质讨论清楚了，才能进一步明确司法鉴定活动各方的权利和义务，进而明确司法鉴定活动应当如何规制。

一、司法鉴定关系是一种服务合同关系

以合同的标的来划分，合同可以分为实物合同与行为合同。前者有具体的标的物，即以看得见摸得着的有形物为标的，这

样的合同可以围绕标的物的各项指标和参数来具体约定合同的内容。后者由于没有具体的标的物，而是以特定的行为为标的。这种以特定行为为标的物的合同，应当围绕该特定行为什么时间实施、如何实施、实施效果等进行约定，即我们通常说的服务合同。

（一）服务的内涵

人们对"服务"一词都不陌生，但如果要回答"什么是服务"，却没有几个人能说得清楚。很多学者都对"服务"下过定义，但由于它是看不见摸不着的东西，而且应用的范围广泛，难以简单概括，因而直到今天，还没有一个权威的定义能为人们所普遍接受。

在古代，"服务"指"侍候，服侍"，随着时代的发展，"服务"被不断赋予新意，如今，"服务"已成为整个社会不可或缺的人际关系的基础。社会学意义上的服务，是指为别人、集体的利益而工作或为某种事业而工作，如"为人民服务"，又如他在邮电局服务了 15 年。经济学意义上的服务，是指以等价交换的形式，为满足企业、公共团体或其他社会公众的需要而提供的劳务活动，它通常与有形的产品联系在一起。

1960 年，美国市场营销协会（AMA）最先给服务下了定义："用于出售或者是同产品连在一起进行出售的活动、利益或满足感。"[①] 这一定义在此后的很多年里被人们广泛采用。

[①] 张润通、朱晓敏编《服务科学概论》（第 2 版），电子工业出版社，2016，第 3 页。

1974年,斯坦通(Stanton)指出:"服务是一种特殊的无形活动。它向顾客或工业用户提供所需的满足感,它与其他产品销售和其他服务并无必然联系。"①

1983年,莱特南(Lehtinen)认为:"服务是与某个中介人或机器设备相互作用并为消费者提供满足的一种或一系列活动。"②

1990年,格鲁诺斯(Gronroos)给服务下的定义是:"服务是以无形的方式,在顾客与服务职员、有形资源等产品或服务系统之间发生的,可以解决顾客问题的一种或一系列行为。"③当代市场营销学泰斗菲利普·科特勒(Philip Kotler)给服务下的定义是:"一方提供给另一方的不可感知且不导致任何所有权转移的活动或利益,它在本质上是无形的,它的生产可能与实际产品有关,也可能无关。"④ 我们也可以这样来理解服务:服务就是本着诚恳的态度,为别人着想,为别人提供方便或帮助。

从汉语和我国具体应用"服务"一词的语境来理解,我们认为服务有两层意思:一是指履行职务,为他人做事,并使他人从中受益的一种有偿或无偿的活动,不以实物形式而以提供劳动的形式满足他人某种特殊需要;二是指任职,在某行业、

---

① 张荣娟、李伟:《民航基础》,科学出版社,2012,第2页。
② Lehtinen, U, & Lehtinen, J R, *Service Quality: A Study of Quality Dimensions*. (Unpublished manuscript, Helsinki, Finland OY, 1983), p. 3.
③ Grönroos, C, *Service Management and Marketing*, (Lexington, MA: Lexington Books, 1990), p. 5.
④ Philip Kotler, *Marketing Management*. 14th edition, (Englewood: Prentice Hall, 2011), p. 12.

某单位具体从事某种工作。

(二) 服务的特点

服务具有无形性、异质性、生产和消费的同步性、易逝性的特点。

1. 无形性

无形性是商品和服务之间最基本的区别。服务不像有形的实物商品那样,可以看得见、感觉或者触摸到,服务是由一系列相互关联的活动所组成的过程。

对于大多数服务来说,购买服务并不等于拥有其所有权,如航空公司为乘客提供服务,但这并不意味着乘客拥有了飞机上的座位;又如医疗服务,患者仅拥有医务人员提供的为其诊治疾病的服务,并不拥有医务人员的医疗设备。

2. 异质性

服务是由人完成的一系列行为。员工所提供的服务通常是顾客眼中的服务,由于没有两个完全一样的员工,也没有两个完全一样的顾客,那么就没有两种完全一致的服务。

服务的异质性主要是由员工和顾客之间的相互作用以及伴随这一过程的所有变化因素所导致的。服务质量取决于服务提供商不能完全控制的许多因素,如顾客对其需求的清楚表达的能力、员工满足这些需求的能力和意愿、其他顾客的到来以及顾客对服务需求的程度。由于这些因素的存在,服务提供商无法确知服务是否按照原来的计划和宣传的那样提供给顾客,有时候服务也可能会由中间商提供,这更加大了服务的异质性,因为从顾客的角度来讲,这些中间商提供的服务仍代表服务提供商。

3. 生产和消费的同步性

大多数商品是先生产，然后存储、销售和消费，但大部分的服务却是先销售，同时进行生产和消费。这通常意味着服务生产的时候，顾客是在现场的，并且会观察甚至参加到生产过程中来。有些服务是很多顾客共同消费的，即同一个服务由大量消费者同时分享，如一场音乐会，这说明了在服务的生产过程中，顾客之间往往会相互作用，因而会影响彼此的体验。

服务生产和消费的同步性使得服务难以进行大规模的生产，服务不太可能通过集中化来获得显著的规模经济效应，问题顾客（扰乱服务流程的人）会在服务提供过程中给自己和他人造成麻烦，并降低自己或者其他顾客的感知满意度。另外，服务生产和消费的同步性要求顾客和服务人员都必须了解整个服务传递过程。

4. 易逝性

服务的易逝性是指服务具有不能被储存、转售或者退回的特性。例如，一个有100个座位的航班，如果在某天只有80个乘客，它不可能将剩余的20个座位储存起来留待下个航班销售。

芬兰著名的服务市场营销学家格鲁诺斯（Gronroos）对服务与有形产品进行了比较，如表1-1所示。

表 1-1　服务与有形产品的区别

项目	服务	有形产品
是否为实体	非实体	实体
生产、分销消费是否同时发生	生产、分销与消费同时发生	生产、分销不与消费同时发生
产生核心价值的环节	核心价值在买卖双方接触中产生	核心价值在工厂里被生产出来
顾客参与情况	顾客参与生产过程	顾客一般不参与生产过程
是否可储存	不可以储存	可以储存
是否有所有权转让	无所有权转让	有所有权转让

资料来源：张润彤、朱晓敏等：《服务科学概论》，清华大学出版社，2011，第5页。

由于服务无法储存和运输，服务分销渠道的结构与性质和有形产品差异很大，为了充分利用生产能力，对需求进行预测并制订有创造性的计划成为重要和富于挑战性的决策问题，并且由于服务无法像有形产品一样退回，服务组织必须提供强有力的补救策略，以弥补服务失误，例如，尽管咨询师糟糕的咨询没法退回，但是咨询企业可以通过更换咨询师来重拾顾客的信心。

（三）服务合同的概念和特点

服务合同，是以服务为标的的合同，属于无名合同的一种。不同国家不同学者对服务合同所下的定义有一定的差别。在日本，学者中田裕康将服务合同定义为提供劳务的合同，也指一般意义上全部或部分以劳务为债务的主要内容的合同。① 我国学者余延满将服务合同定义为"提供服务的合同,又称提供劳务的合同,是指以一方向对方提供特定的劳务行为为标的的合同"②。周江洪也将其定义为全部或部分以劳务为债务的主要内容的合同,又称提供劳务合同或者服务提供合同。③ 费安玲教授则将服务合同界定为"双方当事人约定,一方依他方的要求,完成一定服务行为或客观特定的服务活动,他方可支付服务报酬的一类合同"④。

服务合同具有如下特点:

1. 服务合同以具体的服务活动为标的

服务合同以合同当事人一方为另一方提供具有特定内容和要求并使其从中受益的一种有偿或无偿的活动为标的,不以实物形式而以提供劳动的形式满足他人某种特殊需要。服务合同的服务内容,是可以转移由他人代为行使的行为,不能由他人代为行使的特殊活动不能成为服务合同的标的。例如,需要特殊身份才能行使的行为,包括特定的义务行为、特定的职权行为等均不能成为服务合同的标的。具体来说,服务合同的服务标的是劳务,即以活劳动形式为他人提供某种特殊使用价值的劳动。这种劳动不是以实物形式,而是以活劳动形式提供某种服务。这种服务可以满足人们精神上的需要,也可以满足人们

---

① 周江洪:《服务合同的类型化及服务瑕疵研究》,《中外法学》2008 年第 5 期,第 655 页。
② 余延满:《合同法原论》,武汉大学出版社,1999,第 644 页。
③ 周江洪:《服务合同研究》,法律出版社,2010,第 730 页。
④ 张俊浩主编《民法学原理》,中国政法大学出版社,2000,第 730 页。

物质生产的需要。服务合同也因服务的属性和特点，使其有别于其他有形物的合同。

2. 服务合同是有偿、双务的合同

服务合同是当事人双方为了实现一定的目的，一方委托另一方按照约定实施一定的活动，通过对方当事人提供的具有某种特殊价值的劳动，从而满足委托方的需要或者要求，委托方因此按照合同的约定，向提供劳务的一方当事人支付报酬。服务合同双方当事人均具有各自的义务，只有双方按照约定履行了各自的义务，该服务合同才算履行完毕。不过，在服务合同中也有例外，一方当事人按照约定提供了具有某种特殊价值的劳动，但对方当事人不一定支付报酬，例如，医疗服务中的义诊合同。

3. 服务合同在内容上有别于劳动合同和雇佣合同

服务合同以劳务为标的，但是服务合同与劳动合同和雇佣合同有着显著的区别。服务合同当事人之间没有稳定的劳动关系或者雇佣关系，服务关系具有随机性和任意性，而劳动合同、雇佣合同当事人之间具有稳定的劳动关系或者雇佣关系。

在现实生活中，服务合同有很多，《民法典》所列举的服务合同仅是很少的一部分。《欧洲法通则：服务合同》（Principles of European Law: Services Contracts，简称 PLE SC）首先在第一章规定了适用于所有服务合同的一般性规范（又称小总则），然后再分别规定较为典型之服务合同，如承揽合同、建设合同、保管合同、设计合同、信息合同、医疗合同等六种合同。[1] 在

---

[1] Barendrecht M, Jansen C, Loos M, Pinna A, Cascão R and van Gulijk S, *Principles of European Law: Services Contracts* (*PEL SC*), (München: Sellier European Law Publishers, 2007).

《俄罗斯联邦民法典》第四编（债的种类）中，分别规定了承揽（第37章），完成科学研究工作、试验设计和工艺工作（第38章），运送（第40章），运输代办（第41章），借贷和信贷（第42章），财务代理（第43章），银行存款（第44章），银行账户（第45章），结算（第46章），保管（第47章），保险（第48章），委托（第49章），行纪（第51章），代办（第52章）及财产的委托管理（第53章）等服务合同类型。① 但是，我国《民法典》中没有明确界定"服务合同"，仅列举了几种具体的服务合同，如技术服务合同、物业服务合同②。在我国学理上服务合同仍然被纳入非典型合同的范围，并不受重视。

在司法实践中，我国对服务合同有明确的案由。最高人民法院印发的《民事案件案由规定》（法〔2020〕347号）第137项中，规定了22种服务合同纠纷。③ 司法鉴定活动是委托人委托司法鉴定机构及司法鉴定人从事司法鉴定服务活动，提供司法鉴定意见的行为，本质上仍然是服务。因此，司法鉴定活动

---

① 黄道秀译：《俄罗斯联邦民法典：全译本》，北京大学出版社，2007，第1-40页。
② 当然，必须说明的是，《民法典》所规定的一些合同，虽然没有"服务"一词，但其本质上属于服务合同，例如，委托合同、行纪合同、中介合同等。
③ 根据《民事案件案由规定》的规定，这22类服务合同纠纷是：（1）电信服务合同纠纷；（2）邮政服务合同纠纷；（3）快递服务合同纠纷；（4）医疗服务合同纠纷；（5）法律服务合同纠纷；（6）旅游合同纠纷；（7）房地产咨询合同纠纷；（8）房地产价格评估合同纠纷；（9）旅店服务合同纠纷；（10）财会服务合同纠纷；（11）餐饮服务合同纠纷；（12）娱乐服务合同纠纷；（13）有线电视服务合同纠纷；（14）网络服务合同纠纷；（15）教育培训合同纠纷；（16）家政服务合同纠纷；（17）庆典服务合同纠纷；（18）殡葬服务合同纠纷；（19）农业技术服务合同纠纷；（20）农机作业服务合同纠纷；（21）保安服务合同纠纷；（22）银行结算合同纠纷。

引发的纠纷当然是一种服务合同纠纷。

(四) 司法鉴定合同的性质

法律活动具有很强的专业性,提供法律服务者均具有特殊的知识和经验,具有特殊的执业资格,并且以向需要法律服务的人提供这种服务。法律服务不仅涉及诉讼、非诉讼、仲裁的法律事务服务,还涉及与法律活动相关的其他服务,例如,账目审计服务、会计服务、价格评估服务、司法鉴定服务、公证服务、调解服务等。

司法鉴定合同就是一种服务合同。周江洪在其《服务合同研究》一书中将日本服务合同归纳为七种:旅游服务合同、教育服务合同、护理服务合同、侦探调查服务合同、会计和审计服务合同、律师代理服务合同、医疗服务合同。[1] 虽然在日本没有司法鉴定相关的服务合同,但是比较常见的基本都是以专家提供服务为主的服务合同(除了旅游服务合同之外,其他六种均是专家服务),且有三种服务合同与法律活动密切相关,其中"会计和审计服务合同"在我国已经纳入司法会计,属于广义上的司法鉴定范畴。司法部在 2000 年 11 月 29 日发布的《司法鉴定执业分类规定(试行)》(司发通〔2000〕159 号)第 9 条规定,"司法会计鉴定:运用司法会计学的原理和方法,通过检查、计算、验证和鉴证对会计凭证、会计帐簿、会计报表和其他会计资料等财务状况进行鉴定"。在我国各级人民法院审理案件时,司法会计提供的书面意见,已经成为"鉴定意

---

[1] 周江洪:《服务合同研究》,法律出版社,2010,第 164-508 页。

见"证据。

司法鉴定活动的开展，系由司法鉴定机构发出要约邀请，由司法鉴定的需求方——办案单位及其办案人员对司法鉴定机构发出要约，由司法鉴定的实施方——司法鉴定机构作出司法鉴定实施允诺，双方针对案件处理中的专门性问题的分析调查达成一致意见，由要约方办案单位提供司法鉴定所必需的鉴定材料、鉴定条件、鉴定费用等，由司法鉴定机构及其司法鉴定人开展司法鉴定活动、得出鉴定意见并制作鉴定文书。

那么，为什么司法鉴定合同属于服务合同？虽然司法鉴定活动实施的结果最终体现在鉴定机构作出的鉴定意见上，并以鉴定文书这种有形的实物呈现，但是司法鉴定活动具备服务的无形性、异质性、生产和消费的同步性、易逝性的特点，仍然属于服务行为。

第一，司法鉴定活动由一系列相互关联的活动组成。由委托人提交委托书启动鉴定，司法鉴定机构受理并指派本机构具有相应鉴定资格和鉴定能力的鉴定人实施鉴定，之后，鉴定人开始做鉴定准备，约见有关当事人及被鉴定人，对被鉴定人进行检查，提取鉴定检材和样本，开展鉴定实验，对检查、检验结果进行分析，最后形成鉴定意见，制作鉴定文书。委托人拿到鉴定文书后，对鉴定文书进行审查，判断是否符合鉴定委托的目的，鉴定意见是否具有科学性、相关性、合法性，从而确定如何在案件中使用该鉴定意见。这些行为或者环节，具有服务合同所要求的无形性、异质性、生产和消费的同步性、易逝性的特点。

第二，司法鉴定活动合法并按照相关科学原理、技术方法作出，是保证鉴定意见科学、准确、公正的关键。司法鉴定活动的过程非常重要，但是鉴定活动如何开展，鉴定活动是否按照科学原理和相关规范进行，则完全是鉴定人的事情，委托人无法感知、无法获悉。鉴定人在司法鉴定过程中只有自觉并严格遵守相关的法律、法规、规范和标准，才能保证鉴定结果准确，才能保证鉴定意见正确。因此，司法鉴定活动注重鉴定过程的质量保障，这也符合服务合同的特点。

第三，鉴定意见属于言辞证据，鉴定意见并不局限于表达鉴定意见的那几个有限的文字，也不局限于鉴定文书。由于司法鉴定具有比较强的专业性，以文字形式表达出来的鉴定意见应该如何理解，有没有歧义，有没有含义上的延伸，法律专业人员不一定看得懂，即使鉴定人作出解释，也未必一下子全明白，有时需要鉴定人进一步作出解释，甚至亲自到法庭上接受有关各方的提问、质询并作出有针对性的解释。

二、法律法规将司法鉴定关系界定为委托合同关系

（一）法律对委托司法鉴定的规定

《全国人民代表大会常务委员会关于司法鉴定管理问题的决定》第7条规定，侦查机关根据侦查工作的需要设立的鉴定机构，不得面向社会接受委托从事司法鉴定业务。该决定第8条规定，各鉴定机构之间没有隶属关系；鉴定机构接受委托从事司法鉴定业务，不受地域范围的限制。该决定第9条规定，在诉讼中，对本决定第2条所规定的鉴定事项发生争议，需要

鉴定的，应当委托列入鉴定人名册的鉴定人进行鉴定。鉴定人从事司法鉴定业务，由所在的鉴定机构统一接受委托。该决定通篇采用的是"委托"一词，即鉴定机构开展鉴定活动的前提是办案机关的"委托"。

根据《刑事诉讼法》，司法鉴定活动系由办案机关"指派""聘请""委托"有专门知识的人进行鉴定。《刑事诉讼法》第146条规定，为了查明案情，需要解决案件中某些专门性问题的时候，应当指派、聘请有专门知识的人进行鉴定。

根据《民事诉讼法》，司法鉴定活动系由办案机关"指定""委托"有专门知识的人进行鉴定。《民事诉讼法》第76条规定了鉴定程序的启动方式：当事人可以就查明事实的专门性问题向人民法院申请鉴定。当事人申请鉴定的，由双方当事人协商确定具备资格的鉴定人；协商不成的，由人民法院指定。当事人未申请鉴定，人民法院对专门性问题认为需要鉴定的，应当委托具备资格的鉴定人进行鉴定。

（二）司法解释对委托司法鉴定的规定

《刑事诉讼法解释》第100条规定，因无鉴定机构，或者根据法律、司法解释的规定，指派、聘请有专门知识的人就案件的专门性问题出具的报告，可以作为证据使用。该司法解释第273条规定，法庭审理过程中，控辩双方申请通知新的证人到庭，调取新的证据，申请重新鉴定或者勘验的，应当提供证人的基本信息、证据的存放地点，说明拟证明的事项，申请重新鉴定或者勘验的理由。法庭认为有必要的，应当同意，并宣布休庭；根据案件情况，可以决定延期审理。人民法院决定重新鉴定的，应当及时委托鉴定，并将鉴定意见告知人民检察院、当事人及其辩护人、诉讼代理人。《人民检察院刑事诉讼规则》（高检发释字〔2019〕4号）第218条规定，鉴定由人民检察院有鉴定资格的人员进行。必要时，也可以聘请其他有鉴定资格的人员进行，但是应当征得鉴定人所在单位同意。

《民事诉讼法解释》第121条规定，当事人申请鉴定，可以在举证期限届满前提出。申请鉴定的事项与待证事实无关联，或者对证明待证事实无意义的，人民法院不予准许。人民法院准许当事人鉴定申请的，应当组织双方当事人协商确定具备相应资格的鉴定人。当事人协商不成的，由人民法院指定。符合依职权调查收集证据条件的，人民法院应当依职权委托鉴定，在询问当事人的意见后，指定具备相应资格的鉴定人。

《民事诉讼证据规定》第30条规定，人民法院在审理案件过程中认为待证事实需要通过鉴定意见证明的，应当向当事人释明，并指定提出鉴定申请的期间。符合《民事诉讼法解释》第96条第1款规定情形的，人民法院应当依职权委托鉴定。《民事诉讼证据规定》第32条第3款规定，人民法院在确定鉴定人后应当出具委托书，委托书中应当载明鉴定事项、鉴定范围、鉴定目的和鉴定期限。

《最高人民法院关于人民法院民事诉讼中委托鉴定审查工作若干问题的规定》（法〔2020〕202号）对民事诉讼中委托鉴定工作提出了更为详细的要求，对委托鉴定事项、鉴定材料、鉴定机构、鉴定人作出了详尽规定。

于2002年2月22日由最高人民法院审判委员会第1214次

会议通过，自 2002 年 4 月 1 日起施行的《人民法院对外委托司法鉴定管理规定》（法释〔2002〕8 号）第 3 条规定，人民法院司法鉴定机构建立社会鉴定机构和鉴定人（以下简称鉴定人）名册，根据鉴定对象对专业技术的要求，随机选择和委托鉴定人进行司法鉴定。

最高人民法院于 2007 年 8 月 23 日发布的《最高人民法院对外委托鉴定、评估、拍卖等工作管理规定》（法办发〔2007〕5 号）第 25 条规定，向非拍卖类专业机构出具委托书时，应当明确委托要求、委托期限、送检材料、违约责任，以及标的物的名称、规格、数量等情况。向拍卖机构出具委托书时，应当明确拍卖标的物的来源、存在的瑕疵、拍卖保留价、保证金及价款的支付方式、期限，写明对标的物瑕疵不承担担保责任，并附有该案的民事判决书、执行裁定书、拍卖标的物清单及评估报告复印件等文书资料。委托书应当统一加盖最高人民法院司法辅助工作部门对外委托专用章。

不过，人民法院对外委托司法鉴定的"委托"，与"委托合同"中的"委托"在含义上有一点差别，本书将在后文详述。

(三) 规范性文件对委托司法鉴定的规定

最高人民法院、最高人民检察院、公安部、司法部、卫生部于 1989 年 7 月 11 日颁布并于 1989 年 8 月 1 日开始实施的《精神疾病司法鉴定暂行规定》（卫医字〔89〕第 17 号）中，关于精神疾病司法鉴定程序的启动，使用的也是"委托"。该暂行规定第 2 条规定，精神疾病的司法鉴定，根据案件事实和被鉴定人的精神状态，作出鉴定结论，为委托鉴定机关提供有关法定能力的科学证据。该暂行规定第 17 条规定，司法机关委托鉴定时，需有《委托鉴定书》，说明鉴定的要求和目的，并应当提供规定的材料。

1998 年，国务院办公厅发布的《司法部职能配置、内设机构和人员编制规定》（国办发〔1998〕90 号），把"指导面向社会服务的司法鉴定工作"的职责赋予司法部。次年，司法部发布《司法部关于公告面向社会服务的司法鉴定机构的通知》（司发通〔1999〕077 号）、《司法部关于组建省级司法鉴定协调指导机构和规范面向社会服务的司法鉴定工作的通知》（司发通〔1999〕02 号）。2007 年 8 月 7 日发布的《司法鉴定程序通则》（司法部令第 107 号）[①] 第 12 条规定"司法鉴定机构接受鉴定委托，应当要求委托人出具鉴定委托书"，该通则第 17 条规定"司法鉴定机构决定受理鉴定委托的，应当与委托人在协商一致的基础上签订司法鉴定协议书"。该条甚至直接使用了"司法鉴定协议书"的名称。

司法部于 2016 年 3 月 2 日颁布自 2016 年 5 月 1 日起施行的《司法鉴定程序通则》（司法部令第 132 号）第二章"司法鉴定的委托与受理"对司法鉴定的启动规定为"委托"。办案机关为"委托人"，司法鉴定机构为"被委托人"，并且该通则第 16 条进一步规定了委托书的内容和要求：司法鉴定机构决定受理鉴定委托的，应当与委托人签订司法鉴定委托书。司法鉴定委

[①] 已于 2016 年 5 月 1 日失效。

托书应当载明委托人名称、司法鉴定机构名称、委托鉴定事项、是否属于重新鉴定、鉴定用途、与鉴定有关的基本案情、鉴定材料的提供和退还、鉴定风险,以及双方商定的鉴定时限、鉴定费用及收取方式、双方权利义务等其他需要载明的事项。在司法部于2007年11月1日发布的《司法鉴定文书规范》(司发通〔2007〕71号)①中,提供了"司法鉴定协议书(示范文本)"。2016年11月21日,司法部发布了《司法部关于印发司法鉴定文书格式的通知》(司发通〔2016〕112号),提供了新的"司法鉴定委托书"范本。

(四)关于"指派""聘请""委托"司法鉴定

一般而言,案件办理单位与司法鉴定机构不是同一个单位,司法鉴定活动必须由办案单位寻求具有相应专业知识的机构或者人员来实现。根据诉讼法的规定,办案单位启动司法鉴定活动,采取的是"指派""聘请""委托"的方式。指派,系指同一个单位内部不同部门之间的协作。根据《全国人民代表大会常务委员会关于司法鉴定管理问题的决定》第7条,侦查机关根据侦查工作的需要设立鉴定机构。因此,在刑事案件侦办过程中,公安机关、检察机关办理案件需要本单位或本系统内设司法鉴定机构进行鉴定的,采用"指派"的方式启动鉴定,无须办理"委托"手续,因为系同一单位不同部门,相互之间存在工作职能的分工,鉴定部门开展鉴定是其分内之事,办案部门和鉴定部门之间的权利义务明确,无须另外约定。对于需要

---

① 已于2017年3月1日失效。

单位外、系统外的司法鉴定机构进行鉴定的，办案单位与司法鉴定机构之间是平等主体，司法鉴定程序的启动需要办理相关手续，办案单位与司法鉴定机构之间应当对双方的权利义务进行约定，办案单位须保障鉴定单位开展鉴定所需条件，支付相关鉴定费用，因而是"聘请""委托"。不过，"聘请""委托"之间有着细微的差别。一般而言，聘请原指公府征辟，后泛指请人任职。在司法鉴定中，聘请指邀请专门知识的人到本单位、案件现场等，在办案部门的统筹下开展鉴定工作，即将鉴定人聘为本单位或者本案的特约鉴定人。委托则是指把事情托付给别人或别的机构，委托实施鉴定实际上就是将查明案件专门性问题的事项托付给司法鉴定机构，由其自主开展鉴定，办案单位仅提供必要的鉴定条件，不参与鉴定的过程，鉴定活动在鉴定机构及鉴定机构认为合适的场所进行。但是，无论是聘请还是委托，都是将查明案件专门性问题的任务启动鉴定程序，由本单位外的司法鉴定机构或者具有专门知识的人来实施。案件办理单位及办案人员与司法鉴定机构及司法鉴定人双方在达成了司法鉴定委托合同的背景下，由前者明确鉴定目的，提供鉴定条件，保障鉴定人的权益；后者根据鉴定目的，运用本专业的科学理论知识和技术方法，自主分析、探究专门性问题，提出鉴定意见，交付鉴定文书。因此，案件办理单位及办案人员与司法鉴定机构及司法鉴定人双方达成的是委托合同。

三、司法鉴定委托合同概述

（一）委托合同的概念和特点

1. 委托合同的历史

委托合同是一种历史悠久的合同类型，早在古代巴比伦《汉谟拉比法典》中就对委托合同作了专门的规定。之后，法国、德国、日本民法典及我国台湾地区的所谓"民法"对委托合同也都作了规定。委托合同有广泛的适用范围，它可产生于任何一种民事主体之间，可以在自然人之间、法人之间或者自然人与法人之间缔结；它可以为概括的委托，也可以为特别的委托。委托合同有利于生产经营，方便人们日常生活，加强国际经济贸易的联系。但是，具有人身属性的法律行为或事实行为，一般不适用委托合同，例如，收养关系的建立或终止、婚姻关系的产生和消灭、立遗嘱、结婚、收养子女等。

大陆法系各国民法对委托合同的限制不尽相同。按多数国家的法律规定，委托合同的标的既包括法律事务，也包括非法律事务；合同内容可以是有偿的，也可是无偿的。我国的民法理论与实践认为：委托合同的标的一般是法律背景下的某种行为，它是委托代理的发生根据。故受托人在委托权限内与第三人所为法律行为的后果完全由委托人承担。

2. 委托合同的概念

委托合同又称委任合同，是指当事人双方约定一方委托他人处理事务，他人同意为其处理事务的协议。在委托合同关系中，委托他人为自己处理事务的人称委托人，接受委托的人称受托人。

《民法典》第 23 章专门规定了"委托合同"，其中，第 919 条规定，委托合同是委托人和受托人约定，由受托人处理委托人事务的合同。

所谓"事务"，系指要做的或所做的事情，是行为人以一定的目的，按照一定的思路、程序和要求完成一定工作成果。事务是行为指向的对象，是行为人发挥自己主观能动性有目的、有目标的行动。事务往往会创造一定的价值，或者是使用价值，或者是实用价值，或者是艺术价值。但是事务的价值并不一定体现于事务的实施者，而体现于因时间、能力等所限无法完成该事务的人。前者和后者就该事务的完成目标、完成要求、完成期限、完成成果以及是否支付报酬等达成合意，即成立了委托合同，双方按照委托合同的约定履行自己的义务，保障对方权利的实现。

3. 委托合同的特点

（1）委托合同的标的是劳务。委托人和受托人订立委托合同的目的，在于通过受托人办理委托事务来实现委托人追求的结果，因此，该合同的客体是受托人处理委托事务的行为，表现为人所实施的一种为实现委托合同指向的事务目标而提供的劳务。

关于"事务"的解释，直接关系委托合同的适用范围，对此，《日本民法典》第 643 条、第 644 条和第 656 条作出了规定。该法典第 643 条规定，委任，因当事人一方委托相对人实施法律行为，相对人予以承诺，而发生法律效力。该法典第 644 条规定，受任人以善良管理注意，按委任本意完成委任事务的义务。在《日本民法典》范围下的委托合同规定的内容，仅限于法律事务的委托，但是现实中确实存在非法律事务的委托，因此，该法典第 656 条规定，关于"委任"的规定，准用于非法律行为的事务的委任。就法律行为以外的事务所成立的合同，称为"准"委任合同，准用委任合同的规定。

《民法典》第 919 条虽然未对受托人办理事务的内容作具体解释，但依照《民法典》第 464 条的规定，合同是民事主体之间设立、变更、终止民事法律关系的协议。因此，只要能够产生民事权利义务关系的任何事务，委托人均可请受托人办理，既包括实体法规定的买卖、租赁等事项，也包括程序法规定的办理登记、批准等事项，还包括代理诉讼等活动。但委托人所委托的事务不得违反法律的有关规定，如委托他人代为销售、运输毒品、淫秽物品等，或者按照事务的性质不能委托他人代理的事务，如与人身密切联系的婚姻登记、立遗嘱等。

（2）委托合同是诺成、非要式、双务合同。委托人与受托人在订立委托合同时不仅要有委托人的委托意思表示，而且还要有受托人接受委托的承诺，即承诺与否决定着委托合同是否成立。委托合同自承诺之时起生效，无须以履行合同的行为或者物的交付作为委托合同成立的条件。

委托合同成立不须履行一定的形式，口头、书面等方式都可以。

委托合同经要约承诺后合同成立，无论合同是否有偿，委托人与受托人都要承担相应的义务。对委托人来说，委托人有向受托人预付处理委托事务费用的义务，当委托合同为有偿合同时还有支付受托人报酬等义务。对受托人来说，受托人有向委托人报告委托事务、亲自处理委托事务、转交委托事务所取得的财产等义务。

（3）委托合同可以是有偿的，也可以是无偿的。委托合同建立在双方当事人彼此信任的基础上。委托合同是否有偿，应以当事人双方根据委托事务的性质与难易程度协商决定，法律不作强制规定。

（二）司法鉴定委托合同的概念和特点

1. 司法鉴定委托合同的概念

司法鉴定委托合同是指案件办理单位在办理相关案件的过程中，为了查明案件中的专门性问题，需要指派、聘请、委托具有专门知识的单位或者自然人开展鉴定活动，与该具有专门知识的单位或者自然人就启动司法鉴定活动而达成的具有权利义务内容的协议。相关办案机关与司法鉴定机构或鉴定人签署司法鉴定委托合同，是双方达成了启动司法鉴定活动的标志，双方按照合同书的内容履行各自的义务，保证司法鉴定活动的顺利开展和推进。

不过，关于司法鉴定委托合同，即社会鉴定机构接受办案单位的委托所签署的协议，在名称上也有过变化。司法部于2007年8月7日发布并于2007年10月1日起施行的《司法鉴定程序通则》（司法部令第 107 号）[①] 第 12 条规定，司法鉴定机构接受鉴定委托，应当要求委托人出具鉴定委托书，提供委托人的身份证明，并提供委托鉴定事项所需的鉴定材料。委托人委托他人代理的，应当要求出具委托书。本通则所指鉴定材料包括检材和鉴定资料。检材是指与鉴定事项有关的生物检材和非生物检材；鉴定资料是指存在于各种载体上与鉴定事项有关的记录。鉴定委托书应当载明委托人的名称或者姓名、拟委托的司法鉴定机构的名称、委托鉴定的事项、鉴定事项的用途以及鉴定要求等内容。委托鉴定事项属于重新鉴定的，应当在委托书中注明。该通则第 17 条规定，司法鉴定机构决定受理鉴定委托的，应当与委托人在协商一致的基础上签订司法鉴定协议书。司法鉴定协议书应当载明下列事项：（1）委托人和司法鉴定机构的基本情况；（2）委托鉴定的事项及用途；（3）委托鉴定的要求；（4）委托鉴定事项涉及的案件的简要情况；（5）委托人提供的鉴定材料的目录和数量；（6）鉴定过程中双方的权利、义务；（7）鉴定费用及收取方式；（8）其他需要载明的事项。因鉴定需要耗尽或者可能损坏检材的，或者在鉴定完成后无法完整退还检材的，应当事先向委托人讲明，征得其同意或者认可，并在协议书中载明。在进行司法鉴定过程中需要变更协议书内容的，应当由协议双方协商确定。

2015 年 12 月 24 日司法部部务会议修订通过，自 2016 年 5 月 1 日起施行的《司法鉴定程序通则》（司法部令第 132 号）

[①] 已于 2016 年 5 月 1 日失效。

第16条规定，司法鉴定机构决定受理鉴定委托的，应当与委托人签订司法鉴定委托书。司法鉴定委托书应当载明委托人名称、司法鉴定机构名称、委托鉴定事项、是否属于重新鉴定、鉴定用途、与鉴定有关的基本案情、鉴定材料的提供和退还、鉴定风险，以及双方商定的鉴定时限、鉴定费用及收取方式、双方权利义务等其他需要载明的事项。

《司法鉴定程序通则》（2007年）对司法鉴定活动启动，要求既要签署"委托书"，又要签订"司法鉴定协议书"，程序烦琐、多余，因此《司法鉴定程序通则》（2016年修订）删除了"司法鉴定协议书"，保留了"司法鉴定委托书"。仔细研读《司法鉴定程序通则》（2007年）第12条、第17条对"司法鉴定委托书""司法鉴定协议书"的要求，《司法鉴定程序通则》（2016年修订）第16条对"司法鉴定委托书"的要求，可以发现《司法鉴定程序通则》（2016年修订）第16条"司法鉴定委托书"的内容与《司法鉴定程序通则》（2007年）第17条"司法鉴定协议书"的内容基本一致，只是名称不再称作"司法鉴定协议书"。

2016年11月21日，司法部发布了《司法部关于印发司法鉴定文书格式的通知》（司发通〔2016〕112号），该通知附件中提供的"司法鉴定委托书"样本格式和内容，与《司法鉴定程序通则》（2007年）第17条"司法鉴定协议书"、《司法鉴定程序通则》（2016年修订）第16条对"司法鉴定委托书"内容的规定基本一致，也与2007年11月1日发布的《司法鉴定文书规范》（司发通〔2007〕71号）中提供的"司法鉴定协议书（示范文本)"的内容大致相同，只是进行了完善。

关于合同文本的性质，不能简单根据文本标题的用词用字进行判断，而应当以合同文本的内容，尤其是其中约定的双方的权利义务的内容进行判断。《司法鉴定程序通则》（2016年修订）第16条规定的"司法鉴定委托书"实质上就是司法鉴定委托协议书。

司法鉴定委托合同是当事人双方之间设立、变更、终止司法鉴定委托民事关系的协议。一般而言，相关部门委托社会司法鉴定机构开展司法鉴定活动所形成的法律关系，实际上就是委托合同关系。在司法鉴定活动中，往往涉及三方：（1）司法鉴定活动的启动者——案件办理单位及办案人员，（2）司法鉴定的实施者——司法鉴定机构及司法鉴定人，（3）司法鉴定事项涉及案件的有关当事人。但是由于案件争议事项与司法鉴定事项涉及案件的有关当事人有着利害关系，司法鉴定意见会直接影响案件当事人的利益，为了保证司法鉴定的客观性、科学性和公正性，案件当事人虽然参与司法鉴定过程，也履行相应的"司法鉴定委托书"上所载明的义务，甚至还享有其中的某些权利，但案件当事人并不被纳入司法鉴定委托合同作为合同中的一方对待，合同内容的约定及合同的签署与其没有直接的关系，司法鉴定事项涉及案件的有关当事人仅是被动配合司法鉴定活动的一方。

司法鉴定委托合同的当事人为：（1）案件办理单位，即案件承办人；（2）司法鉴定机构，司法鉴定机构受理鉴定委托后再指定承担任务的具体司法鉴定人。司法鉴定委托合同双方在司法鉴定活动中的法律地位平等，对于司法鉴定实施中的具体事项本着自愿、平等、诚信、合法的原则协商确定。围绕查明案件中的专门性问题这一核心内容，协商确定司法鉴定如何实施、什么时间开始实施、实施需要什么条件、司法鉴定人在鉴定中享有什么权利、案件办理单位如何保障司法鉴定实施、案件办理单位如何保障司法鉴定人的权益，等等。案件办理单位及办案人员不能强迫司法鉴定机构及鉴定人实施司法鉴定活动，司法鉴定机构及鉴定人也不能强迫案件承办单位委托其实施司法鉴定。因此，司法鉴定活动是案件办理单位与司法鉴定机构双方设立、变更、终止与解决案件专门性问题实施司法鉴定活动有关的权利义务的协议，双方约定的委托合同的内容要符合《民法典》规定的基本原则和要求，也要服务司法鉴定相关的法律、法规和规定。

2. 司法鉴定委托合同的特点

（1）司法鉴定委托合同的当事人是案件办理单位和司法鉴定机构。案件办理单位可以是公检法机关、仲裁机构，也可以是其他单位。例如，《医疗纠纷预防和处理条例》规定，医疗纠纷调解机构、卫生行政部门在调解医疗纠纷案件的时候，可以就医疗纠纷争议事项委托医学会或者司法鉴定机构进行鉴定。不过，需要注意的是，公检法机关依法定职权办理案件需要启动司法鉴定的，并非都属于司法鉴定委托合同关系，有的是侦查机关指派本单位、本系统的司法鉴定部门开展鉴定活动，双方形成的就不是合同关系，而是内部分工协作关系。另外，人民法院在审理案件过程中需要查明案件事实，从人民法院建立的"司法鉴定机构名册"中"委托"司法鉴定机构进行司法鉴定，也不是通常意义上的民事合同关系。

虽然司法鉴定委托合同当事人是案件办理机构和司法鉴定机构，但是具体操作人员却是两个单位的工作人员。办案单位由需要查明专门性问题的具体案件的承办人来办理具体事项，司法鉴定机构接受司法鉴定委托后指定具体的鉴定人，由其实施司法鉴定活动，提出鉴定意见，完成司法鉴定文书，接受出庭质证。司法鉴定机构仅承担司法鉴定组织、管理活动，负责提供司法鉴定所需的各种软硬件设备，协调鉴定机构内部各部门的工作，加强对司法鉴定活动的管理和监督，收取鉴定费用，发放鉴定人的劳务费用等。

（2）司法鉴定委托合同的标的是实施司法鉴定的劳务。司法鉴定活动是由自然人来完成的。虽然有的司法鉴定活动需要借助现代化的仪器设备，但是鉴定过程的具体操作，对仪器的检查检验结果的判断、计算、解释则必须由人来完成，尤其是涉及基因检测、毒物分析等鉴定项目，现代仪器设备非常先进，自动化程度很高，很多操作甚至可以由经过初步训练的实验员来完成，但是对检验结果的判断、计算及如何作出解释方面，还得由掌握丰富的专业知识和经验的司法鉴定专家完成；对检查、检验结果判断、计算、解释后，鉴定意见得由鉴定人来做；如何将司法鉴定过程、检查检验分析的结果、鉴定意见推导反映到鉴定文书上，只有司法鉴定人可以完成。因此，整个司法鉴定活动的实施，司法鉴定流程的执行，实质上是司法鉴定人依靠自己的体力和脑力来完成的，是劳务输出的过程。

（3）司法鉴定委托合同的内容是与双方实施司法鉴定活动有关的权利和义务。司法鉴定活动是为查明案件事实、解决案件中专门性问题服务的，案件办理单位是司法鉴定活动的受益者。司法鉴定机构具体负责司法鉴定的实施，在司法鉴定过程中有鉴定人的劳动付出，有司法鉴定机构管理成本，有司法鉴定仪器设备的投入、折旧，还有仪器设备、试剂的损耗，并且因司法鉴定意见会影响案件当事人的权益而面临一定的社会风险。因此，司法鉴定委托合同中应当对双方的权利和义务进行约定。作为司法鉴定委托方的办案单位，应当提供鉴定所需的材料和相关信息，提供必要的鉴定条件，提供必要的经费和报酬；作为司法鉴定机构应当根据相关学科的理论知识和技术开展鉴定，对相关人员的权利予以保障，对案件信息予以保密，对送检的检验物品不得损坏（确需破坏的须征得委托方的同意），对其出具的鉴定意见有出庭接受质证的义务等。司法鉴定活动双方的权利和义务有的是法律、法规所规定的，有的是司法鉴定职业的伦理规范赋予的，有的则可以在司法鉴定委托合同中予以约定。

（4）司法鉴定委托合同签署的过程比较特殊。司法鉴定是一个比较特殊的职业。任何领域、任何专业都可能向法庭提供专家意见，都可能会启动司法鉴定程序，因此，涉及司法鉴定活动的单位或者人员可能很广泛。但是，司法鉴定活动是遇到具体案件需要调查其中的专门性问题时才会启动鉴定程序，很多专业领域向案件处理者提供专家意见的机会不会太多，且提供案件处理所必须的专家意见的提供者往往是该专业领域的权威专家，因此，司法鉴定活动参与者又很少。

首先由司法鉴定机构发出要约邀请。什么机构开展司法鉴定业务，什么人能够开展司法鉴定活动，无论是公检法机关的办案人员，还是其他机构的办案人员并不一定知道。因此，司法鉴定机构及其司法鉴定人首先应当向法律界发出要约邀请。要约邀请可以采用商业广告的形式，也可以是司法行政部门、人民法院发布的"司法鉴定机构及司法鉴定人名册"。

其次由办案单位发出要约。案件办理单位及其办案人员在办理案件过程中遇到了特殊的专业性问题，这些问题是案件办理人员运用自己掌握的知识和经验难以进行判断的，为了查明案情，解决其中的专门性问题，案件办理者以案件办理单位的名义遴选司法鉴定机构或者司法鉴定人，然后向有司法鉴定资格或者能力的司法鉴定机构发出要约，提出委托该司法鉴定机构对特定案件中的专门性问题进行鉴定的意向。

再其次由司法鉴定机构接受要约。司法鉴定机构作出司法鉴定实施允诺后，同意接受司法鉴定委托，双方针对案件处理中的专门性问题的分析调查达成一致意见，签署司法鉴定委托协议书。

最后由要约方办案单位提供司法鉴定所必需的鉴定材料、鉴定条件、鉴定费用等，由司法鉴定机构及司法鉴定人开展司法鉴定活动、得出鉴定意见并制作鉴定文书。

四、司法鉴定委托合同与其他合同的区别

在现实生活中，有的合同包含若干其他合同法律关系或者

某一种合同法律关系在一定程度上表现出符合其他合同法律关系的特点。这些表象使现实生活中人们在认定此类司法鉴定合同的性质时出现了偏差。对合同法律性质的判断应从这个合同的主要法律关系入手。① 司法鉴定合同系服务合同中的委托合同与其他合同很相似,例如,承揽合同、技术合同、劳动合同、劳务合同、代理合同、行纪合同、中介合同等。司法鉴定委托合同与这些合同的区别是什么?我们在研究司法鉴定合同的法律性质时,需要分别从这些合同的概念、特征、内容和法律规定等方面进行分析、比较,有助于我们对司法鉴定合同的准确定位。

(一)司法鉴定合同与代理合同、行纪合同、中介合同

在民法领域,委托合同与代理合同、行纪合同、中介合同很相似,我们认为司法鉴定合同是委托合同,自然就会产生它是不是代理合同、行纪合同、中介合同的疑问。

从合同法领域来看,代理合同、行纪合同、中介合同其实都是委托合同,都具有委托合同的属性,只不过作为更为具体的有名合同来规制。代理合同虽然在之前的《合同法》上未做专门规定,在《民法典》合同编中也没有规定,但是在《民法典》总则编第七章专门规定了"代理",从第161条到第175条共计15条。其中,第165~172条系委托代理的规定。结合之前的《合同法》和现在的《民法典》有关代理的规定,笔者

---

① 邓虹、李晓堰、陈颖:《司法鉴定合同性质之辩》,《中国司法鉴定》2008年第4期,第65页。

认为，代理合同由于其对代理活动的特殊约定，在内容和适用范围上都有着特殊性。行纪合同、中介合同在《民法典》上都有其法律地位，都有其特殊而具体的规定，因此，各自是一种具有特殊含义的合同。

在现代社会中，人们将某项事务交由他人代为完成而自己享受其结果是一种普遍现象。这种交由他人代办的事务或服务的种类或范围是随着社会发展而不断拓展的，从而呈现多样性，于是人们依据它们的行为特征对受托行为冠以不同的称谓。这种可由他人代为完成的行为，在大陆法系，被抽象为代理行为、中介行为和行纪行为；而在英美法系，所有这些行为都被统称为代理，但通过不同称谓的代理人，如经纪人、销售代理商、佣金代理人等来区分。① 代理行为、行纪行为、中介行为都是委托行为，但三者之间又有所不同。《民法典》第961条规定，中介合同是中介人向委托人报告订立合同的机会或者提供订立合同的媒介服务，委托人支付报酬的合同。中介行为并没有实施具体的法律行为，仅为传达他人意愿的行为。《民法典》第951条规定，行纪合同是行纪人以自己的名义为委托人从事贸易活动，委托人支付报酬的合同。代理行为和行纪行为的区别是：代理行为是以被代理人或委托人的名义为他人从事法律行为，由他人直接承担法律后果；而行纪行为则是以自己名义为他人从事法律行为，由他人间接承担法律后果。中介行为和行纪行为均是以营利为目的的商业贸易行为，所签订的行纪合同、

---

① 高富平、王连国：《委托合同与受托行为——对〈合同法〉中三种合同的一些思考》，《法学》1999年第4期，第40页。

中介合同都属于商事合同。

司法鉴定委托合同与代理合同、行纪合同、中介合同不同之处在于，不存在以谁的名义从事法律行为，也不涉及损失承担的问题。司法鉴定委托合同中，委托人和受托人的信息都是公开的，委托人必须要将受托人的信息告知案件当事人；受托人应当以自己的名义开展司法鉴定活动，不能以委托人的名义开展活动。一般情况下也不能转委托，除非涉及大型、复杂、多项鉴定内容，例如，在判断死亡原因的鉴定中，法医病理学鉴定机构没有法医毒物分析的能力，可以委托法医毒物分析机构进行毒物专项鉴定；再如，在环境污染鉴定中，涉及鉴定内容和范围都非常广泛，难以由一家鉴定机构独立完成，可以由一家鉴定机构牵头，组织多家鉴定机构合作鉴定。另外，司法鉴定活动一般不会出现有争议的后果，司法鉴定仅是对案件中的专门性问题进行分析判断，即使最终由于检材或者技术原因得不出鉴定意见，也无须委托人或者受托人承担法律后果，案件处理者会根据法律规定按举证责任分配规则来判定承担不利后果的当事人。

（二）司法鉴定合同与技术合同

早在 20 世纪 80 年代，我国曾颁布《技术合同法》[①]，该法

[①] 1987 年 6 月 23 日第六届全国人民代表大会常务委员会第 21 次会议通过，1987 年 6 月 23 日中华人民共和国主席令第 53 号公布，1987 年 11 月 1 日起施行，是中国技术合同法体系中的基本法，共 7 章 55 条，主要内容包括：技术合同法的适用范围、订立技术合同的原则和技术成果的权属；技术合同的订立、履行、变更和解除；技术开发合同；技术转让合同；技术咨询合同和技术服务合同；技术合同争议的仲裁和诉讼。《合同法》于 1999 年 3 月 15 日通过并公布施行后，《技术合同法》自 1999 年 10 月 1 日起正式废止。

第 1 条规定了立法宗旨："为了推动科学技术的发展，促进科学技术为社会主义现代化建设服务，保障技术合同当事人的合法权益，维护技术市场秩序。"1999 年 10 月 1 日，随着《合同法》的生效，《技术合同法》随之失效。《合同法》将技术合同作为一种独立的有名合同。随着《民法典》2021 年 1 月 1 日生效，《合同法》失效。《民法典》继续将技术合同单列一章，《民法典》第 843 条规定，技术合同是当事人就技术开发、转让、许可、咨询或者服务订立的确立相互之间权利和义务的合同。技术合同包括技术开发合同、技术转让合同、技术许可合同、技术咨询合同、技术服务合同等。其中，涉及技术咨询、技术服务内容的技术合同，类似于司法鉴定服务合同。三种合同具有很大的相似性：其一，司法鉴定活动类似于技术咨询、技术服务活动，本书将司法鉴定合同定位为服务合同，它们都属于服务合同；其二，三种合同都以技术相关的内容为合同标的，分别是"技术鉴定""技术咨询""技术服务"；其三，三种合同都是委托合同，《民法典》第 879～886 条等条文都出现了"委托人"和"受托人"的概念。

  技术服务合同，是指服务方以自己的技术和劳力为委托方解决特定的技术问题，而委托方接受工作成果并支付约定报酬的协议。技术服务合同制度源自英美法，20 世纪以后为大陆法各国所接受。目前，一些国家的法律将其视为独立的技术合同类型，另一些国家将其与技术咨询合同视为同类，还有些国家将其作为技术转让合同的一种。《民法典》第 878 条规定，技术咨询合同是当事人一方以技术知识为对方就特定技术项目提供可行性论证、技术预测、专题技术调查、分析评价报告等所订立的合同。《民法典》第 879 条规定，技术咨询合同的委托人应当按照约定阐明咨询的问题，提供技术背景材料及有关技术资料，接受受托人的工作成果，支付报酬。技术咨询合同形式源自 19 世纪末，最初仅以土木工程咨询服务为内容，20 世纪以后为大陆法各国所接受。目前，某些国家的法律将其视为技术服务合同中的分类，还有些国家将其视为独立的技术合同类型。技术服务合同是指当事人一方以技术知识为对方解决特定技术问题所订立的合同，不包括承揽合同和建设工程合同。《民法典》第 882 条规定，技术服务合同的委托人应当按照约定提供工作条件，完成配合事项，接受工作成果并支付报酬。

前述两种合同与司法鉴定合同主要有四个方面的区别：

首先，合同的性质不同。技术咨询合同、技术服务合同都是商事合同，都是将技术咨询内容、技术服务内容作为合同标的进行交易的一种商事活动，与司法鉴定合同有着本质的区别。司法鉴定活动不以营利为目的，主要是为了解决案件处理过程中遇到的专门性问题而委托司法鉴定机构实施的技术分析、判断活动。

其次，合同的目的不同。技术咨询合同是为了实现委托方科研、开发、生产等活动中需要了解或者需要获悉的专业技术知识而签订的合同，司法鉴定合同则是为了满足诉讼活动中解决案件中的专门问题的需要，两者的目的有着明显的区别。

再其次，合同的内容不同。技术咨询合同的主要内容是约定受托方提供委托方生产、研发等所需要的专业技术知识。司法鉴定合同主要内容是约定受托人对案件中的专门性问题给出答案和解释。两者的内容有着明显的区别。

最后，合同实施的后果及法律责任的承担不同。技术咨询合同如果出现违约，则需按照《民法典》的相关规定追究违约方的责任。司法鉴定合同难以按照《民法典》追究违约责任，甚至难以判断是否存在违约。

(三) 司法鉴定合同与劳动合同、劳务合同

1. 劳动合同

劳动合同是在社会生产过程中产生的一种规范使用劳动者行为的法律制度。它源于传统民法中的雇佣合同，由雇佣契约到劳动契约，乃是一种社会化的进程。[①] 自从资本主义生产方式出现以后，劳动合同就成为各国立法的一项重要内容。先是少数工业化国家在民法中承认了劳动合同的法律效力，之后自1900年比利时颁布劳动契约法开始，许多资本主义国家相继颁布了劳动契约法，并在劳动法中规定了专门的劳动合同法或在劳动法典中专章列出劳动合同，具体规定劳动合同的内容和形式，以及订立、变更和解除的条件和程序。现在，世界上很多国家都已有劳动合同的立法，把劳动合同作为调整劳动者和用人单位关系的一种法律制度确定了下来。我国自1986年开始，按照《国营企业实行劳动合同制暂行规定》开始实行

---

① 黄越钦：《劳动法新论》，中国政法大学出版社，2003，第5－6页。

劳动合同制。①

《布莱克法律辞典》对劳动合同作了较为公认的法律定义："劳动合同是雇主与雇员之间就劳动管理、工作条件、工资、津贴和奖惩作出的约定。②"我国《劳动法》第16条将劳动合同定义为："劳动合同是劳动者与用人单位确立劳动关系，明确双方权利义务的协议。"可以看出，劳动合同是确立劳动者与用人单位之间存在劳动关系的法律形式，是组织社会劳动、合理配置劳动力资源、稳定劳动关系，促进社会生产力发展的重要手段。根据这一协议，劳动者成为用人单位的一员，有义务完成用人单位的生产任务、工作任务，并有义务遵守劳动纪律和内部规章制度；而用人单位则有义务支付劳动报酬，提供劳动条件、劳动保护及保险、福利等待遇。

2. 劳务合同

劳务合同是指以劳动形式提供给社会的服务合同，是当事人各方在平等协商的基础上，就提供某一项劳务以及劳务成果所达成的协议。一般是在独立经济实体的单位之间、公民之间以及它们相互之间产生。实践中，人们通常将提供活劳动服务的过程称为劳务。

劳务合同属于民法调整的范畴，该合同标的是劳务。有学者将劳务合同定义为："法人之间、公民之间、法人与公民之

---

① 张鲲：《浅析劳动合同和劳务合同的区别》，《四川教育学院学报》2007年第3期，第46页。
② Bryan A. Garner, *Black's Law Dictionary*, 10th Edition (Thomson West, Aspatore Books, 2014), p. 786.

间关于提供劳动服务而订立的协议。"① 笔者认为,劳务合同是指当事人双方就一方提供活劳动给另一方服务的过程中形成的债权债务关系的协议。狭义的劳务合同仅指双方当事人约定,在确定或不确定期间内,一方向另一方提供劳务,另一方给付报酬的合同。广义的劳务合同涵盖的内容很多,只要是标的为劳务的合同,均可纳入该类合同。按照一方提供给另一方劳务(活劳动服务)侧重点不同,可以把广义的劳务合同划分为两类:一类合同的标的是劳务,但侧重于劳务行为本身的合同;另一类合同的标的也是劳务,但侧重于劳务行为结果的合同,即完成工作交付成果的合同。该类合同的内容主要是承揽合同,以及承揽合同的特殊形式——建筑工程承包合同。广义的劳务合同主要遵循传统的民法原理,受民法的调整,且大部分合同都是有名合同,双方的具体权利义务在法律中都有明确的规定,如行纪、中介、保管、运输、承揽、建筑工程承包合同等。②

劳务合同不属于劳动合同,从法律适用看,劳务合同适用《民法典》和其他民事法律,而劳动合同适用《劳动法》《劳动合同法》以及相关行政法规。与劳务有关的合同类型很多,除了雇佣之外,还有承揽、出版、运送、委托、行纪、中介、寄存、仓储等。

---

① 孟静:《劳务合同若干法律问题辨析》,《广东财经职业学院学报》2009年第4期,第79-82页。
② 张鲲:《浅析劳动合同和劳务合同的区别》,《四川教育学院学报》2007年第3期,第46页。

3. 司法鉴定合同与劳动合同、劳务合同的区别

一般而言，委托合同都是劳务合同，是委托人和受托人约定，由受托人处理委托事务的合同。受托人以委托人的名义办理委托事务；委托合同具有人身性质，以当事人之间相互信任为前提；委托合同既可以是有偿合同，也可以是无偿合同；委托合同是诺成的、双务的合同。司法鉴定是司法鉴定机构及司法鉴定人为查明办案机关委托的专门性问题的鉴定事项而实施的技术分析、判断活动，因而司法鉴定合同的标的为劳务，系司法鉴定人提供的智力和体力劳动的复合体。从这个角度说，司法鉴定合同属于劳务合同。但是司法鉴定合同又不局限于劳务，至少它不是一般意义上的劳务。司法鉴定合同约定了受托人为案件处理者提供专业性的鉴定意见这一目标而提供劳务，它是从实现司法鉴定目标的过程和结果对司法鉴定机构及司法鉴定人的活动进行约束，不涉及具体的劳务形式、劳务时间、劳务条件、劳务报酬等评价和衡量劳务的指标。劳动合同、劳务合同强调用人单位对劳动者的聘用以及相应的条件、待遇，司法鉴定合同不涉及这些内容。因此，司法鉴定合同不是劳动合同、劳务合同。

（四）司法鉴定合同与承揽合同

1. 承揽合同

承揽合同亦称加工定作合同，指一方（承揽人）承担标的物意外灭失或工作条件意外恶化造成损失的风险，完成他方（定作人）所交付的工作，并将该项工作成果交付定作人；定作人在验收工作成果后给付约定报酬的合同。

承揽合同是适应社会生产和生活的客观需要而产生和发展的，人们在实践中逐渐认识它的特征。罗马法称承揽为"劳动结果之租赁"，把承揽合同视为租赁合同的一种。依罗马法的分类，租赁分为物的租赁、劳务租赁、工作物租赁，前两者分别为现代法上的财产租赁和雇佣合同，工作物租赁指承揽人应定作人的要求从事工作，完成约定工作成果的合同。1804 年的《法国民法典》沿用了罗马法的体例，将承揽视为"劳动力的租赁"，列入租赁一章，但同时对"包工和承揽"另立专款规定，以与土地、房屋等财产租赁关系区别开来。这种区别为以后的立法所承认。在 1896 年的《德国民法典》中，承揽合同已被确立为一种独立的合同制度，在第 631~651 条中加以系统的规定，承揽脱离租赁，成为典型合同。[①] 其他国家亦有类似规定。

《民法典》第三编合同第 17 章专门规定了"承揽合同"。《民法典》第 770 条规定，承揽合同是承揽人按照定作人的要求完成工作，交付工作成果，定作人支付报酬的合同。承揽包括加工、定作、修理、复制、测试、检验等工作。由此可知，承揽合同是指当事人一方按他方的要求完成一定工作，并将工作成果交付他方，他方接受工作成果并给付酬金的合同。

承揽合同是诺成、有偿、双务、非要式合同，其具有以下五个方面的特征：

（1）承揽合同的标的表现为物化劳动成果，而非承揽人

---

① 郭洁：《承揽合同若干法律问题研究》，《政法论坛（中国政法大学学报）》2000 年第 6 期，第 45 页。

的劳动本身。这种劳动成果，可能是体力劳动的成果，也可能是脑力劳动的成果，还可能是脑力与体力劳动共同创造的成果。不论成果在客观上有无财产上的价值，均可作承揽合同的标的。因此，承揽合同追求的不是劳动的过程，而是劳动的结果。①

承揽合同的标的表现为物化劳动成果，但并非一般的劳动成果，而是具有特定性的劳动成果，且不是种类物，在市场上一般不能直接购买到。定作人对工作质量、数量、规格、形状等的要求使承揽标的物特定化，使它同市场上的一般物品有所区别，该标的是为了满足定作人的特殊需要。

（2）承揽方一般不得将任务转给第三方。在承揽合同中，定作方之所以将某项任务交由承揽方承担，是与承揽方的技术水平、设备状况、信誉等因素分不开的，因此要求承揽方以自己的设备、技术和劳动力完成任务。承揽方不经定作方同意，不得将所接受的任务转给第三方。只有在定作方同意并且承揽方未从中渔利的情况下，才可以将部分任务交给第三方承担。同时，承揽方还应负责监督检查，并对全部工作成果负责。承揽方在完成工程的过程中具有独立性，以自己的名义进行工作，有权独立自主地决定工作方法并组织领导工作的进行，不受定作方影响。

（3）承揽方在实施承揽工作的过程中有接受定作方监督的义务。在承揽方的加工、定作、修理、印刷、复制等工作过程

---

① 谢友清、张春华、曹佃州：《浅论承揽合同与雇佣合同的区分规则》，《西南科技大学学报（哲学社会科学版）》2006 年第 1 期，第 29 页。

中，定作方有权对其原有材料、技术力量、工作质量等情况进行检查和监督，承揽方有协助、配合和接受检查或监督的义务，但定作方的检查及监督不得妨碍承揽方的正常工作秩序。承揽方在工作时，如果定作方要求保密的，承揽方应尽严格保密的义务。在工作任务完成之后，承揽方应将全部工作成果交付定作方，未经许可，不得留存技术资料和复制品。

（4）定作人在验收工作成果后承揽方有要求定作人给付约定报酬的权利。如不给付，承揽方对定作物享有留置权利。在承揽合同的履行中，定作方超过领取期限六个月不领定作物的，承揽方有权将定作物变卖，所得价款在扣除报酬、保管费、保养费后，仍有余款，可以向法院提存，也可以以定作方名义存入银行，所有权属于定作方。①

（5）承揽人承担意外风险责任。承揽人对完成工作的质量、数量、期限等承担责任，还要对标的物意外灭失或工作条件意外恶化这种意外风险所造成的损失承担责任。故承揽人对完成工作有独立性，这种独立性受到限制时，其承受意外风险的责任亦可相应减免。

2. 司法鉴定合同与承揽合同的区别

司法鉴定合同系委托合同，是指司法鉴定委托人与作为受托人的司法鉴定机构约定，由受托人处理委托人就涉及法律事务的专门性问题进行司法鉴定而达成的合同。委托合同强调的是授权他人替自己处理本该自己处理的事务，涉及具体事务处

---

① 邓虹、李晓瑾、陈颖：《司法鉴定合同性质之辩》，《中国司法鉴定》2008 年第 4 期，第 64 页。

理的过程，事务处理的结果由自己来承担。委托合同与承揽合同的区别主要体现在以下三个方面：

（1）承揽合同与委托合同最根本的区别是承揽合同以自己的名义进行承揽事务，并以提交工作成果为合同履行方式；而委托合同体现为以委托人名义或者以自己的名义进行活动即为履行义务，并不要求工作成果的完成为合同履行结束的标志。司法鉴定机构在接受司法鉴定委托后开展司法鉴定活动，鉴定结果可能解决了委托方的问题，也可能没有解决委托方的问题，只要鉴定机构按照约定实施了针对委托目的的鉴定活动，即为司法鉴定活动的履约，并不强调鉴定的结果如何。

（2）承揽合同的标的物是特定的标的物，具有不可更换性和特定性。承揽合同注重的是工作的成果。如果定作人未向承揽人支付报酬或者材料费的，承揽人对标的物享有留置权。而委托合同不一定有自己的标的物，只要依委托合同的授权，完成委托事项即可，委托合同注重的是处理事务的过程。而且受托人进行民事法律活动的后果完全由委托人承担，所以受托人对于完成委托事项所涉及的物品并不具有留置权。在司法鉴定活动过程中，鉴定机构按照委托要求实施鉴定活动，不能干涉鉴定活动，鉴定人只能依据科学原理、科学技术和方法实施鉴定，鉴定机构具有一定的不确定性。并且在得到委托人同意后，对鉴定检材的破坏、鉴定检材的损耗等行为，均不承担法律责任。

（3）承揽合同的履行以定作人和承揽人相互协作为必要，如定作人应按约提供原材料、对承揽人的工作进行督促、检验等，承揽人应对定作人提供的原材料及时进行检验。如有不符合约定的，立即通知定作人调换或补齐等。而委托合同的履行则完全是受托人的独立活动，受托人在委托人的授权范围内有独立的意思表示，委托人一般不会予以干涉。虽然在鉴定过程中鉴定委托方也会应鉴定机构的要求提供必要的配合鉴定的行为，但仅限于鉴定活动所必须的条件，是为保证鉴定活动得以顺利实施和完成的条件，例如，要求通知被鉴定人到指定场所接受身体检查，提供与检材做比对的可靠的对照样本等，与承揽合同所要求的双方为履行约定而作出的相互协作有着本质的区别。

五、人民法院能否与司法鉴定机构签署司法鉴定委托合同

（一）人民法院参与民事活动时是不是民事主体，能不能成为被告

民事活动是指公民或者法人为了一定的目的设立、变更、终止民事权利和民事义务的行为。民事活动包括买卖、运输、借贷、租赁、教育、医疗、保险、婚姻、投资等活动。现代社会由各种各样的单位、家庭和个人组成，他们是社会活动的参与者、建设者、贡献者，社会的发展和进步正是这些民事主体参与各种各样社会活动的结果。进行民事活动时，应遵循自愿、公平、绿色、等价有偿、诚实信用、守法、禁止滥用的原则。进行民事活动时如果违反了这些原则，给社会、他人造成了损害、损失，就应当依法承担责任。无论是政府部门、社会团体、党派组织、司法机关，都是现代社会的组成元素，都是社会活

动的参与者。如果在参与社会活动的过程中，违反了法律规定，给他人造成了损害或者损失的，都应当承担相应的民事责任。对于民事主体是否存在过错，是否应当承担民事责任发生了争议，认为权益受到侵害的一方民事主体可以将对方作为被告向人民法院起诉。法院也不例外，法院作为一般民事主体参与民事活动时如果发生争议，认为权益受到侵害的一方民事主体可以将涉案法院起诉到具有管辖权的人民法院。

（二）人民法院执行审判职能是不是民事主体，能不能成为被告

在法院执行审判职能时，法院只须保持其审判主体的特性而将其民事主体等特性抛弃，这样就消除了法院成为民事被告的可能性。

法院依照诉讼法规定，履行审判职权，遇到需要启动司法鉴定程序查明案件涉及专门性问题的时候，是其履行国家赋予的审判职权的行为之一，此时人民法院与司法鉴定机构之间也不构成平等主体关系，不能用民法进行调整。

（三）人民法院执行审判职能向司法鉴定机构出具的委托书是不是委托合同

2015年9月21日发布的《最高人民法院办公厅关于〈黑龙江省司法鉴定管理条例（草案修改稿）〉有关问题意见的复函》（法办函〔2015〕558号）针对"关于委托法院与鉴定机构签订司法鉴定委托书鉴定协议书的问题"作出如下答复：人民法院对外委托鉴定，是对待证事实的寻证活动，受证据规则

和诉讼法的调整，是审判工作的延伸，是司法活动的组成部分，不同于其他法人组织、社会团体以及个人的委托鉴定行为。人民法院在对外委托时，不与鉴定机构签订协议书。《最高人民法院对外委托鉴定、评估、拍卖等工作管理规定》规定，人民法院在委托鉴定时向鉴定机构出具委托书。

按照最高人民法院的规定，人民法院在审理案件的过程中，遇到专门性问题需要启动司法鉴定程序的，虽然要向司法鉴定机构出具司法鉴定委托书，但该委托书仅是人民法院履行诉讼职权的行为，是诉讼程序的一个环节，并非平等主体之间为设立民事关系而达成的协议，因而该委托行为不是平等主体之间的民事行为，该委托书不能认定为司法鉴定服务合同。

第二章

司法鉴定服务合同文本内容和形式

在面向社会的司法鉴定机构出现之后,面向社会开展的司法鉴定服务日益增多。虽然社会鉴定机构提供的司法鉴定服务活动中,涉及人民法院诉讼委托的司法鉴定仍然占据多数,但是其他部门委托开展司法鉴定活动的情况也不少。包括仲裁机构在办理仲裁案件中需要委托司法鉴定的;劳动部门处理争议案件需要委托司法鉴定的;办理户口迁移、入户等需要委托司法鉴定的;其他部门在执行职务、履行职责的过程中需要委托司法鉴定等的情形。

本章主要研究现在的"司法鉴定委托书""司法鉴定协议书"的内容及其局限性,重点分析讨论司法鉴定委托书中有关事项"约定"的问题,介绍国家司法鉴定行政管理部门推荐的司法鉴定委托书规范格式文本。

第一节 司法机关出具的司法鉴定委托书

一、人民法院委托司法鉴定的依据

人民法院委托司法鉴定的依据主要有:

《刑事诉讼法》第 146 条规定："为了查明案情，需要解决案件中某些专门性问题的时候，应当指派、聘请有专门知识的人进行鉴定。"《刑事诉讼法》第 147 条规定："鉴定人进行鉴定后，应当写出鉴定意见，并且签名。鉴定人故意作虚假鉴定的，应当承担法律责任。"《刑事诉讼法》第 148 条规定："侦查机关应当将用作证据的鉴定意见告知犯罪嫌疑人、被害人。如果犯罪嫌疑人、被害人提出申请，可以补充鉴定或者重新鉴定。"《刑事诉讼法》第 149 条规定："对犯罪嫌疑人作精神病鉴定的期间不计入办案期限。"

《民事诉讼法》第 76 条规定："当事人可以就查明事实的专门性问题向人民法院申请鉴定。当事人申请鉴定的，由双方当事人协商确定具备资格的鉴定人；协商不成的，由人民法院指定。当事人未申请鉴定，人民法院对专门性问题认为需要鉴定的，应当委托具备资格的鉴定人进行鉴定。"《民事诉讼法》第 77 条规定："鉴定人有权了解进行鉴定所需要的案件材料，必要时可以询问当事人、证人。鉴定人应当提出书面鉴定意见，在鉴定书上签名或者盖章。"

《民事诉讼证据规定》规定了民事案件启动司法鉴定的要求。该司法解释第 30 条规定，人民法院在审理案件过程中认为待证事实需要通过鉴定意见证明的，应当向当事人释明，并指定提出鉴定申请的期间。符合《民事诉讼法解释》第 96 条第 1 款规定情形的，人民法院应当依职权委托鉴定。该司法解释第 31 条规定，当事人申请鉴定，应当在人民法院指定期间内提出，并预交鉴定费用。逾期不提出申请或者不预交鉴定费用的，视为放弃申请。对需要鉴定的待证事实负有举证责任的当事人，在人民法院指定期间内无正当理由不提出鉴定申请或者不预交鉴定费用，或者拒不提供相关材料，致使待证事实无法查明的，应当承担举证不能的法律后果。该司法解释第 32 条规定，人民法院准许鉴定申请的，应当组织双方当事人协商确定具备相应资格的鉴定人。当事人协商不成的，由人民法院指定。人民法院依职权委托鉴定的，可以在询问当事人的意见后，指定具备相应资格的鉴定人。人民法院在确定鉴定人后应当出具委托书，委托书中应当载明鉴定事项、鉴定范围、鉴定目的和鉴定期限。该司法解释第 33 条规定，鉴定开始之前，人民法院应当要求鉴定人签署承诺书。承诺书中应当载明鉴定人保证客观、公正、诚实地进行鉴定，保证出庭作证，如作虚假鉴定应当承担法律责任等内容。鉴定人故意作虚假鉴定的，人民法院应当责令其退还鉴定费用，并根据情节，依照《民事诉讼法》第 111 条的规定进行处罚。该司法解释第 34 条规定，人民法院应当组织当事人对鉴定材料进行质证。未经质证的材料，不得作为鉴定的根据。经人民法院准许，鉴定人可以调取证据、勘验物证和现场、询问当事人或者证人。该司法解释第 35 条规定，鉴定人应当在人民法院确定的期限内完成鉴定，并提交鉴定书。鉴定人无正当理由未按期提交鉴定书的，当事人可以申请人民法院另行委托鉴定人进行鉴定。人民法院准许的，原鉴定人已经收取的鉴定费用应当退还；拒不退还的，依照本规定第 81 条第 2 款的规定处理。

《行政诉讼证据规定》第 29 条规定："原告或者第三人有

证据或者有正当理由表明被告据以认定案件事实的鉴定结论可能有错误，在举证期限内书面申请重新鉴定的，人民法院应予准许。"该司法解释第 30 条规定："当事人对人民法院委托的鉴定部门作出的鉴定结论有异议申请重新鉴定，提出证据证明存在下列情形之一的，人民法院应予准许：（一）鉴定部门或者鉴定人不具有相应的鉴定资格的；（二）鉴定程序严重违法的；（三）鉴定结论明显依据不足的；（四）经过质证不能作为证据使用的其他情形。对有缺陷的鉴定结论，可以通过补充鉴定、重新质证或者补充质证等方式解决。"该司法解释第 31 条规定："对需要鉴定的事项负有举证责任的当事人，在举证期限内无正当理由不提出鉴定申请、不预交鉴定费用或者拒不提供相关材料，致使对案件争议的事实无法通过鉴定结论予以认定的，应当对该事实承担举证不能的法律后果。"

《人民法院对外委托司法鉴定管理规定》（法释〔2002〕8号）和《最高人民法院对外委托鉴定、评估、拍卖等工作管理规定》（法办发〔2007〕5号）规定，人民法院委托鉴定工作实行对外委托名册制度。对外委托名册是指根据审判执行工作需要，通过事前集中审查，将自愿报名并符合一定条件的鉴定机构或鉴定人分门别类编制成册，方便当事人协商和人民法院随机选择，以减少对外委托工作的随意性和盲目性，有利于提高审判执行工作质效。此外，在其他司法解释中也有类似的规定。

《最高人民法院关于人民法院民事诉讼中委托鉴定审查工作若干问题的规定》（法〔2020〕202号）对委托鉴定的相关

事项做了更为详细的规定，尤其对哪些项目可以委托鉴定、哪些项目不能委托鉴定、委托方提交的鉴定材料、鉴定机构及鉴定人的遴选和确定等，均作出了具有可操作性的规定，这对提高鉴定的效率、提升鉴定意见的质量具有非常重要的意义。

二、人民法院委托司法鉴定的法律性质

人民法院根据《宪法》《人民法院组织法》以及有关诉讼法的规定，在其管辖范围内开展案件的审判活动，是履行国家司法权的具体体现。人民法院在审理具体案件过程中，遇有相关专门性问题，审理案件的法官通过自己的知识和经验难以查清的，可以依法委托相关的技术部门或者专业技术人员进行鉴定。人民法院在审理案件中启动鉴定的程序，是行使司法权的表现，也是行使司法权的具体内容。

人民法院指派或者聘请有专门知识的人进行鉴定，一般是委托具有专门知识的机构，主要是国家依法设立的鉴定机构，或者是国家在开展社会主义生产和建设过程中成立的教学、科研机构，再由这些机构指派具有相应专门知识的专家实施鉴定活动。由此，人民法院与提供鉴定活动的机构形成了委托关系。虽然人民法院会向实施鉴定活动的单位提供"鉴定委托书"，但由于人民法院与实施鉴定活动的单位之间并非平等主体之间的关系，这种委托关系不是一般意义上民事法律关系，因此，该"鉴定委托书"不具有合同性质，仅是人民法院启动鉴定程序的法律文件，是有关单位可以对具体案件中的专门性问题展开调查、分析和研究等活动的依据。

2015年9月21日发布的《最高人民法院办公厅关于〈黑龙江省司法鉴定管理条例（草案修改稿）〉有关问题意见的复函》（法办函〔2015〕558号）针对"关于委托法院与鉴定机构签订司法鉴定委托书鉴定协议书的问题"作出如下答复：人民法院对外委托鉴定，是对待证事实的寻证活动，受证据规则和诉讼法的调整，是审判工作的延伸，是司法活动的组成部分，不同于其他法人组织、社会团体以及个人的委托鉴定行为。人民法院在对外委托时，不与鉴定机构签订协议书。《最高人民法院对外委托鉴定、评估、拍卖等工作管理规定》规定，人民法院在委托鉴定时向鉴定机构出具委托书。

最高人民法院办公厅于2019年7月22日发布的《关于北京市司法局就登记管理的鉴定机构均进入北京法院专业机构名册意见的复函》（法办函〔2019〕604号）针对北京市高级人民法院发布的《关于北京市司法局就登记管理的鉴定机构均进入北京法院专业机构名册意见的请示》（京高法〔2019〕472号）作出了答复：根据《全国人民代表大会常务委员会关于司法鉴定管理问题的决定》第2条规定，司法行政管理部门仅对法医类、物证类、声像资料和环境损害四类鉴定进行统一登记管理，其他鉴定事项不属于司法行政部门统一登记管理范围。人民法院对外委托工作是审判执行工作的重要环节，是对待证事实的寻证活动，受诉讼法律和司法解释的调整，属于司法活动，与行政机关的行政管理在性质、目的任务和管理后果等方面均不相同。人民法院的主要任务是公开、公平、公正地处理案件，而非为各类鉴定机构提供案源。工作中，为保证审判执行工作质量,各级人民法院应当加强对鉴定机构鉴定人专业能力、业务水平、规范管理、诚信执业等情况的审查,择优选择符合审判执行工作需要的鉴定机构鉴定人,没有必要也没有义务将所有专业机构纳入人民法院对外委托名册。此外,对外委托名册只是人民法院开展委托鉴定工作的使用名单,并非行政许可,没有进入人民法院对外委托名册的各类社会中介机构,仍然可以接受公安、检察、行政机关、当事人等社会各界的委托,并不影响其执业。

三、人民法院委托司法鉴定的委托书内容

人民法院委托司法鉴定的委托书内容相对比较随意,没有统一的格式,一般由人民法院在工作中根据工作需要自行制作。

(一)委托书的内容

委托书主要包括以下内容:(1)委托单位;(2)办案人或联系人;(3)鉴定机构;(4)鉴定事项;(5)基本案情;(6)鉴定材料;(7)鉴定单位需要的且鉴定活动开展所必须的其他信息。

(二)委托司法鉴定应当移交的材料

对外委托鉴定的,应审核以下材料有无移交:(1)相关卷宗材料;(2)经法庭质证确认的当事人举证材料;(3)法院依职权调查核实的材料;(4)既往鉴定情况;(5)申请方当事人和对方当事人及其辩护人、代理人的通信地址、联系方式,代理人的代理权限;(6)与对外委托工作有关的其他材料。

（三）委托司法鉴定的特殊义务

人民法院针对正在审理的案件中的专门性问题委托鉴定机构进行鉴定，人民法院是鉴定意见的使用者，鉴定意见的质量直接关系到案件的裁判质量。尽管人民法院基于其司法机关的特殊性质，不能作为司法鉴定服务合同的当事人，其委托鉴定也不是平等主体之间形成的法律关系，但是人民法院在司法鉴定活动中是启动者、评价者、使用者、监督者，起着非常重要的桥梁纽带作用，并且人民法院是否能够履行其必要的义务，直接决定了鉴定活动是否如期完成，关系到鉴定文书及鉴定意见的质量。

人民法院委托司法鉴定活动时具有如下义务：（1）审查送检的鉴定材料的义务。送检的鉴定材料直接关系到鉴定活动是否能完成，鉴定意见是否准确。因此，人民法院在启动司法鉴定活动的时候，应当提交客观、完整、充分的鉴定材料，并对鉴定材料进行审查，组织各方当事人对鉴定材料进行质证，对鉴定材料的真实性、完整性、充分性进行说明。（2）协调当事人配合鉴定的义务。包括协调被鉴定人到鉴定人确定的时间和地点接受鉴定人的调查、询问，回答鉴定人提出的与鉴定有关的问题，被鉴定人接受鉴定人的检查，缴纳鉴定费用以及配合鉴定活动开展过程中的其他事项。（3）负责将鉴定文书及鉴定意见告知各方当事人，并告知各方当事人在鉴定活动的权利和义务。（4）对各方当事人提交的鉴定材料、人民法院自行收集拟提交的鉴定材料做好登记，保证鉴定材料保管、流转链条的完整。（5）向鉴定机构及鉴定人说明与本鉴定有关的其他事项。例如，鉴定启动的背景、原因，既往鉴定的情况及各方当事人的态度等。

第二节　司法鉴定协议书的内容

一、司法鉴定协议书概述

除了司法机关启动的司法鉴定外，其他主体启动的司法鉴定活动，一般视为平等主体之间的民事法律行为，相关各方的权利、义务受《民法典》及其他相关法律、法规、规范、标准的调整。在作为民事法律行为的司法鉴定活动中，鉴定机构应当制作"司法鉴定协议书"，并将相关内容和事项向各方当事人告知、解释、说明。

"司法鉴定协议书"是鉴定委托单位启动司法鉴定活动的凭据，是司法鉴定机构开展司法鉴定活动的依据。司法鉴定机构所开展的鉴定活动是否符合委托单位的要求，是否能够解决委托单位办理相关事项时需要解决的专门性问题，各方的权利义务的内容如何，所委托的司法鉴定项目是否具有相关风险，都会在"司法鉴定协议书"中反映出来。"司法鉴定协议书"还是日后解决各方因鉴定活动产生的争议和纠纷而进行处理的重要依据。

然而，"司法鉴定协议书"是一份具有法律性质的文本文件，作为司法鉴定机构不一定具有制作、审核合同文本的能力，鉴定机构及其鉴定人自行拟定的"司法鉴定协议书"的内容难免有疏漏，甚至有可能出现错误。为此，国家司法鉴定行政管理部门先后两次发布了"司法鉴定协议书"推荐文本。

2007年11月1日印发的《司法部关于印发〈司法鉴定文书规范〉和〈司法鉴定协议书（示范文本）〉的通知》（司发通〔2007〕71号）首次发布了"司法鉴定协议书（示范文本）"。在修订后的《司法鉴定程序通则》发布之后，司法部在2016年11月21日发布了《司法部关于印发司法鉴定文书格式的通知》（司发通〔2016〕112号），公布了新的"司法鉴定委托书"范本，并于2017年3月1日予以执行。根据2007年发布的《司法鉴定程序通则》的规定，启动司法鉴定活动，委托单位与鉴定机构需签署"司法鉴定委托书""司法鉴定协议书"两个文件。2016年修改后的《司法鉴定程序通则》取消了"司法鉴定协议书"，保留了"司法鉴定委托书"。取消"司法鉴定协议书"，简化了签订文本的手续和程序，使鉴定活动启动变得更为简单、便捷。同时，更进一步还原了司法鉴定合同系服务合同、委托合同的本质。这一做法值得肯定。但是，无论叫"司法鉴定委托书"，还是叫"司法鉴定协议书"，两者性质相同，只是名称不同而已，与2007年发布的《司法鉴定程序通则》规定的"司法鉴定委托书""司法鉴定协议书"是有区别的。

《司法鉴定程序通则》第16条规定，司法鉴定机构决定受理鉴定委托的，应当与委托人签订司法鉴定委托书。司法鉴定委托书应当载明委托人名称、司法鉴定机构名称、委托鉴定事项、是否属于重新鉴定、鉴定用途、与鉴定有关的基本案情、鉴定材料的提供和退还、鉴定风险，以及双方商定的鉴定时限、鉴定费用及收取方式、双方权利义务等其他需要载明的事项。司法部 2016 年公布的"司法鉴定委托书"范本，即是在该通则第 16 条规定的精神下制定的文件范本。

司法部制作并公布了全国统一的"司法鉴定委托书"范本是一件值得肯定的事情，可以有效解决鉴定机构及鉴定人起草"司法鉴定委托书"时不专业的担忧，弥补鉴定机构的知识和能力的不足，对于规范全国司法鉴定机构开展司法鉴定活动的委托行为起着很好的作用，为日后解决各方当事人因司法鉴定活动产生的争议和纠纷起着很好的预防作用。但是我们也看到，司法部发布的"司法鉴定委托书"范本仅具有相关的"项目"内容，实质内容较少，解释、说明也较少，实际上司法鉴定机构在与有关单位签署"司法鉴定协议书"时很多事项不明，仍然需要司法鉴定机构发挥其主观能动性，补充、完善"司法鉴定委托书"，尤其涉及司法鉴定活动权利、义务中可能产生认识分歧和纠纷的事项。但司法部在"司法鉴定委托书"公布时，并没有对这些工作进行说明，很可能误导司法鉴定机构，以为按照"司法鉴定委托书"版本签署协议即可。由此埋下了隐患。

二、司法鉴定协议书的内容

"司法鉴定委托书"或"司法鉴定协议书"应当载明启动司法鉴定活动的相关内容和事项，约定有关当事人对司法鉴定活动的相关权利和义务等事项，对规范委托人、鉴定机构及鉴定人、其他有关当事人的行为具有非常重要的意义。

司法鉴定协议书包括狭义上的"司法鉴定协议书"，即命名为"司法鉴定协议书"的文件，也包括广义上的"司法鉴定协议书"，即相关法律规定的委托人、鉴定机构及鉴定人应当遵循的规定和规范。换言之，我们看到的"司法鉴定协议书"的内容并未涵盖司法鉴定活动相关各方全部的权利和义务，相关各方还应当遵循或者享有法律、法规、规范、标准等规定的有关的权利和义务。

具体来说，司法鉴定协议书应包括以下内容。

（一）委托人的信息

司法鉴定委托人是委托合同签订的要约方，因此，在司法鉴定协议书中应当载明委托人的名称、地址，法定代表人信息，委托代理人信息，联系人信息等，不应当仅有委托人的名称。从合同的角度来看，司法鉴定协议书中还应当提供委托人的法人证明文件及相关信息文件，例如，法人证书、组织机构代码。但在司法鉴定实践中，委托人鲜有提供这些材料的，委托人的信息也不完整，导致委托人并非严格意义上的委托合同要约方。

（二）司法鉴定机构的信息

司法鉴定机构是接受司法鉴定委托的一方，是委托合同中的受托人。司法鉴定机构的信息，应当包括司法鉴定机构的名称、地址，法定代表人信息，委托代理人信息，联系人信息等，不应当仅有司法鉴定机构的名称。从合同的角度来看，司法鉴定协议书中还应当提供司法鉴定机构的法人证明文件及相关信息文件，例如，法人证书、组织机构代码。但在司法鉴定实践中，司法鉴定机构鲜有提供这些材料的，司法鉴定机构的信息也不完整，导致司法鉴定机构并非严格意义上的委托合同受托人。

（三）委托鉴定的事项

委托鉴定事项是指委托方提出来的司法鉴定机构业务范围内能够完成的事项。"四大类"司法鉴定的委托鉴定事项一般根据《司法鉴定执业分类规定（试行）》（司发通〔2000〕159号）来填写。"四大类"以外的司法鉴定事项根据工作中涉及的具体问题来填写。如果委托人填写的委托鉴定事项不清楚，应当作出必要的解释和说明，不能让司法鉴定机构误会，导致鉴定意见与委托鉴定的要求不符。

（四）是否属于重新鉴定

从司法鉴定科学性的角度来看，没有必要要求委托单位说明是否属于重新鉴定。相反，不说明是否属于重新鉴定，鉴定机构所开展的鉴定是一种"双盲"鉴定，更能检验司法鉴定的"可重复性"，对司法鉴定机构提出更高的要求，更能增加司法鉴定机构的公信力。然而，在当前司法鉴定公信力缺乏，重复鉴定、多头鉴定形势严峻的情况下，在主观经验性鉴定大量存在的情况下，为了避免鉴定意见"打架"，有关行政管理部门想出来的这么一个解决规避风险的办法。这种做法本身说明了当前司法鉴定的科学性不够，司法鉴定管理陷入一种形式主义的误区。

(五) 司法鉴定的用途

司法鉴定用途应当是启动司法鉴定的参考事项，委托单位在填写"司法鉴定委托书"时不一定想得出一个明确的用途，或者填写的鉴定用途后来可能出现变化。例如，办案单位在启动司法鉴定程序时，也许出于办理行政案件的需要启动鉴定，但是后来由于行政执法相对人的行为性质恶劣，该案件由行政案件升级为刑事案件，办案单位由行政执法部门转为公安机关，难道之前行政执法部门给予行政执法启动的鉴定程序得到的鉴定意见就不能用于后来公安机关办理刑事案件的证据？答案显然是否定的。司法鉴定要回归解决案件中专门性问题的本质属性，鉴定人主要是基于提交的鉴定材料，运用相关的科学技术和方法分析和回答办案单位提出的专门性问题，得出回应委托鉴定目的的鉴定意见，无关鉴定用途。仅有一些特殊的鉴定项目，其鉴定用途可能比较重要，例如，涉及标准适用的鉴定。在残疾程度鉴定标准方面，现在涉及比较多的标准，包括人身损伤残疾程度鉴定标准、残疾人评定标准、人身意外伤害商业保险标准、革命军人残疾程度标准、工伤伤残标准等。受害人残疾程度不同，案件性质不同，适用的残疾标准则不同，最后得出的鉴定意见也会不同，因而这类鉴定项目有必要让委托单位写明"鉴定用途"，甚至注明"鉴定标准"。

(六) 与鉴定有关的基本案情

关于鉴定人是否应当了解案情，在司法鉴定实践中有不同的看法。有的学者认为，鉴定是客观的、中立的，鉴定人不应当受到案情的影响，应当就提交的鉴定材料客观、科学地分析案件中的专门性问题，没有必要提供案情。但也有专家提出，有的专门性问题的分析是需要了解案情的，尤其涉及损伤机制、行为判断等鉴定事项，更是应当了解比较准确的案件情况。

不过，无论是哪种观点，司法鉴定实践中的情况是，有时案情并不清楚，尤其是民事案件，相关当事人在其起诉书、答辩状中往往各执一词描述案情，这样的"案情"缺乏应有的准确性和可信度，提交给鉴定机构仅仅起着完善鉴定档案的作用，并无助于鉴定事项的分析和判断。

（七）鉴定材料

委托单位提交给鉴定机构用于司法鉴定活动的材料有哪些，在"司法鉴定委托书"中应当一一载明，既要写清楚鉴定材料的编号、名称、内容、规格、数量，也要写清楚鉴定材料的来源或者提供方，尤其在相同或者相似的鉴定材料较多的情况下，更是要将鉴定材料内容细目列出。必要时对鉴定材料如何处理、是否可以破坏、如何退还等事项应当约定、明示。

（八）鉴定风险

司法鉴定是一项技术判断活动，涉及科学技术水平、鉴定材料的情况、鉴定人的水平、鉴定设备等。因此，司法鉴定存在各种各样的风险，司法鉴定机构在接受委托人委托鉴定时应当向委托人及当事人进行说明。司法鉴定机构及其鉴定人有向委托人、当事人释明司法鉴定风险的义务。这既是司法鉴定服务合同签订前司法鉴定机构的先合同义务，也是为了更好地开展司法鉴定活动，防止鉴定意见出来后委托人、当事人对鉴定意见不满而发生不必要的争议。

司法鉴定风险，包括司法鉴定活动本身的风险。例如，鉴定无法得出明确的结论、鉴定意见模糊、鉴定被破坏或者消耗检材、鉴定时间比较长等，还包括鉴定意见不被案件办理单位采纳的风险，毕竟鉴定意见仅仅是一种证据，证据是否能转化为定案依据，由案件裁判者根据案件情况，尤其与其他证据印证情况来确定和取舍。

（九）鉴定时限

司法鉴定活动需要耗费一定的时间。《司法鉴定程序通则》第28条规定，司法鉴定机构应当自司法鉴定委托书生效之日起30个工作日内完成鉴定。鉴定事项涉及复杂、疑难、特殊技术问题或者鉴定过程需要较长时间的，经本机构负责人批准，完成鉴定的时限可以延长，延长时限一般不得超过30个工作日。鉴定时限延长的，应当及时告知委托人。根据该规定，司法鉴定活动一般需要30个工作日，疑难复杂案件可以延长30个工作日，即疑难复杂案件可以在鉴定受理后60个工作日内完成，但如果超过30个工作日，则需要经过鉴定机构的负责人批准，并向委托人予以告知。同时，《司法鉴定程序通则》规定，司法鉴定机构与委托人对鉴定时限另有约定的，从其约定。

（十）鉴定费用及收取方式

司法鉴定需要鉴定人耗费一定的时间和精力才能完成，鉴定活动是一项脑力劳动，也是一项体力劳动。鉴定机构及其鉴定人在开展司法鉴定活动过程中，既要投入一定的时间、劳动，又要投入一定的设备、设施，因此委托人应当向鉴定机构和鉴定人支付必要的鉴定报酬。

(十一) 双方权利义务等其他需要载明的事项

司法鉴定委托人与司法鉴定机构及其鉴定人之间就某一专门性问题形成了司法鉴定的民事合同关系，委托人提供鉴定材料、鉴定费用，并提供保障鉴定能顺利开展的一系列的条件，由司法鉴定机构指定具有相应鉴定资格和鉴定能力的人具体开展鉴定。在此过程中，委托人和鉴定人之间各自享有相应的权利，履行相应的义务，既包括法律、法规所规定的权利和义务，也包括双方约定的权利和义务。尤其是双方约定的权利和义务，如果仅是口头约定，将来在履行义务的过程中如果发生争议，将难以妥善解决，因而有必要采用书面形式予以固定。

三、关于司法鉴定委托书中的"约定"问题

在司法鉴定活动过程中，基于"合同"的定位，业界更强调司法鉴定各方对鉴定中相关事项的约定。例如，鉴定费用、鉴定时限、鉴定材料处理、鉴定事项内涵以及双方的其他权利义务等。

(一) 鉴定费用的约定

鉴定费用是委托人和鉴定人之间形成合同关系最为核心的内容之一，鉴定费用过低，不足以保障鉴定活动实施，不足以调动鉴定机构和鉴定人的积极性，鉴定往往难以完成，影响案件处理。但是鉴定费用如果过高，超出了鉴定委托人的承担能力，甚至超出了纠纷争议的标的，涉案当事人觉得不值得，可能不会启动鉴定。所以在鉴定费用的承担方面，各省发布的司

法鉴定收费规范文件中,均作出了公平公开、诚实收费的要求。[1] 例如,江苏省物价局、江苏省司法厅于2016年12月26日发布的《江苏省司法鉴定收费管理办法》(苏价规〔2016〕22号)第3条规定,司法鉴定收费应当遵循公开公平、诚实信用、自愿有偿的原则。江苏省物价局、江苏省司法厅2017年6月28日发布并实施的《省物价局 省司法厅关于明确我省司法鉴定收费试行标准的通知》(苏价费〔2017〕108号)明确规定,司法鉴定机构应严格遵循公开公平、诚实信用、自愿有偿原则开展司法鉴定活动。不得自立项目收费、超标准收费、分解项目收费、重复收费、扩大范围收费、改变收费频次和计费方式收费。

那么,鉴定费用如何确定呢?

2005年发布的《全国人民代表大会常务委员会关于司法鉴定管理问题的决定》第15条规定,司法鉴定的收费项目和收费

---

[1] 对司法鉴定收费标准的制定来说,2015年是一个重要的时间节点。根据2015年4月24日第十二届全国人民代表大会常务委员会第十四次会议通过的《关于修改〈中华人民共和国义务教育法〉等五部法律的决定》,其中,将《全国人民代表大会常务委员会关于司法鉴定管理问题的决定》第15条的司法鉴定收费标准由"国务院司法行政部门商国务院价格主管部门制定"改为"省、自治区、直辖市人民政府价格主管部门会同同级司法行政部门制定"。随后,2016年3月29日,《国家发展改革委关于废止教材价格和部分服务收费政策文件有关问题的通知》(发改价格〔2016〕703号)发布,决定自2016年5月1日起废止《国家发展改革委、司法部关于印发〈司法鉴定收费管理办法〉的通知》(发改价格〔2009〕2264号)等有关价格和服务收费政策文件,各省、自治区、直辖市人民政府价格主管部门会同同级司法行政部门于5月1日前制定出台本地区的司法鉴定服务收费标准的,文件执行之日同时在本省范围内停止执行《国家发展改革委、司法部关于印发〈司法鉴定收费管理办法〉的通知》(发改价格〔2009〕2264号)。

标准由国务院司法行政部门商国务院价格主管部门确定。此条规定将司法鉴定收费项目及收费标准的制定权授予国务院相关部门。据此国家司法鉴定管理部门会同国家物价管理部门制定了全国统一的司法鉴定收费标准及目录并予以公布。2015年全国人民代表大会常务委员会对《全国人民代表大会常务委员会关于司法鉴定管理问题的决定》进行修正，将第15条修改为司法鉴定的收费标准由省、自治区、直辖市人民政府价格主管部门会同同级司法行政部门制定。此后，各省级司法鉴定管理部门会同当地物价管理部门制定了本省的司法鉴定收费标准及目录并予以公布。目前，各省司法鉴定活动基本上就按照本省的收费标准予以收费。

不过，在鉴定收费标准的问题上，国家司法行政部门一直留有一个小口子，即委托人和司法鉴定机构可以协商确定鉴定费。这一做法经过了逐步的修改和完善。国家发展和改革委员会、司法部于2009年9月1日发布的《司法鉴定收费管理办法》（发改价格〔2009〕2264号）（已失效）第7条规定，省级价格主管部门会同同级司法行政部门结合当地实际情况，参照法医、物证、声像资料类司法鉴定收费标准基准价制定具体收费标准，或者在法医、物证、声像资料类司法鉴定收费标准基准价的基础上制定浮动幅度。在《司法鉴定收费项目和收费标准基准价（试行）》以外，新增的法医、物证、声像资料类司法鉴定收费项目和收费标准，由省级价格主管部门会同同级司法行政部门制定；国务院价格主管部门会同同级司法行政部门根据各地新增收费项目和收费标准的情况，适时制定全国统一的司法鉴定收费项目和收费标准基准价。法医、物证、声像资料类以外的司法鉴定收费，由省级价格主管部门会同同级司法行政部门根据当地实际情况确定价格管理形式和管理权限。国务院价格主管部门另有规定的，从其规定。在2015年《全国人民代表大会常务委员会关于司法鉴定管理问题的决定》修改以后，各省自行制定本省的司法鉴定收费项目和收费标准时，延续了这一做法。例如，《江苏省司法鉴定收费管理办法》（苏价规〔2016〕22号）第5条规定，司法鉴定收费按照不同类型分别实行政府指导价和市场调节价管理。法医类司法鉴定、物证类司法鉴定、声像资料司法鉴定和环境损害司法鉴定实行政府指导价管理，其他司法鉴定实行市场调节价管理。国家另有规定的，按照其规定执行。该办法第6条规定，实行政府指导价的司法鉴定由基准价和浮动幅度构成。对于一般的司法鉴定，收费标准可以在基准价基础上加上下浮动幅度确定。对于疑难、复杂的司法鉴定，收费标准可以在前款规定上浮基础上再上浮一定幅度确定。

2017年实施的《北京市司法局关于疑难复杂和有重大社会影响的司法鉴定服务的认定标准》第2条规定，司法鉴定机构应当与委托人在司法鉴定委托书中明确疑难、复杂和有重大社会影响的司法鉴定服务的认定情形、鉴定费用金额和收取方式，并留存有关证明材料，同时按照《北京市司法鉴定收费管理办法》第6条的规定，将有关情况书面告知缴费当事人。在司法鉴定实践中，疑难复杂案件的鉴定收费，鉴定机构往往在法定收费标准上上浮50%。如果仍然觉得较低，鉴定机构采用"约定"的方式，其实是鉴定机构单方面提出一个新的收费标准。由于目前司法鉴定属于卖方市场，委托人一般只能接受鉴定机构的出价。涉及重大、疑难、复杂的病理解剖的案件，涉及较大标的的合同文件笔迹鉴定案件，医疗损害责任纠纷案件，鉴定机构多采用"约定"方式收取较高的鉴定费用。

鉴定费用的约定虽然符合民法的契约精神，但在实践中争议比较大，尤其是约定的出价权掌握在鉴定机构一方，委托人难以还价。更为重要的问题在于，委托人一般是案件的处理者、裁判者，鉴定机构出价多少，与委托人没有利害关系，最终鉴定费用的承担要落到案件当事人身上（往往是败诉的一方承担）。如果约定得过高，必然加重了承担鉴定费用一方当事人的负担。而且，在诉讼中鉴定费用往往先由其中一方当事人垫付，最终鉴定费用的承担，在案件裁判时确定。如果鉴定费用过高，最后败诉一方当事人无力承担，将由事先垫付鉴定费用的一方承担，同时，其胜诉所应当获得的赔偿也得不到弥补，加重了当事人的经济损失，导致出现"不公平"的现象。因此，这种鉴定费用约定制度是否应当存在，如果存在，是否应当通知当事人参加到鉴定费用的谈判中来，由当事人亲自参加"约定"呢？

（二）鉴定时间的约定

鉴定时间长短，直接关系到鉴定何时完成，关系到案件是否在法定时间内审理结束。当然，有的鉴定比较复杂，鉴定技术要求时间较长。例如，在法医病理学鉴定中，对人体组织器官标本需要采用福尔马林固定一段时间，才能进入切片、制片、读片程序。由于法医病理诊断难度较大，往往需要请专家会诊，甚至要加做一些特殊的酶组化、免疫组化的检验项目，耗时更长。但也有可能是鉴定机构时间安排的问题，造成鉴定拖延，鉴定时间较长。例如，2019年11月，江苏省高级人民法院在其委托司法鉴定信息平台上即向社会发布公告，对54家涉及会计审计、工程造价、资产评估、产品质量、建设工程质量检测、法医临床等鉴定机构停止委托。这些鉴定机构在全省各级法院委托鉴定的涉及215件案件中严重超期。

同时，《司法鉴定程序通则》第28条第3款规定，司法鉴定机构与委托人对鉴定时限另有约定的，从其约定。有的鉴定事项由于实验复杂，或者鉴定材料特殊，或者鉴定所涉及的相关事件存在较多较复杂的因素，在60个工作日内仍无法完成，可以由鉴定机构和委托人商议鉴定完成的时间。按照"司法鉴定委托协议书"的要求，这种约定应当在鉴定委托时提出。但这并非机械的规定，有时候鉴定的复杂性并非鉴定机构及其鉴定人在接受委托时即认识到的，而是在鉴定活动开展之后才认识到，因此应当允许鉴定机构及其鉴定人在鉴定过程中发现鉴定事项疑难、复杂，在规定的鉴定时间内难以完成的，可以在鉴定时限期间届满前提出，并与委托人商议。如果委托人不同意，可以终止鉴定。这种商议必须在法定鉴定期间届满前提出，而不是鉴定时间届满后才提出，更不能在拖延了很长时间后追加提出延长鉴定时间。

虽然委托人与鉴定机构之间可以约定鉴定完成时间，但这个时间也必须以合理为限。毕竟纠纷案件的处理涉及当事人的合法权益，有的纠纷还影响社会的稳定，如果鉴定耗费时间过长,不利于纠纷的处理,也会给社会稳定制造障碍。那么,鉴定完成时间的确定是否"合理",受制于哪些因素?我们认为主要受到有关诉讼法关于诉讼程序的规定、鉴定事项本身的复杂性、鉴定机构及其鉴定人的工作量等因素的影响。

(三)鉴定材料处理的约定

司法鉴定委托书中列明"鉴定材料"项非常重要,这是鉴定材料流转链的重要环节。作为案件办理单位,其所收集的与案件有关的证据材料送到鉴定机构,与鉴定机构应当有交接明细,并由交接双方签字,以说明委托单位提供给鉴定单位用于鉴定的材料目录,也可以说明与鉴定有关的证据材料的流转及去向,在发生鉴定材料遗失后,更能说明鉴定材料丢失的环节及责任人。不过,"司法鉴定委托书"中的"鉴定材料"项应当包含哪些内容以及"明细"的程度如何,有关规定中并没有提及。在司法鉴定实践中,"司法鉴定委托书"中的"鉴定材料"应当如何填写、如何确认,更是没有规定和说明。实践中填写的随意性很大,甚至达不到确认鉴定材料流转链的作用。

《司法鉴定程序通则》第 12 条对鉴定材料作出了以下规定,委托人委托鉴定的,应当向司法鉴定机构提供真实、完整、充分的鉴定材料,并对鉴定材料的真实性、合法性负责。司法鉴定机构应当核对并记录鉴定材料的名称、种类、数量、性状、保存状况、收到时间等。需要说明的是,这里所要求的鉴定材料"真实、完整、充分",应当理解为相对真实、相对完整、相对充分,不是绝对的。所谓鉴定材料真实,是指根据目前案件收集到的证据材料来看,没有相反的证据证明送检的证据材料不真实。所谓鉴定材料完整，是指根据目前案件收集到的证据材料来看，只有这些证据材料，没有可能再收集到其他证据材料。所谓鉴定材料充分，是指根据目前案件收集到的证据材料来看，已具有某项鉴定所需要的基本的证据材料。例如，在做笔迹鉴定的时候，要鉴定某份文件上的签名是否为某人所签。这种笔迹鉴定需要有清晰的检材文件，还需要有比对的样本文件。检材文件上的签名不清晰，难以完成鉴定；样本文件上的签名不清晰，尤其是作为比照对象的同一个时间段的可以确认为嫌疑对象的签名的样本缺乏，都可能导致鉴定无法完成。但是，鉴定材料的充分性，只要求达到基本要求即可。

"司法鉴定委托书"中的"鉴定材料"不仅要列明鉴定材料的编号、内容、数量，对其中特别重要和关键的鉴定材料甚至要特别邀请鉴定机构及其鉴定人妥善保管，有的鉴定材料甚至要采用特殊的保管环境。

在有的鉴定项目中，需要消耗鉴定材料，此时鉴定单位应当向委托单位说明鉴定对鉴定材料的破坏和消耗的情况，尤其是存量很少的鉴定材料，更是要向委托单位进行说明，必要时由鉴定人向案件当事人予以说明和解释。

鉴定完毕后送检的鉴定材料原则上应当退还委托单位，但是如何退还、以什么形式退还、退还手续如何办理，也应当在鉴定委托时进行说明和约定。

鉴定单位在完成鉴定报告后退还鉴定材料时，应当制作鉴定材料退还清单，与司法鉴定委托书上载明的"鉴定材料"的内容一致，由鉴定机构和委托单位签收。

四、国家相关部门推荐的"司法鉴定委托书"范本

司法鉴定管理部门根据司法鉴定工作实践,制定并颁布了"司法鉴定委托书"推荐范本,现列出,供读者参考。

司法部关于印发司法鉴定文书格式的通知

司发通〔2016〕112号

为贯彻执行《全国人民代表大会常务委员会关于司法鉴定管理问题的决定》和修订后的《司法鉴定程序通则》(司法部令第132号),司法部制定了《司法鉴定委托书》等7种文书格式,现予印发,自2017年3月1日起执行。2007年11月1日印发的《司法部关于印发〈司法鉴定文书规范〉和〈司法鉴定协议书(示范文本)〉的通知》(司发通〔2007〕71号)同时废止。

司法鉴定委托书

编号:_____

委托人		联系人(电话)	
联系地址		承办人	
司法鉴定机构	名　　称:		
	地　　址:	邮　　编:	
	联系人:	联系电话:	

续表

委　托鉴定事项	
是否属于重新鉴定	
鉴定用途	
与鉴定有关的基本案情	
鉴定材料	
预计费用及收取方式	预计收费总金额：¥_____，大写：_____。
司法鉴定意见书发送方式	□自取 □邮寄　地址：_____。 □其他方式（说明）：_____。

约定事项：

1.（1）关于鉴定材料：

□所有鉴定材料无须退还。

□鉴定材料须完整、无损坏地退还委托人。

□因鉴定需要，鉴定材料可能会损坏、耗尽，导致无法完整退还。

□对保管和使用鉴定材料的特殊要求：_____。

续表

	（2）关于剩余鉴定材料： □委托人于____周内自行取回。委托人未按时取回的，鉴定机构有权自行处理。 □鉴定机构自行处理。如需要发生处理费的，按有关收费标准或协商收取____元处理费。 □其他方式： 2. 鉴定时限： □_____年___月___日之前完成鉴定，提交司法鉴定意见书。 □从该委托书生效之日起____个工作日内完成鉴定，提交司法鉴定意见书。 注：鉴定过程中补充或者重新提取鉴定材料所需的时间，不计入鉴定时限。 3. 需要回避的鉴定人：_____，回避事由：_____。 4. 经双方协商一致，鉴定过程中可变更委托书内容。 5. 其他约定事项：
鉴定风险 提　示	1. 鉴定意见属于专家的专业意见，是否被采信取决于办案机关的审查和判断，鉴定人和鉴定机构无权干涉； 2. 由于受鉴定材料或者其他因素限制，并非所有的鉴定都能得出明确的鉴定意见； 3. 鉴定活动遵循依法独立、客观、公正的原则，只对鉴定材料和案件事实负责，不会考虑是否有利于任何一方当事人。

续表

其他需要说明的事项	
委托人 (承办人签名或者盖章) ×年×月×日	司法鉴定机构 (签名、盖章) ×年×月×日

注：

1. "编号"由司法鉴定机构缩略名、年份、专业缩略语及序号组成。

2. "委托鉴定事项"用于描述需要解决的专门性问题。

3. 在"鉴定材料"一项，应当记录鉴定材料的名称、种类、数量、性状、保存状况、收到时间等，如果鉴定材料较多，可另附"鉴定材料清单"。

4. 关于"预计费用及收取方式"，应当列出费用计算方式；概算的鉴定费用和其他费用，其中其他费用应尽量列明所有可能的费用，如现场提取鉴定材料时发生的差旅费等；费用收取方式、结算方式，如预收、后付或按照约定方式和时间支付费用；退还鉴定费的情形等。

5. 在"鉴定风险提示"一项，鉴定机构可增加其他的风险告知内容，有必要的，可另行签订风险告知书。

第三章

司法鉴定委托人的义务

司法鉴定活动是委托人与司法鉴定机构达成开展司法鉴定活动的共同意向,由司法鉴定机构具体实施、完成的活动。无论委托方是司法机关,还是其他办案单位,甚至是案件争议双方当事人,委托人都应当履行一定的义务,保障司法鉴定机构及其鉴定人的合法权益,保障司法鉴定活动的顺利开展。司法鉴定委托人此项义务,是司法鉴定机构及其鉴定人开展司法鉴定活动的保障。

本章将重点讨论司法鉴定委托人的义务,该义务包括法定义务和约定义务。接下来对该义务的具体内容予以介绍和讨论。

第一节 司法鉴定委托人义务概述

司法鉴定委托人,无论是司法机关,还是其他案件办理单位,乃至争议事件的当事人,在司法鉴定服务过程中与鉴定机构达成了鉴定意向,就应当履行一定的义务,保障司法鉴定机构及其鉴定人的合法权益,保障司法鉴定活动的顺利推进。如果司法鉴定委托人未尽其配合开展司法鉴定活动的义务,导致司法鉴定活动难以完成，委托人应当承担相应的法律后果。这种法律后果主要包括：（1）鉴定无法作出，导致案件专门性问题真伪不明，案件难以作出实体性裁判；（2）司法鉴定久拖不决，影响案件裁判时间，导致案件拖延；（3）不支付鉴定费用，面临承担违约责任、侵权责任等；（4）其他可能面临的后果。

　　司法鉴定委托人的义务，主要是保障司法鉴定活动得以顺利进行，保障鉴定机构及其鉴定人的合法权益。前者要求司法鉴定委托人配合开展司法鉴定活动，委托人应提供真实、完整、充分的鉴定材料，安排鉴定案件当事人到场接受询问、配合检查调查，排除案件当事人对鉴定活动的妨碍和干扰。后者则要求委托人向司法鉴定机构的鉴定活动提供必需的费用和劳务报酬，如果涉及出差、误工、误餐，还应当支付合理的差旅费、误工误餐补贴费用；委托人还应尽到保障鉴定人及司法鉴定活动其他参与人人身安全的义务。

　　司法鉴定委托人的义务来自两个方面：一是相关法律、法规规定的作为委托人应当履行的义务，这些义务存在于诉讼法及相关司法解释、国家相关部门颁布的规范性法律文件之中。二是委托人与鉴定机构及鉴定人的约定。不过，如果是委托人与鉴定机构约定的义务，应当在委托书中载明，并且委托人和鉴定机构均应盖章确认，否则该约定的义务对当事人不具有约束力。另外，在司法鉴定活动过程中约定当事人义务的，应当由委托人（出具"司法鉴定委托书"的机构并加盖该机构印章的单位）出面，与司法鉴定机构而非司法鉴定人共同约定，双方经共同商议确定的义务,才属于法律意义上的约定义务,才具有法律效力。

第二节 委托人保障司法鉴定活动顺利进行的义务

司法鉴定活动是一种双务民事法律行为,司法鉴定活动能否顺利推进,委托人的配合起着决定性作用。当然,在有些司法鉴定难以完成的案件中,并非委托人的不配合,而是案件当事人的不配合。由于案件当事人不是司法鉴定活动的当事人,并没有直接参与司法鉴定合同事项的商议和签订,因而如果案件当事人不配合,作为司法鉴定机构往往难以直接对其提出要求,也难以直接将司法鉴定活动的终止作为其不配合的惩罚后果。当案件当事人不配合时,委托人有向当事人告知、解释、说明的义务,尤其是如果当事人不配合可能导致司法鉴定活动终止时,办案单位只能根据举证责任分担情况作出程序性裁判。委托单位虽然不能直接强制案件当事人配合鉴定活动,但是应当向当事人释明其不配合鉴定的法律后果。

一、委托人应提供真实、完整、充分的鉴定材料

司法鉴定活动是一项科学探究活动,是掌握专门知识的人对案件中的专门性问题进行分析、研究并得出鉴定意见的活动。鉴定人实施鉴定活动,不能脱离鉴定活动赖以存在的客观鉴定

材料，离开这些鉴定材料，鉴定人只能对鉴定事项做主观臆测，这不是科学活动，而是伪科学的迷信巫术，这早已为现代司法诉讼理念所排斥。司法鉴定活动的开展，是建立在已有的鉴定材料的基础上，并且有的鉴定活动对鉴定材料还有比较高的要求，必须达到一定条件才能保证鉴定结果的科学、可靠。因此，委托人在启动司法鉴定活动时，应当根据司法鉴定机构对鉴定材料所提出的要求，向案件当事人收集鉴定材料，必要时委托人可依职权进行调查、取证，收集司法鉴定活动所必须的鉴定材料。

司法鉴定活动所需的鉴定材料的要求，在《司法鉴定程序通则》中有原则性规定。《司法鉴定程序通则》第 12 条规定，委托人委托鉴定的，应当向司法鉴定机构提供真实、完整、充分的鉴定材料，并对鉴定材料的真实性、合法性负责。司法鉴定机构应当核对并记录鉴定材料的名称、种类、数量、性状、保存状况、收到时间等。需要说明的是，这里所要求的鉴定材料"真实、完整、充分"，应当作"相对"而非"绝对"的解释，即将鉴定材料真实、完整、充分理解为鉴定材料相对真实、相对完整、相对充分，而不是绝对真实、绝对完整、绝对充分，任何对鉴定材料绝对真实、绝对完整、绝对充分的要求都是不符合实际情况的，不是实事求是的行为。

所谓鉴定材料真实，是指据目前案件收集到的证据材料来看，没有相反的证据证明送检的鉴定材料不真实。在诉讼过程中，由于诉讼结果直接影响到双方当事人的合法权益，诉讼中双方的对立性很强，甚至出现了"只要是对方主张的我方就否定"的现象。因此，在一方提交了可能影响鉴定意见的鉴定材料后，对方当事人必然要提出种种反对的理由。但是当事人必须要对自己的主张提供证据予以证明，否则在法庭上不会被支持。

对于鉴定材料的真实性保障，必要时应当由委托人找案件当事人确认。在诉讼案件中往往由法官组织各方当事人对送鉴定的证据材料进行质证，由各方当事人对鉴定材料是否具有合法性、关联性、真实性发表意见。《最高人民法院关于审理医疗损害责任纠纷案件适用法律若干问题的解释》（法释〔2020〕17号）第10条规定，委托医疗损害鉴定的，当事人应当按照要求提交真实、完整、充分的鉴定材料。提交的鉴定材料不符合要求的，人民法院应当通知当事人更换或者补充相应材料。在委托鉴定前，人民法院应当组织当事人对鉴定材料进行质证。2016年出台的《最高人民法院、司法部关于建立司法鉴定管理与使用衔接机制的意见》（司发通〔2016〕98号）明确，鉴定机构不得私自接收当事人提交而未经人民法院确认的鉴定材料。

所谓鉴定材料完整，是指据目前案件收集到的证据材料来看，只有这些证据材料，没有可能再收集到其他证据材料。也就是说，案件审理者目前收集到的所有的证据材料都已经提交，并且已经向有关当事人发出了提交证据材料的举证通知，告知了未提交相关证据、隐匿证据的法律后果。这种情况视为委托人提交的鉴定材料具有完整性。

所谓鉴定材料充分，是指目前案件收集到的证据材料，符合某项鉴定所需要的基本的证据材料。鉴定需要检材,也需要样本,而且应当是数量越多越好,质量越优越好。但是,在司法实践中往往基于各种原因不能获得充足有效的证据材料,只要所提交的鉴定材料满足了开展某项司法鉴定活动的最低要求,能够保证司法鉴定工作的质量,即视为鉴定材料具有充分性。

二、委托人安排鉴定案件当事人到场接受询问、配合检查调查

司法鉴定案件中双方当事人对案件中的很多情况有充分的看法和了解。尤其在一些涉及行为动作、事件发生过程的鉴定中,例如,法医学鉴定中,往往需要案件当事人、受害人到场提取检材、接受检查,对损伤机制、致伤原因、医疗过错、精神状态判断等进行鉴定更需要了解案件发生过程中的具体情况。事件的发生过程具有连续性、动态性,不是简单、僵化的文字可以表达清楚的,而且有时文字表达的意思与现实情况存在差距,会出现词不达意的情况。

案件当事人是指经历了案件整个过程的人。在对损伤机制、现场重建、行为动作、精神状态、医疗过错等进行鉴定时,需要案件亲身经历者到场接受鉴定人的询问。尤其是鉴定人在对专门性问题进行分析、判断时,更需要了解事件发生的一些动作细节及事件发生后有关人员的反应和状态。事件亲身经历者到场接受鉴定人的询问,可以把这些与鉴定密切相关的细节搞清楚,有利于对特定专门性问题的分析判断,从而作出客观、科学、准确的鉴定意见。

案件当事人到场介绍的情况包括案件争议焦点，尤其是涉及专门性问题的争议，提起鉴定的原因，各自的理由和依据等。当事人双方向鉴定人陈述案件事实和自己的主张，使鉴定人对案情有全面的把握和了解。

对法医鉴定或者涉及人、动物等有生命、可以移动的对象的鉴定，有必要让鉴定的对象到现场接受鉴定人的专业检查。如果因为特殊情况无法到场接受检查时，鉴定人可以克服困难到鉴定对象所在地进行检查。通过对鉴定对象的专业检查，确定鉴定对象的生物学、生理学、病理学属性和特点，从而有助于鉴定人对鉴定事项作出客观、科学、准确的鉴定意见。

三、委托人应排除案件当事人对鉴定活动的妨碍和干扰

在有的案件中鉴定意见是关键证据，直接关系案件事实的认定。有的当事人担心鉴定结果对自己不利，因此会采取各种措施干扰、妨碍、阻挠鉴定的进行。这些行为包括：（1）千方百计拖延提交或者补充提交重要的鉴定材料；（2）无正当理由拒不到场接受询问、检查、调查；（3）去鉴定机构闹事，扰乱鉴定机构工作秩序；（4）纠缠鉴定人及鉴定机构工作人员；（5）伤害鉴定人及其家人，以要去上访、告状、闹事、自杀等进行恐吓威胁鉴定人；（6）以其他可能影响鉴定正常实施的方式干扰鉴定活动。这些行为或者直接导致鉴定活动无法正常推进，或者导致鉴定机构或鉴定人担心自身安全，或者引发其他社会问题，给鉴定人及其家人、鉴定机构带来麻烦，最终可能

导致鉴定终止。因此，作为委托人有义务采取相应的措施做好当事人的工作，排除这些情况。

司法实践中，有一种当事人往往不配合的情况，在此专门进行讨论。在刑事案件中，被害人做了伤情鉴定，并且鉴定意见为重伤或者轻伤，检察机关根据该鉴定意见启动了故意伤害罪的追责公诉程序，但是在案件办理过程中发现伤情鉴定有问题，有必要进行重新鉴定，通知被害人到场接受鉴定人的询问、调查和检查，但是被害人以各种理由拒绝到场，导致无法重新进行伤情鉴定，司法鉴定机构则会做退案处理。这种情况作为案件处理部门应该怎么办？

需要说明的是，重新鉴定也是鉴定活动，仍然属于诉讼法规定的调查取证的行为，不配合重新鉴定导致鉴定无法进行，不能当然认可原鉴定的证据效力，应当区别对待。在一般的司法鉴定中，如果没有新的证据质疑或者可能否定之前的鉴定意见，或者被鉴定人有充分的无法到场的理由。例如，被鉴定人有证据证明自己正在国外近期无法回国，被鉴定人有证据证明自己因传染性疾病在隔离治疗，这种情况可以认定原鉴定的法律效力。否则，被鉴定人不到场接受询问、检查、调查的行为，视为对重新鉴定的不配合。如果有了新的证据质疑或否定之前的鉴定意见，则应当否定原鉴定的证据效力，已经立案的可以撤销立案，已经起诉进入庭审程序的可以驳回起诉。

在一些有层级效力的特殊的鉴定活动中，如医疗事故技术鉴定，有关当事人或者委托人启动了再次鉴定程序，相应的医学会也受理了再次鉴定的申请，但是当事人一方出现了不配合鉴定的情况，导致医疗事故技术鉴定无法进行，最终致使鉴定终止，此时不能认定原医疗事故鉴定的法律效力，而应当认定本次争议的医疗纠纷事件自始没有鉴定，原鉴定对有关医疗机构及其医务人员没有法律上的约束力，不能作为评价医疗机构及其医务人员的依据。

第三节　委托人保障司法鉴定机构及其鉴定人合法权益的义务

委托人保障司法鉴定机构及其鉴定人合法权益的义务，涉及支付相关费用和保障人身安全两个方面。前者包括委托人有向司法鉴定机构支付鉴定活动必须的费用和劳务报酬，如果涉及出差、误工、误餐，还应当支付合理的差旅费、误工误餐补贴费用；后者包括委托人应当尽到保障鉴定人及司法鉴定活动其他参与人的人身安全。

一、支付相关费用的义务

司法鉴定活动的开展，需要耗费一定的人力、物力和财力。有的鉴定项目需要昂贵的检测仪器设备，鉴定机构购置这些仪器设备的成本必然要摊到每一次鉴定活动中。鉴定机构负责组织管理鉴定机构及其鉴定人，鉴定机构存在运营管理的费用；鉴定人开展鉴定活动，要耗费一定的时间、精力，并直接表现为脑力劳动和体力劳动，鉴定人的这种直观的和非直观的付出，都应当得到相应的经济补偿，即劳务报酬。因此，作为启动了司法鉴定活动的委托人，就有义务向鉴定机构和鉴定人支付相关的费用。

虽然从司法鉴定合同的角度来看，委托人有支付鉴定费用的义务，但这笔费用实则最终由案件当事人来承担。除非是以国家名义公诉的刑事案件，在侦查、审查起诉阶段启动司法鉴定，相关费用由公安机关、检察机关承担；在审判阶段由人民法院启动的司法鉴定，相关费用则由人民法院承担。在刑事自诉案件、民事案件中，鉴定费用一般由案件当事人承担。在鉴定启动时由一方当事人垫付，在案件审理时由案件裁判者根据案件的结果判令一方当事人承担，或者双方当事人按比例分担。

委托人支付的费用包括鉴定设备成本分担、鉴定耗材费用、鉴定管理费用、鉴定人劳务报酬等。如果不涉及出差异地鉴定的情况，则不应当另行支付差旅费和误餐费，只有基于被鉴定人在异地，案件审理阶段无法回来，或者需要异地勘验、检查现场，才涉及这些费用。委托人支付的这些费用，一般不包括后期鉴定人出庭质证的费用。

鉴定人出庭质证的费用应当另行支付，而且支付费用的当事人不一定是鉴定费用承担一方，一般是要求鉴定人出庭的一方。具体费用包括出庭的误工费、误餐费、差旅费。由于鉴定人出庭质证视为鉴定活动的延续，因而一般不应再向其支付出庭费、鉴定费等。不过，出庭质证的误工费、误餐费、差旅费按照什么标准支付，长期以来一直没有明确的规定。有的鉴定人不愿意出庭，用漫天要价的方式提出较高的差旅费要求。例如，鉴定人提出从异地来出庭要坐飞机头等舱，住宿要住五星级宾馆，或者笼统提出一笔高昂的出庭费。目前，关于鉴定人出庭费用的支付标准，还缺乏比较权威的文件作出具体的规定，仅在一些规范性文件中有原则性规定。

2016年发布的《最高人民法院、司法部关于建立司法鉴定管理与使用衔接机制的意见》（司发通〔2016〕98号）指出：鉴定人在人民法院指定日期出庭发生的交通费、住宿费、生活费和误工补贴，按照国家有关规定应当由当事人承担的，由人民法院代为收取。2006年发布的《诉讼费用交纳办法》（国务院令第481号）第11条规定，证人、鉴定人、翻译人员、理算人员在人民法院指定日期出庭发生的交通费、住宿费、生活费和误工补贴，由人民法院按照国家规定标准代为收取。

二、保障鉴定人安全的义务

在一些对当事人利益影响比较大的案件中，有的当事人心胸狭窄，将案件处理结果不利于自己的情况迁怒于鉴定人，对鉴定人进行打击报复，实施人身攻击。作为委托单位有保障鉴定人人身安全的义务。委托单位保障鉴定人人身安全的义务贯穿鉴定活动始终。在鉴定活动过程中，案件当事人对鉴定人实施任何侮辱毁谤、人身攻击的行为，或者当事人有采取这些行为的危险的，委托人应采取相应的措施予以干预、制止，避免不良后果的发生。委托人在启动鉴定的过程中及司法鉴定活动开展之后的任何阶段，只要发现当事人有此行为，或者存在这种行为危险的，或者接到鉴定机构的情况通报，都应当对当事人进行劝说、开导、教育，并采取必要的防范措施。向有关当事人说明法律规定及法律责任，尤其要讲明因当事人的行为导致鉴定无法进行的，属于干扰司法鉴定，当事人会面临承担案件处理不利后果的可能性。在鉴定文书发出之后，委托人知悉当事人有威胁、打击报复鉴定人的行为，也应当采取相应的措施避免不良后果的发生。

出庭质证环节，鉴定人的人身安全保障义务，由通知出庭的单位负责。虽然有的时候通知出庭的单位就是委托人，但也可能不是委托人。例如，司法鉴定是在侦查阶段、审查起诉阶段提出的，在法庭审理阶段，当事人提出要求鉴定人出庭质证，经人民法院同意并通知鉴定人出庭质证，此时鉴定人的安全保障义务由人民法院承担，而不是由公安机关、检察机关负责。再如，鉴定活动是在行政执法部门办理行政执法案件时启动的，后来调查发现案情重大转为刑事案件，由公安机关、检察机关通知鉴定人出庭质证，则由公安机关、检察机关保障鉴定人的人身安全。因此，保障鉴定人出庭质证的人身安全义务原则上不应当视为委托人的义务，而是通知出庭质证的单位的义务。

不过，虽然从法律上说委托人有此义务，但是在现实中很难操作和执行。现实中当事人打击报复鉴定人的情况时有发生。其实，当事人不止报复鉴定人，报复公检法机关办案人员及其近亲属的情况也不鲜见。这说明我国的法治环境还不是那么理想，还需要进一步加强法制宣传，加强普法教育，树立法律权威，引导当事人有正确的社会风险意识、依法处理争议和纠纷。

鉴定人也不能因为法治环境仍然存在问题，当事人有打击报复鉴定人的可能，就据此拒绝鉴定，更不能在鉴定中因为害怕被当事人打击报复而作出违心的鉴定。

需要说明的是，有的鉴定机构面对当事人对鉴定意见的质疑，甚至当事人不断上访、缠访，扰乱司法鉴定机构的正常工作秩序，威胁、纠缠、报复鉴定人的情况，采取撤销鉴定文书的做法是错误的。有的时候鉴定机构撤销的鉴定文书甚至已经为法院作为裁判案件的依据，该鉴定文书一经撤销，当事人即以鉴定文书被撤销，法院以此作为裁判依据的裁判文书也应当撤销，从而当事人把缠访闹访转移到案件处理单位。笔者认为这是鉴定机构不负责任的行为，从法律角度来看，也是一种违约行为。而且，鉴定机构单方面撤销鉴定文书的行为是无效的，甚至可能因此面临人民法院以鉴定机构扰乱审判活动给予司法处罚。

第四章

司法鉴定机构的执业义务

司法鉴定机构是开展司法鉴定活动的主体,统一对外接受委托,统一收取鉴定费用。司法鉴定机构是司法鉴定名义上的实施者,是签订司法鉴定合同的主体。因此,司法鉴定机构在开展司法鉴定业务过程中应当履行相应的义务,既有法律规定的义务,也有签订司法鉴定合同时约定的义务。

第一节 司法鉴定机构执业义务概述

一、司法鉴定机构执业义务的概念

司法鉴定机构的执业义务,通俗地讲,是指鉴定机构在从事司法鉴定业务时应当履行的法律义务。从职能定位上来说,司法鉴定机构对外接受当事人或执法、司法机关的委托就案件所涉专业性问题提出专家意见,承担着服务司法实践,保障诉讼活动顺利进行的职能;对内要为鉴定人正常开展工作提供必要的条件并对鉴定人进行管理,承担着对鉴定人的服务管理职能。为规范司法鉴定活动,保障司法鉴定质量,保障诉讼活动的顺利进行，严格规定司法鉴定机构的法定义务非常必要。

《司法鉴定程序通则》中详细规定了鉴定机构在从事司法鉴定业务时应遵守的规则及承担的义务。该通则第4条规定，"司法鉴定机构和司法鉴定人进行司法鉴定活动，应当遵守法律、法规、规章，遵守职业道德和执业纪律，尊重科学，遵守技术操作规范"。该条规定了鉴定机构具有依法进行鉴定的义务。该通则第6条规定，司法鉴定机构和司法鉴定人应当保守在执业活动中知悉的国家秘密、商业秘密，不得泄露个人隐私。该条规定了鉴定机构保守秘密的义务。该通则第10条规定，司法鉴定机构应当加强对司法鉴定人执业活动的管理和监督。司法鉴定人违反本通则规定的，司法鉴定机构应当予以纠正。该条概括规定了鉴定机构负有监管鉴定活动、保证鉴定质量、管理鉴定人技术品质等义务，并在《司法鉴定程序通则》司法鉴定的委托与受理、司法鉴定实施等部分作了详细规定。该通则第16条规定，司法鉴定机构决定受理鉴定委托的，应当与委托人签订司法鉴定委托书。司法鉴定委托书应当载明委托人名称、司法鉴定机构名称、委托鉴定事项、是否属于重新鉴定、鉴定用途、与鉴定有关的基本案情、鉴定材料的提供和退还、鉴定风险，以及双方商定的鉴定时限、鉴定费用及收取方式、双方权利义务等其他需要载明的事项。该条规定了司法鉴定委托书的内容。该通则第22条规定，司法鉴定机构应当建立鉴定材料管理制度，严格监控鉴定材料的接收、保管、使用和退还。司法鉴定机构和司法鉴定人在鉴定过程中应当严格依照技术规范保管和使用鉴定材料，因严重不负责任造成鉴定材料损毁、遗失的，应当依法承担责任。该条规定了鉴定机构对鉴定材料的保管义务。该通则第 44 条规定，司法鉴定机构接到出庭通知后，应当及时与人民法院确认司法鉴定人出庭的时间、地点、人数、费用、要求等。该通则第 45 条规定，司法鉴定机构应当支持司法鉴定人出庭作证，为司法鉴定人依法出庭提供必要条件。该条规定了司法鉴定机构承担着为司法、执法服务的义务。

二、司法鉴定机构执业义务的特点

通过对《司法鉴定程序通则》中关于司法鉴定机构执业义务规定的梳理，我们可以从三个维度来解构鉴定机构的义务：从司法鉴定机构与委托方的关系来看，两者属于委托与被委托的关系，属于平等民事主体之间的合同关系，两者的权利义务除法律规定的外，呈现一定的约定性；从司法鉴定机构与司法鉴定人的关系来看，两者属于管理与被管理的关系，呈现一定的行政管理色彩；从司法鉴定机构与司法执法机关的关系来看，两者属于服务与被服务的关系，在此主要强调司法鉴定为司法、执法服务的义务。因此，司法鉴定机构的执业义务主要包括法定性、约定性、管理性、服务性四大特性，详细说明如下。

（一）法定性

正如笔者上文提到的，《司法鉴定程序通则》详细规定了司法鉴定机构在从事司法鉴定业务时所应承担的义务，对法律明确规定的义务，司法鉴定机构不得违反，从这个意义上来说，司法鉴定机构的执业义务具有法定性和强制性。当然，这也是确保司法鉴定机构能有效履行其义务的关键。

(二) 约定性

从司法鉴定机构与委托方的法律关系而言，两者属于委托与被委托的关系，委托鉴定行为本质上属于民事合同行为。根据《司法鉴定程序通则》的规定，双方可就鉴定时限、鉴定费用及收取方式、双方权利义务等内容在司法鉴定委托书中予以约定。虽然委托方和鉴定人不能对鉴定意见的实体内容进行"协商"，但赋予双方就鉴定其他事项的协商，这从法律属性上体现了司法鉴定为委托方服务的理念。

(三) 管理性

从司法鉴定机构与司法鉴定人的关系而言，双方属于管理与被管理的关系，司法鉴定人在司法鉴定机构的管理下开展工作，司法鉴定机构对司法鉴定人开展鉴定工作提供必要的设备、办公场所等保障条件，与此同时对司法鉴定人日常鉴定工作进行监管，并组织开展对司法鉴定人的业务培训，提升司法鉴定人的专业能力和水平，确保司法鉴定人出具的鉴定意见客观科学。一定程度上，司法鉴定机构与鉴定人属于整体与部分的关系，从社会管理职能上来看，两者属于管理与被管理的关系，但从人员构成等角度来看，两者属于整体与部分的关系，几乎所有鉴定机构的管理人员均由所在机构资深鉴定人担任。

(四) 服务性

从司法机构与司法、执法机关的关系而言，司法鉴定机构通过开展司法鉴定工作帮助解决案件中的专门性问题，接受司法、执法机关的询问，就相关问题详细说明，同时根据法庭审判的需要，必要时为鉴定人出席法庭作证提供必要的便利，司法鉴定机构具有明显的服务性、公益性特征。司法鉴定人的产生本身就是为了解决司法中的专业问题，为司法裁判服务，这也正是鉴定机构被称为"司法"鉴定机构，鉴定人被称为"司法"鉴定人的原因。从这个角度上理解，司法鉴定从来不是最终目的，其只是达成司法公正的手段，需有效服务于司法实践。

第二节 司法鉴定机构的执业义务

在本节中，笔者将结合《司法鉴定程序通则》的规定，详细阐述司法鉴定机构从事司法鉴定业务时应承担的义务。

一、司法鉴定机构依法开展鉴定业务的义务

为开展司法鉴定业务，为确保司法鉴定工作的规范、有序开展，促进鉴定意见科学、客观、公正，司法鉴定机构需严格依法开展各项工作。具体而言，司法鉴定机构的法定职能包括以下几个方面：第一，司法鉴定机构从事司法鉴定工作应当遵守法律、法规、规章，遵守职业道德和执业纪律，尊重科学，遵守技术操作规范，这不但要求鉴定机构依照有关规定做好相关工作，更需要鉴定机构为鉴定人依法从事鉴定工作提供必要的便利；第二，在法定鉴定范围内开展鉴定工作，即对委托鉴定事项超出本机构司法鉴定业务范围的不得受理，同时应确保从事鉴定工作的鉴定人在从事鉴定业务期间均具有鉴定资质或

鉴定资格证均在有效期内；第三，对机构内的司法鉴定人加强管理，保障鉴定活动开展的各项软硬件条件，保障鉴定仪器设备可以有效运行，对司法鉴定人的不当行为予以阻止和纠正。

　　实践中，第一种情况主要针对的是鉴定人，要求鉴定人在进行鉴定时严格遵守法律、法规、规章，遵守职业道德和执业纪律，尊重科学，遵守技术操作规范。对鉴定机构而言，因其不直接从事具体鉴定工作，自然不存在违反相关规定鉴定的情况。第二种和第三种情况则主要是约束鉴定机构的，要求鉴定机构应确保鉴定机构及其鉴定人均具有从事某类鉴定的资质。实践中容易产生的问题是，由于鉴定机构或鉴定人的登记证书到期或未按期进行注册登记，导致鉴定机构或鉴定人在特定时期内缺乏鉴定资质，从而导致鉴定违法的情形发生。这种情形在实践中比较常见，事实上此种情况下出具的鉴定意见均不具有证据能力，不能作为认定案件事实的依据。当然，实践中还有部分不具有鉴定资质的鉴定机构或鉴定人违法伪造相关的资格证书从事鉴定业务的情况，此种情况虽比较罕见，但实践中确实存在。

　　司法鉴定机构依法开展司法鉴定业务的义务，还表现在统一接受办案单位的委托开展鉴定，坚决杜绝本单位的司法鉴定人私自接受办案单位或者当事人的委托开展鉴定的情况。司法鉴定活动必须在司法鉴定机构的监督管理之下开展。

　　不过，由于司法鉴定活动是司法鉴定人独立完成的技术研判活动，作为司法鉴定机构不得干涉、干扰司法鉴定人的鉴定活动。因此，司法鉴定机构在统一对外接受司法鉴定委托时，在对司法鉴定人进行管理时，必须权衡好监督管理和干扰鉴定的关系。监督管理，是从鉴定的委托受理、鉴定流程、鉴定材料保管、鉴定时限、鉴定文书质量以及后续的鉴定文书解释、出庭质证等方面进行管理。更多的是形式上、程序上的管理。而干扰司法鉴定活动的行为则是深入到具体案件的鉴定过程中，甚至对鉴定人对专门性问题分析讨论的意见进行干预，更为严重的是，要求鉴定人按照他人的观点和意见开展鉴定，得出鉴定意见。这是干扰司法鉴定人鉴定活动的行为，必须予以制止。

二、司法鉴定机构对委托人的义务

委托人无论是司法、执法机关还是具体案件当事人，在司法鉴定机构接受其委托后，双方之间即成立民事服务合同，即司法鉴定服务合同。司法鉴定机构是合同当事人，司法鉴定人不是合同当事人。因此，司法鉴定机构除了应遵守普通民事合同的义务外，根据鉴定工作的特殊性，尚需要承担一些特定义务。

（一）保守执业活动中知悉的秘密和隐私的义务

鉴定工作的性质决定了鉴定机构很容易知悉委托人或案件涉及的秘密或个人隐私，保守秘密既是鉴定机构（包括鉴定人）的义务，又是鉴定机构（包括鉴定人）的纪律。保守秘密贯穿于鉴定活动的始终。保守的秘密包括案件秘密，证据秘密，鉴定方法、内容、手段、结论的秘密，检材与样本的秘密，当事人的秘密等。

实践中，主动获取并有意暴露国家或他人秘密或隐私的情形比较少见，更多的是相关人员保密意识不强，无意间将自己知悉的秘密或隐私泄露，从而对相关人员或公共利益造成损害。这就需要司法鉴定机构在对鉴定人的岗前培训和日常工作中强调保密意识的重要性，需要相关人员牢固树立保密意识，将其内化为自己职业道德的一部分，真正将保守秘密作为一种习惯。当然，针对实践中通过鉴定故意获取并利用国家或他人秘密或隐私的情形，则不仅属于对其应负义务的违反，还可能涉嫌侵害他人权利甚至构成犯罪，根据相关规定应承担相应的刑事责任或侵权责任。

（二）保障委托人合法权益的义务

虽然鉴定意见以客观中立为价值追求，但这并不妨碍司法鉴定机构在从事鉴定工作时，应竭力保障委托人的合法权益。事实上，保障委托人的合法权益是所有民事服务合同的共性。具体到司法鉴定活动中，主要包括以下几个方面：第一，司法鉴定机构应当根据鉴定委托书约定的内容、期限等要求，按时保质完成鉴定工作，及时就委托方提交的鉴定委托事项出具专业的鉴定意见；第二，委托方就鉴定意见的困惑，对委托方提供必要的咨询服务，确保委托方明白鉴定意见的具体内容，以更好地服务司法实践；第三，鉴定机构与委托人应遵守民事合同中诚实守信、平等公平等基本的民法原则，不能因其处于鉴定意见出具者的优势地位而损害委托人的合法权益。

之所以要重点强调保障委托人合法权益，是因为委托人与鉴定机构虽然属于平等的民事关系，但两者掌握的专业知识不对称。事实上，鉴定机构或鉴定人如果要有意损害委托人利益，某种程度上说并不是一件很难的事，对此义务特别强调，就是要求鉴定机构及其鉴定人在履行其委托合同，从事司法鉴定业务时，自觉维护和保障委托人的合法权益。

(三) 赔偿委托人损失的义务

司法鉴定机构对外统一接受委托，统一收取鉴定费，以司法鉴定机构的名义对外开展司法鉴定服务。虽然在具体鉴定工作中是由司法鉴定人开展司法鉴定活动，但司法鉴定人的鉴定活动属于职务行为，由此给委托人或相关人员造成损害、损伤的，由司法鉴定机构承担赔偿责任。

《司法鉴定程序通则》第 22 条规定，司法鉴定机构应当建立鉴定材料管理制度，严格监控鉴定材料的接收、保管、使用和退还。司法鉴定机构和司法鉴定人在鉴定过程中应当严格依照技术规范保管和使用鉴定材料，因严重不负责任造成鉴定材料损毁、遗失的，应当依法承担责任。该条款从委托人的角度来理解，就是要求鉴定机构在从事鉴定业务时对鉴定检材要尽到严格保管义务，因其不负责任造成鉴定检材损毁、遗失的，除可能承担的其他法律责任外，对委托人造成损失的应依法予以赔偿。

关于该部分赔偿义务，在下文司法鉴定人的义务部分，笔者还将就此展开论述。笔者认为，在司法鉴定活动中，由于鉴定机构或鉴定人的过错造成委托方损失的情形，基于最大限度保障委托人的利益及倒逼司法鉴定机构提高其管理水平的考虑，对外统一由鉴定机构承担赔偿责任，鉴定机构应履行承担赔偿委托方损失的义务。至于鉴定人的赔偿范围及赔偿方式，鉴定机构和鉴定人可以提前商定，但应当优先保障委托人的利益。

三、司法鉴定机构对鉴定人的义务

司法鉴定机构在司法行政管理部门的领导下，对本机构内的鉴定人开展日常监督管理工作，同时为鉴定人依法开展鉴定工作提供必要的保障，其最终目的是确保鉴定意见的客观、科学、公正，确保鉴定质量，更好地服务于司法实践。

（一）为鉴定人开展鉴定工作提供必要条件的义务

鉴定机构应为鉴定人开展鉴定工作提供基本的办公环境，确保鉴定所需技术设备等器材功能的完备，为司法鉴定人开展鉴定工作提供基本硬件支持，做好各项服务保障工作。同时，为司法鉴定人提供必要的劳动保障，向司法鉴定人支付工资报酬等。

事实上，随着科学技术的发展，从某种程度上说，一所鉴定机构鉴定能力或水平的高低基本取决于其所有拥有设备的先进程度。因为鉴定工作已经越来越依赖于科学技术手段，而不仅仅依赖于鉴定人的专业水平，鉴定机构所拥有的技术设备已经成为检验其鉴定能力的硬指标，所以为提高其鉴定水平，鉴定机构最容易做的可能就是加大技术设备投入，从硬件上提高技术设备水平，从而为提升其鉴定水平提供基础。

（二）规范鉴定人职业道德、提升鉴定人技术能力的义务

确保本机构内鉴定人能力水平和品质均过硬。虽然鉴定意见主要由鉴定人本人负责，但鉴定意见均需要加盖鉴定机构的公章，一定程度上，本机构鉴定人出具的鉴定意见的水平也反

映了该鉴定机构的能力和水平，这在客观上要求鉴定机构对鉴定意见承担一定责任。为确保鉴定人出具的鉴定意见科学、客观、公正，鉴定机构应根据需要定期组织机构内鉴定人进行业务学习，确保鉴定人的能力符合工作需要，与此同时，鉴定机构应强化内部管理、监督，确保鉴定人秉持中立、公正的理念，不受一方当事人的影响，出具中立、科学的鉴定意见，为公正司法提供坚实的证据基础。

为提升司法鉴定人的技术水平，鉴定机构应加大教育培训力度，鼓励支持本机构鉴定人参与各种教育培训、积极开展学术交流，保持其技术水平处于先进行列，而这些正是一所鉴定机构能够获得持续健康发展的根本原因。与此同时，要强化理念引导，着力提升鉴定人的鉴定品质，让鉴定人在现实诱惑面前保持定力，同时加大对不公正鉴定的处罚力度，从源头上确保鉴定人依法公正鉴定，在鉴定机构内部切实形成中立、公正鉴定的品质传统。

（三）强化对司法鉴定活动过程进行监管的义务

鉴定机构应强化对鉴定活动的流程监管，确保鉴定人严格按照鉴定程序开展鉴定工作，鉴定意见应经得起法庭和同行的检验。

鉴定机构对鉴定人的监管除了强化对鉴定意见准确性的考核之外，亦应关注鉴定程序的监管。事实上，在鉴定程序规范的情况下，鉴定意见本身也更准确，绝大多数鉴定意见不客观、不准确，其主要原因在于鉴定程序不规范，因此作为鉴定机构应加大对鉴定流程的监管。当然，与此相伴而生的另一个问题则是鉴定流程监管的操作问题,而这些正是鉴定机构需要积极探索,从而切实实现其鉴定全流程监管的主要目的,这也正是体现鉴定机构精细化管理的重要方面。

(四)加强对鉴定人的鉴定质量管理的义务

以司法鉴定机构的名义开展司法鉴定活动,司法鉴定机构是鉴定的受益方。因此,开展鉴定相关的管理,规范鉴定流程,开展鉴定质量控制和质量管理,确保司法鉴定的质量是司法鉴定机构的义务。

《司法鉴定程序通则》第35条规定,司法鉴定人完成鉴定后,司法鉴定机构应当指定具有相应资质的人员对鉴定程序和鉴定意见进行复核;对于涉及复杂、疑难、特殊技术问题或者重新鉴定的鉴定事项,可以组织三名以上的专家进行复核。复核人员完成复核后,应当提出复核意见并签名,存入鉴定档案。该条就鉴定机构对鉴定人出具鉴定意见的复核义务作出了明确规定,并提出复核人员对复核意见应签名并存入鉴定档案,事实上要求鉴定机构对鉴定意见审核并对鉴定意见负责,为确保鉴定质量提供保障。

虽然相关规定都明确提出鉴定人独立作出鉴定意见,对其鉴定意见负责,但鉴定机构的复核义务事实上确立了鉴定机构对鉴定意见最终的审核把关职能,从这个意义上来说,鉴定意见不仅仅代表某个司法鉴定人的意见,更是其所在鉴定机构的意见,与此同时鉴定意见加盖单位公章,客观上要求鉴定机构对本机构鉴定人出具的鉴定意见背书,从本质上赋予了司法鉴定机构确保其机构内司法鉴定人出具鉴定意见客观准确,以确保鉴定质量的义务。

四、司法鉴定机构对司法、执法机关的义务

(一) 为司法、执法机关服务的义务

司法鉴定是一种协助司法机关解决某些专门性问题的诉讼活动,旨在补充司法人员专门知识之不足,以达到正确判断之目的。司法鉴定机构的设置,其本身就是为司法、执法机关服务。具体来说,鉴定机构对司法、执法机关服务主要表现在以下几个方面:第一,接受司法、执法机关的委托,依法开展鉴定工作。实践中,由司法、执法机关委托的鉴定在鉴定机构受理的案件中占很大比例,鉴定机构接受委托后,应严格按照鉴定程序和鉴定标准出具客观、中立、科学的鉴定意见,以更好地服务于司法实践。第二,接受司法、执法机关询问的义务。鉴定意见的特殊性决定了即便鉴定机构出具了明确的鉴定意见,司法、执法人员受固有知识体系欠缺的影响,也难以做到对鉴定意见准确理解。尤其是对事关案件关键走向的鉴定意见,司法、执法机关本身也有实质审查的义务,这都决定了司法、执法机关要真正理解鉴定意见,可能还需要继续就相关问题向鉴定人咨询,此时,就需要司法鉴定机构积极配合,此种情况下鉴定机构有主动服务的义务。

从鉴定意见的最终目的即服务于司法、执法来看,从广义上来理解,鉴定机构的所有工作均是为司法、执法服务。当然,此处并不是从广义上来理解,主要指狭义的直接为司法、执法服务的义务,主要包括接受司法、执法机关委托和直接回答司

法、执法机关的询问两部分。在大陆法系国家，鉴定人就是司法人员的技术辅助人员，其所在鉴定机构即隶属于司法、执法机关，其本质上就是服务于司法实践的。我国在很长一段时间以来也保持了大陆法系国家的传统，鉴定人一般都由公检法等司法机关内部设立，只是随着司法体制和鉴定体制的改革，鉴定机构和鉴定人才逐渐社会化。笔者提出该看法不是否定现在鉴定机构和鉴定人社会化的趋势，只是想说明作为鉴定机构，其本质上就与司法、执法机关存在千丝万缕的联系。

（二）为鉴定人出庭作证提供必要便利的义务

根据《刑事诉讼法》和《民事诉讼法》的规定，案件开庭审理时，当事人如果对鉴定意见有异议，法庭认为鉴定人应当出庭的，鉴定人应当出庭作证，否则，其鉴定意见不得作为定案的依据。为此，在鉴定人需要出庭作证的情况下，鉴定机构应提供必要的便利。具体来说，主要包括以下几个方面：第一，统筹安排工作，为鉴定人出庭作证提供便利，确保不因鉴定人出庭作证而影响其他鉴定工作；第二，为鉴定人出庭作证提供必要的经费保障，不得以鉴定人出庭作证影响工作为由克扣鉴定人的工资待遇。

长期以来，我国司法实践中，证人、鉴定人、被害人等各类人员出庭作证率极低，不同的研究者从不同角度出发，提出了各类人员出庭率低的原因并给出解决之道。笔者认为，正如实践中证人出庭难一样，鉴定人出庭作证问题绝不仅仅是某一机构的问题，更多的是司法体制、庭审结构的问题，解决司法鉴定人出庭率低的问题，需要多方面综合发力。最主要的还是司法体制、庭审结构发生改变。当然，站在司法鉴定机构的立场，其为确保鉴定人积极出庭作证，最容易做到的便是不为鉴定人出庭作证制造障碍，通过各种内部机制促进鉴定人愿意出庭、敢于出庭，与此同时，针对部分鉴定人出庭能力不足，应对庭审能力较差的问题，司法鉴定机构应联合其他单位或部门组织开展有针对性的实操培训，提高鉴定人出庭作证的能力和水平，为促进鉴定人出庭作证提供支持和帮助。

五、我国对司法鉴定机构的准入和管理机制

国家对相关机构和个人开展司法鉴定活动采取严格的准入管理制度。作为社会司法鉴定机构必须依法取得"司法鉴定专业许可证"，方可开展司法鉴定业务。作为司法鉴定人，必须依法取得"司法鉴定人资格证"，方可开展司法鉴定业务。司法鉴定行政管理部门对司法鉴定机构进行注册登记管理，对司法鉴定机构的司法鉴定工作进行日常管理，对司法鉴定机构的鉴定活动进行监督，对司法鉴定机构的违法违规行为予以纠正、处理、处罚。

根据《全国人民代表大会常务委员会关于司法鉴定管理问题的决定》第2条的规定，国家对从事"四大类"司法鉴定业务的鉴定人和鉴定机构实行登记管理制度。该决定第3条规定，国务院司法行政部门主管全国鉴定人和鉴定机构的登记管理工作。省级人民政府司法行政部门依照本决定的规定，负责对鉴定人和鉴定机构的登记、名册编制和公告。该决定第6条规定，申请从事司法鉴定业务的个人、法人或者其他组织，由省级人民政府司法行政部门审核，对符合条件的予以登记，编入鉴定人和鉴定机构名册并公告。省级人民政府司法行政部门应当根据鉴定人或者鉴定机构的增加和撤销登记情况，定期更新所编制的鉴定人和鉴定机构名册并公告。该决定第13条规定，鉴定人或者鉴定机构有违反本决定规定行为的，由省级人民政府司法行政部门予以警告，责令改正。鉴定人或者鉴定机构有下列情形之一的，由省级人民政府司法行政部门给予停止从事司法鉴定业务三个月以上一年以下的处罚；情节严重的，撤销登记：（1）因严重不负责任给当事人合法权益造成重大损失的；（2）提供虚假证明文件或者采取其他欺诈手段，骗取登记的；（3）经人民法院依法通知，拒绝出庭作证的；（4）法律、行政法规规定的其他情形。

第五章

司法鉴定人的执业义务

司法鉴定人是司法鉴定的实际执行者，司法鉴定是被称为专家的自然人所实施的专业技术分析判断活动，从某种角度来说，鉴定人提出的鉴定意见视为专家证言。鉴定人在实施司法鉴定的过程中，享有相应的权利，但同时也应履行相应的义务，既包括法律法规规定的义务，也包括司法鉴定合同签订时约定的义务等。本章主要介绍和讨论司法鉴定人在司法鉴定实施前的义务、司法鉴定实施中的义务、司法鉴定实施后的义务。

第一节 司法鉴定人执业义务的概念和特点

一、司法鉴定人执业义务的概念

司法鉴定人的执业义务，同司法鉴定机构的执业义务相似，是指司法鉴定人在从事司法鉴定业务时所应履行的法律义务。随着司法鉴定体制的改革，司法鉴定工作呈现一定的社会化趋势，这也导致其受到国家政法体制内的约束越来越少，因此，司法鉴定意见的科学性和可靠性及鉴定人应履行的法律义务越来越需要由法律来加以规范。

《司法鉴定人登记管理办法》（司法部令第96号）第22条规定，司法鉴定人应当履行下列义务：（1）受所在司法鉴定机构指派按照规定时限独立完成鉴定工作，并出具鉴定意见；（2）对鉴定意见负责；（3）依法回避；（4）妥善保管送鉴的鉴材、样本和资料；（5）保守在执业活动中知悉的国家秘密、商业秘密和个人隐私；（6）依法出庭作证，回答与鉴定有关的询问；（7）自觉接受司法行政机关的管理和监督、检查；（8）参加司法鉴定岗前培训和继续教育；（9）法律、法规规定的其他义务。

2019年8月15日，司法部发布的《司法鉴定人登记管理办法（修订征求意见稿）》第22条规定，司法鉴定人应当履行下列义务：（1）受所在执业司法鉴定机构指派按照规定时限独立完成鉴定工作，并出具鉴定意见；（2）对鉴定意见负责；（3）依法回避；（4）妥善保管鉴定材料；（5）保守在执业活动中知悉的国家秘密、商业秘密、个人隐私和鉴定信息；（6）依法出庭作证，回答与鉴定有关的询问；（7）自觉接受司法行政机关的管理和监督、检查；（8）以有专门知识的人身份参与诉讼活动时，遵守法律、法规、规章和相关管理制度，恪守职业道德，坚持科学性、公益性、公正性原则；（9）参加司法鉴定教育培训；（10）接受指派承办司法鉴定法律援助案件；（11）遵守司法鉴定程序进行鉴定；（12）法律、法规规定的其他义务。

通过对比可以发现，2019年的征求意见稿中，对司法鉴定人的执业义务增加了"以有专门知识的人身份参与诉讼活动时，遵守法律、法规、规章和相关管理制度，恪守职业道德，坚持科学性、公益性、公正性原则""接受指派承办司法鉴定法律援助案件"以及"遵守司法鉴定程序进行鉴定"等三项义务，其余部分有个别进行了调整，使司法鉴定人应履行的义务更全面，用语更规范。考虑到我国立法实际，以及增加的三项义务均符合司法实践需求或鉴定工作本质要求，在下文的讨论中，笔者将对包括征求意见稿中新增加的几项义务在内的全部义务展开论述。

需要说明的是，《司法鉴定程序通则》虽然没有用专门的条文规定司法鉴定人应履行的义务，但相关条文均不同程度地反映了《司法鉴定人登记管理办法》中提到的司法鉴定人应履行的法定义务。同时，《司法鉴定人登记管理办法》及其修订征求意见稿中提到的义务均可涵盖鉴定人应履行的全部义务。

与司法鉴定有关的义务包括两个方面：一是日常性的义务；二是从事具体司法鉴定活动的义务。日常性的义务，主要是自我提升、自我约束的管理义务，也包括接受司法鉴定行政管理部门对其管理的义务。由于下文的论述是围绕司法鉴定活动展开的，将司法鉴定人的执业义务分为司法鉴定活动实施前的义务、司法鉴定活动实施中的义务、司法鉴定活动实施后的义务。为行文方便，笔者将日常性义务放在司法鉴定活动实施后的义务中一并阐述。

二、司法鉴定人执业义务的特点

从鉴定人与鉴定机构、司法机关之间的关系来看，司法鉴定人从事司法鉴定业务需要接受司法机关的管理、监督、检查，同时受理案件需要通过所执业司法鉴定机构的指派；从司法鉴定人从事鉴定工作而言，其需要遵守相关司法鉴定程序，独立完成鉴定工作，出具鉴定意见等，整个过程具有一定的规范性；从鉴定人需要参加司法鉴定教育培训而言，其履行的义务具有专业性；从司法鉴定人与司法机关的关系而言，司法鉴定人具有依法出庭作证，回答与鉴定有关的问题，以具有专门知识的人的身份参与诉讼活动等义务，服务司法工作的特性明显。因此，笔者认为，司法鉴定人的执业义务主要具有以下特点。

（一）法定性

司法鉴定人开展司法鉴定活动，是履行法律授权的一种行为，是相关办案机关为了解决案件专门性问题，指派或者聘请有专门知识的人，依据相关法律规定进行的科学技术研判活动。与司法鉴定机构的特点相比，司法鉴定人的法定性特征更加明显。除了《司法鉴定程序通则》对司法鉴定人应履行的义务予以规定外，《司法鉴定人管理办法》更是专门用一个条文对司法鉴定人的执业义务进行了集中规定。

（二）规范性

司法鉴定人的鉴定活动，要针对委托人提出的案件中的专门问题进行分析，提出鉴定意见。在鉴定过程中，必须遵守法律法规的规定，按照法定程序推进鉴定流程。在鉴定过程中，必须按照相关的技术规范和标准进行操作，比照技术规范和标准进行定性判断。无论是司法鉴定人受理案件、接受司法行政机关的监督和管理，还是开展鉴定工作，均需要严格遵守鉴定程序，这体现出司法鉴定人执业义务的规范性。

（三）专业性

司法鉴定人必须是某一个专业领域的专家。鉴定人能够开展鉴定活动是因为其掌握了相关专业的知识和技术，有从事某一个专业领域的鉴定能力，能够承担某一类专门性问题的分析和鉴定工作，从而被授予司法鉴定资格。如果一个司法鉴定人不掌握相应专业的知识、技术和经验，或者其所掌握的专业知识、技术和经验已经过时，他都不应当再从事司法鉴定工作，已经授予的司法鉴定资格应予撤销。司法鉴定人在执业过程中，其所在的司法鉴定机构也会安排其参加司法鉴定教育培训，以提升其专业技能。

（四）服务性

就司法鉴定人与司法机关的关系而言，鉴定人出具司法鉴定意见最终要服务于司法实践，无论是出庭作证、接受询问还是参与其他诉讼活动，其本身并非一方当事人，其目的是服务于司法实践，这也是理解和认识司法鉴定人执业义务的逻辑起点。

第二节　司法鉴定人的执业义务

一、司法鉴定实施前的义务

（一）接受鉴定机构指派参加鉴定的义务

我国司法鉴定执业，采取机构执业制，即以司法鉴定机构的名义统一对外开展司法鉴定业务，统一接受相关单位的司法鉴定委托，由司法鉴定机构统一收费。任何司法鉴定人不得私自接受鉴定委托。《司法鉴定程序通则》第 11 条规定，司法鉴定机构应当统一受理办案机关的司法鉴定委托。

由司法鉴定机构统一对外接受委托开展司法鉴定，其主要原因在于：第一，司法鉴定是一项科学技术分析研判活动，需要进行严格的监督、管理，需要有相应的协调、配合程序，司法鉴定活动往往难以由一个人独立完成，而且我国的司法鉴定活动规定鉴定人至少两人，并且设有授权签字人（复核人）；第二，司法鉴定需要使用大型的仪器设备，这些设备耗资巨大，不是某一个人能够承担的，即便个人购买此设备，付出与收益也往往不成比例，几乎没有司法鉴定人愿意承受此经济负担；第三，司法鉴定活动还必须在国家相关部门的管控之下开展，由于鉴定人众多，如果直接由相关行政部门管理，会没有头绪，容易造成管理疏漏的情况。

司法鉴定人必须在某一个司法鉴定机构内执业，司法鉴定机构受理办案单位司法鉴定委托后，由司法鉴定机构指派具体的具有资格和能力的司法鉴定人实施鉴定，登记在该鉴定机构的司法鉴定人有义务接受指派。

（二）接受鉴定机构指派承办司法鉴定法律援助案件

近年来，随着人权保障理念的提倡，司法实践较以往更加关注和保障弱势群体的法定权益，因此对于当事人由于经济困难等客观情况无法委托鉴定的，规定司法鉴定法律援助制度将成为未来一段时间内的趋势。正如法律援助值班律师一样，法律援助鉴定及法律援助鉴定人将成为司法实践中的常态。

笔者认为，我国的司法鉴定法律援助制度应当建立且必须尽快建立。根据我国司法鉴定制度的现状，结合实际，我国的司法鉴定的法律援助制度主要从以下几个方面来构建。

第一，应尽快明确司法鉴定人应当承担法律援助的义务。《司法鉴定人登记管理办法（修订征求意见稿）》首次就司法鉴定人提供司法鉴定法律援助的义务予以规定，未来根据形势的发展可逐步将该制度在更高层级的规范性文件中予以确立。关于司法鉴定人如何履行对需要司法鉴定的弱势群体提供法律援助的义务，可完全借鉴实践中操作比较成熟的值班律师制度，由司法行政部门制定统一的鉴定人名册，鉴定人采取轮流值班的形式提供司法鉴定法律援助，同时具体鉴定费用由财政负担。采用这种形式可以避免出现用劳务形式履行法律援助义务时，不同专业人员的忙闲不均的情况，又可以使受援者得到与收费的司法鉴定同样的优质、高效的服务。

第二，建议借鉴法律援助值班律师制度中的收费标准，鉴定人法律援助制度的鉴定费用应适当低于市场鉴定价，在一定程度上明确其公益性，要求各司法鉴定机构尽到配合义务。建议司法鉴定的行政监督管理部门会同相关职能部门制定一套比较完善的司法鉴定机构开展法律援助减免收费的办法，使司法鉴定机构进行法律援助时对减免收费有章可循。进一步促进鉴定人值班制度的推广适用，逐步让更多群众享受司法鉴定法律援助的福利，将法律援助的性质落到实处。

第三，完善司法鉴定法律援助对象制度。关于法律援助的对象，笔者认为，申请司法鉴定法律援助的只能是自然人，法人不得申请法律援助。同时，申请援助的自然人必须符合确有经济困难，无能力或无完全能力支付鉴定所需费用的条件。由于我国不同地区经济发展不平衡，不可能制定全国统一的经济困难标准，因此，可以参考当地政府部门规定的最低生活保障线，由各地各级的法律援助中心制定经济困难的标准线。此外，还要考虑申请人的特殊身体状况，对盲、聋、哑及未成年人，可以适当降低经济标准。

总之，对需要司法鉴定的弱势群体提供法律援助是涉及方方面面的系统工程，法律、法规首先应对此作出一些必要的规定，政府的相关部门和全社会应予支持，并在工作上提供便利。同时应结合法制宣传和普法教育发动全社会司法鉴定人开展法律援助工作，履行对司法鉴定的弱势群体提供法律援助的义务。

（三）回避的义务

《全国人民代表大会常务委员会关于司法鉴定管理问题的决定》第9条第3款规定"鉴定人应当依照诉讼法律规定实行回避"。《民事诉讼法》第46条规定，鉴定人的回避由审判长决定。《行政诉讼法》第55条同样规定，鉴定人的回避由审判长决定。关于刑事诉讼的司法鉴定人的回避，法律并没有作出规定。《司法鉴定程序通则》第7条规定，司法鉴定人在执业活动中应当依照有关诉讼法律和本通则规定实行回避。《司法鉴定程序通则》第20条规定，司法鉴定人本人或者其近亲属与诉讼当事人、鉴定事项涉及的案件有利害关系，可能影响其独立、客观、公正进行鉴定的，应当回避。司法鉴定人曾经参加过同一鉴定事项鉴定的，或者曾经作为专家提供过咨询意见的，或者曾被聘请为有专门知识的人参与过同一鉴定事项法庭质证的，应当回避。《司法鉴定程序通则》第 21 条规定，司法鉴定人自行提出回避的，由其所属的司法鉴定机构决定；委托人要求司法鉴定人回避的，应当向该司法鉴定人所属的司法鉴定机构提出，由司法鉴定机构决定。委托人对司法鉴定机构作出的司法鉴定人是否回避的决定有异议的，可以撤销鉴定委托。《司法鉴定程序通则》第 31 条规定，原司法鉴定人应当回避没有回避的，司法鉴定机构可以接受办案机关委托进行重新鉴定。

  回避是司法鉴定中立性的必然要求，中立是公正的前提。实践中，很多类型的鉴定都主要由一方当事人参与完成，而对方往往是鉴定意见已经提交后才发现有需要回避的情形，甚至在案件经过了一审二审之后才发现有需要回避的情形，而最终导致重新鉴定。事实上，鉴定人的回避与其他诉讼参与人的回避一样，面临着操作性不强的问题。仅凭经验就可得知，司法实践中，除司法执法机关委托的鉴定外，但凡属于一方当事人委托的鉴定，在委托鉴定之前，当事人都会通过各种途径找到尽可能熟悉的鉴定机构进行鉴定，对于这样的鉴定意见，如果于对方不利的话，对方当然会认为该鉴定意见不够中立，从而本能地产生怀疑，但囿于现实环境又找不到鉴定人存在回避的证据，导致案件办理最终出现反复。针对此问题，有两种解决思路：第一种从委托鉴定环节开始，即原则上要求所有的鉴定应在当事人都认可的情况下进行，当然这同样面临着大量问题。第二种为尽可能将现行鉴定人的更多信息予以披露公开，方便一方当事人对回避申请进行举证。例如，现行的司法鉴定人名册只公布了司法鉴定人的名字、执业类别、执业机构等少数几项，对于教育经历、工作经历等事项，只有在司法鉴定人出庭接受质证时才能了解。其实，对于司法鉴定人教育经历、工作经历的掌握并不会增加司法鉴定人现实生活中的危险，然而司法鉴定人却对此较为避讳。两种解决思路看似可行，但由于各种各样的现实原因都难以真正落地，预计该问题还会长期存在。

  与此同时，另一个需要说明的问题是鉴定回避申请的问题。实践中，对于司法鉴定回避所采取的方式主要有：一是自行回避，即鉴定人在接受委托的时候就发现自己与该案有一定的利益关系，为了保证鉴定结果的客观，保障诉讼程序的公正，自行提出退出该案鉴定活动的回避方式；二是当事人双方申请鉴定人回避。总的来看，这两种回避方式基本能够保证回避的实现。但是，现实中可能存在这样的情况：当事人双方由于所掌握信息的局限性，有可能均没有发现司法鉴定人存在法定的回避情形（事由）的情况，而鉴定人自己也因为主观和客观的因素没有进行自行回避，这时候并没有第三方对回避的提起进行监督和救济。虽然我国规定了司法鉴定机构有权对机构内的鉴定人提出回避，但这仍应当是自行回避的一部分，只是自行回避申请的主体是鉴定人所依附执业的机构而已。针对此问题，笔者建议应赋予更多的诉讼参与人启动鉴定人回避申请的权利，让所有可能与案件结果有利害关系的当事人及司法人员均可提出回避的申请。

  鉴定回避的情形也称回避事由，是鉴定回避制度的核心之一。如何科学地界定应当回避的情形，是立法者应当重点思考的问题。我国现行的司法鉴定立法关于鉴定回避的情形的法律文本趋于原则化，规定较为粗略，突出地表现为法定的回避事由界定模糊。虽然我国作了利益相关者不得进行鉴定的规定，但是利益相关具体指什么，相关到什么程度，都没有进行规定。因此，笔者认为，根据司法鉴定的实践，有必要明确法定理由中"利害关系"以及"影响其独立、客观、公正进行鉴定"的情形。立法文本上对司法鉴定回避的情形之规定不能笼统地以"利害关系"带过。笔者认为，所谓的"利害关系"主要是指具有一种实体利益关系，这种关系在现阶段可以作出列举性规定，而且也应当做一定范围的列举性规定，否则鉴定回避情形仍将处于适用范围模糊和回避事由完全由有关机关、机构和人员自由裁量的局面。此外，司法鉴定回避事由中，"影响其独立、客观、公正进行鉴定"是判断应否实施回避的实质要件。鉴定实践中，"利害关系"只是各种影响鉴定公正的情形之一。由于社会生活错综复杂，各种关系均有可能导致鉴定不公，例如，异地审判的鉴定回避问题、非原被告双方所在地审判的鉴定回避问题，都应当纳入鉴定公正的视野予以考量。

（四）司法鉴定风险提示的义务

司法鉴定活动是存在风险的，这种风险来自鉴定技术自身，来自案件检材的不确定性，还来自案件的其他证据，更来自案件中法官对法律规则的适用。但是这些风险都或多或少有着一定的专业特点，或者是鉴定所涉及学科的专业知识，或者是法律规范和规则，而且最终鉴定意见的采信，是法官综合全案已经判断的证据材料，针对全案查明的案件事实，运用法律、法规以及裁判规则，对鉴定意见作出采信或者不予采信的决定。但是，作为委托人未必了解这些风险。因此，在鉴定开展之前，司法鉴定人有必要向委托人告知和说明这些风险，鉴定人有释明的义务。

风险是指在特定环境下，在特定时间内，存在发生某种客观损失的可能性。风险是由风险因素、风险事故和风险损失等要素组成的。换言之，风险就是在某一个特定时间段里，人们所期望达到的目标与实际出现的结果之间有产生差距的可能性。风险仅是一种可能性，不是必然发生的客观现实。但这种可能性发生的概率是客观存在的，不以人们的主观意志为转移，如果忽视这种风险，相关活动的参与主体便不会采取防范措施；如果忽视这种可能性，一旦风险变为现实，相关活动的参与主体可能会面临极为严重的后果。无论是自然界还是人类社会，无论是生产劳动过程还是法律诉讼，风险无处不在。

司法鉴定活动系为争议纠纷提供揭示事实真相的一种科学活动，司法鉴定执业存在风险，司法鉴定活动的实施也存在风险，鉴定意见的不确定性对诉讼各方来说更存在风险。另外，鉴定过程中还存在一些特殊的风险，例如，对于一些检材或者样本易损耗、易破坏的鉴定来说，存在鉴定对象被损耗、被破坏的风险。当然，最大的、最严重的风险还是鉴定意见具有不确定性的风险。因此，鉴定机构及其鉴定人在鉴定过程中应当向委托人、鉴定当事人正确地和充分地阐明这种鉴定意见不确定性的风险。而鉴定过程中的特殊风险，只有当鉴定确实存在这种风险时，才向当事人加以提示。

司法鉴定风险提示义务是司法鉴定合同中作为鉴定机构及其鉴定人应当履行的义务，既是法定义务，也是合同义务。我们称之为法定义务，是因为鉴定活动是一项依法开展的并在法律规范规制之下实施的活动，鉴定各方应当遵守相关法律、法规的规定。虽然在《司法鉴定机构登记管理办法》《司法鉴定人登记管理办法》中所规定的鉴定机构的义务、鉴定人的义务中没有风险提示义务这一项，但是从专业活动的角度来考察，正是由于这种专业性，案件处理单位才委托专家进行鉴定。对于委托人和案件当事人来说，他们对鉴定活动的专业性一无所知，往往没有任何的认识和思想准备，在这种情况下进行的司法鉴定活动对委托人和案件当事人来说是不公平的，因此，鉴定人有向委托人和当事人提示和说明鉴定意见存在各种风险的义务。与此同时，我们又将这种义务称为司法鉴定合同义务，因为司法鉴定活动所产生的法律关系应当准确地被界定为合同关系。在合同法律关系中，从诚实信用的角度来看，合同当事人也有将合同履行中可能存在和产生的各种风险向合同另一方予以告知和说明的义务，如果合同另一方是在对司法鉴定风险不知情的情况下签订的，对方有可能以重大误解或者显失公平主张合同可撤销，这对鉴定人来说是不利的。因此，只有在双方充分知情的背景下签订的司法鉴定合同才是安全的，也只有在委托人、当事人充分了解司法鉴定意见的不确定性的前提下实施的司法鉴定活动，才能减少当事人对司法鉴定机构和司法鉴定人的投诉、诉讼。

司法鉴定活动过程中面临的所有不确定性都是司法鉴定风险，包括司法鉴定执业风险、司法鉴定行为风险、司法鉴定特殊风险和司法鉴定意见不确定风险等四个方面。《司法鉴定机构登记管理办法（修订征求意见稿）》第18条规定的"司法鉴定机构应当建立执业风险金制度，或者参加司法鉴定执业责任保险"，这种风险是司法鉴定执业风险，是因司法鉴定活动给鉴定委托人、案件当事人的人身或者财产造成损失的可能性，或者是鉴定人实施鉴定活动过程中给自己造成损失的可能性，不在司法鉴定风险提示的范围。与此同时，司法鉴定行为本身具有一定的人身侵害性，或者相关财产遭受损失、损害或相关物证遭到破坏、损耗，但并非所有的鉴定活动都会有这样的风险，因而也不在公用的司法鉴定风险提示范围之内。司法鉴定风险提示的内容是所有司法鉴定活动都会面临的问题，主要是应当让鉴定委托人和当事人知悉和了解风险内容，包括司法鉴定特殊风险和司法鉴定意见不确定风险，司法鉴定特殊风险只有在特殊鉴定中才需要告知，没有必要在所有的司法鉴定案件中都告知，只有司法鉴定意见不确定风险是所有司法鉴定活动都会面临的风险，因此，这种不确定性是司法鉴定活动的常规性告知的内容。以下是笔者在法大法庭科学技术鉴定研究所工作期间制作的"司法鉴定风险提示书"，供读者参考。

司法鉴定风险提示书

根据我国诉讼法的有关规定，司法鉴定是办案机关为了案件中涉及的专门性问题，指派或者聘请专业人员从事的一项专门诉讼活动。由于鉴定涉及专业问题,因而有必要将其中的一些情况予以告知、提示。

一、鉴定结论属于证据

鉴定结论是鉴定人根据相关学科的专业知识,依据法律规定,客观、公正、科学地提出的专业性意见,属于法律规定的证据之一。其是否能成为定案的根据,取决于办案机关的审查和判断,鉴定人并无决定权和影响法官采信鉴定结论的能力。如果办案机关不予采信,其有启动新的鉴定程序的权利。

二、法医学鉴定一般需要检查被鉴定人的身体

法医学鉴定人除了需要审查送检的鉴定材料外,一般需要对被鉴定人的身体进行必要的检查或者做必要的辅助检查,特殊情况才实施书面鉴定。

三、鉴定可能得不出明确的鉴定结论

鉴定人只能根据现有的送检材料和检查情况得出鉴定结论,在没有得到办案机关授权的情况下,不能自行调取鉴定资料,也不能采用举证责任的分配方式要求当事人提供新的鉴定材料。因此,由于受鉴定材料的限制或者受客观条件的制约,有时可能得不出明确的鉴定结论。

四、鉴定结论可能对被告不利,也可能对原告不利

鉴定需要解决的问题是办案机关处理案件的疑难专业问题,鉴定人遵循科学、公正的宗旨,鉴定活动也是围绕委托人提出的鉴定目的来进行的。因此,鉴定结论可能对被告不利,也可能对原告不利。

五、鉴定费用的承担

鉴定活动由办案机关启动，鉴定需要交纳费用，无论是任何一方支付鉴定费，都属于先行垫付，最终由哪一方承担，由办案机关决定。如果需要鉴定人出庭质证，申请出庭质证的一方还必须支付相关的出庭费用。

六、鉴定活动具有严肃性

鉴定人出具的鉴定文书一经发出，不得收回。鉴定人可以就鉴定委托人和当事人提出的有关鉴定文书中的问题进行解释，如果当事人仍然有意见或者异议，只能通过庭审质证或者申请其他鉴定机构重新鉴定来解决。

二、司法鉴定实施中的义务

（一）按时完成鉴定的义务

《司法鉴定人登记管理办法（修订征求意见稿）》第22条规定，司法鉴定人受所在执业司法鉴定机构指派按照规定时限独立完成鉴定工作，并出具鉴定意见。《司法鉴定程序通则》第28条规定，司法鉴定机构应当自司法鉴定委托书生效之日起30个工作日内完成鉴定。鉴定事项涉及复杂、疑难、特殊技术问题或者鉴定过程需要较长时间的，经本机构负责人批准，完成鉴定的时限可以延长，延长时限一般不得超过30个工作日。鉴定时限延长的，应当及时告知委托人。司法鉴定机构与委托人对鉴定时限另有约定的，从其约定。在鉴定过程中补充或者重新提取鉴定材料所需的时间，不计入鉴定时限。当然，按照《司法鉴定程序通则》的规定，如果按照以上时间仍然难以完成鉴定的，司法鉴定机构与委托人可以约定完成鉴定的时间，但这种约定延长的时间必须加以限制，有的司法鉴定机构与委托单位约定延长的鉴定时间甚至是以"年"为单位计算，由于司法鉴定机构强调其鉴定的复杂性、耗时长，所以会提出比较长的鉴定时间要求。而办案人员可能会以"鉴定单位要求的时间"为挡箭牌，无限期延长诉讼时限。这种做法导致案件久拖不决，损害司法权威，严重侵害当事人的合法权益，应当予以制止。

司法实践中，由于需要鉴定的案件量庞大，鉴定委托往往需要排队，如果委托方将鉴定申请提交给鉴定机构，鉴定机构即受理之日就开始计算鉴定时限的话，将有一大部分鉴定工作无法按时完成。而如果鉴定持续时间过久，一定程度上会对司法公正产生不良影响，起码会导致正义"迟到"，此种情况已经逐渐成为制约鉴定工作发展的一大难题，应引起足够重视。

实践中，为了缓解鉴定案件多、鉴定人少的困局，大部分鉴定机构从受理之初就明确说明鉴定可能需要的周期，委托方一般都会对此有预期，于是实践中很少出现不能按时完成鉴定的情况。因此，该条规定的义务宣示性意义大于实际意义，实践中也很少出现违反该项义务的情况。

（二）对鉴定意见负责的义务

《司法鉴定程序通则》第 5 条规定，司法鉴定实行鉴定人负责制度。司法鉴定人应当依法独立、客观、公正地进行鉴定，并对自己作出的鉴定意见负责。司法鉴定人不得违反规定会见诉讼当事人及其委托的人。该通则第 37 条规定，司法鉴定意见书应当由司法鉴定人签名。多人参加的鉴定，对鉴定意见有不同意见的，应当注明。

司法鉴定人对司法鉴定意见的负责，从积极方面来说，可以增强司法鉴定人的责任感，促使其勤勉公正地完成鉴定事项，避免出现错误鉴定，从而更好地服务司法，为公正司法提供坚实的基础。但另一个不容回避的问题是，过多强调司法鉴定人对鉴定意见负责，而忽视鉴定机构对鉴定意见所应承担的责任，可能导致司法鉴定人的责任过重，在一定程度上不利于维护委托人的合法权益。尤其是在由于错误鉴定导致当事人利益受损，鉴定人无力赔偿当事人损失的情况下，若过多强调鉴定人的责任，可能导致委托人利益受损。考虑到司法鉴定人身份上属于司法鉴定机构的工作人员，如果是因司法鉴定机构的工作人员出现失误给当事人造成损害的，那么将单位作为第一责任人可能会更好地保障当事人的权益，同时如果司法鉴定人确有过错或重大过失的则应承担相应责任。因此，司法鉴定人对鉴定意见承担独立责任应当提倡，但不应过度强调，尤其是涉及赔偿当事人的情况，单位不能因此免除责任。

司法鉴定是鉴定人依据一定的科学原理，借助仪器对未知或有争议的事实进行判断的活动。在鉴定活动中，不论该项鉴定技术是可以依赖仪器完全实现的，还是高度依赖鉴定人的主观经验判断，鉴定人都是绝对的操控者，在人为的操作过程中，总有不可预料的干扰因素存在，影响着鉴定意见的准确率。事实上，无论科学技术发展到什么程度，均需要人的操作才能进行。从概率上来讲，只要鉴定人从事鉴定的时间足够长，出具的鉴定意见足够多，无论什么原因，几乎不可避免发生错误。但错案并不都是鉴定人的过错，可能存在诸多影响因素，如何判定鉴定人在鉴定活动中是否存在过错，就需要引入鉴定人注意义务这一概念。

考察鉴定主体在从业活动中是否违反注意义务才是判断鉴定人是否担责的前提。那么，何为注意义务？注意是人们在行为过程中所持的主观态度，决定人对行为后果的认知程度。人在社会活动中并不会总保持高度注意状态，通常是根据自己对事情的判断而有所不同。因此，对过失行为最简单的解释，就是行为人应注意、能注意而不注意。对司法鉴定人而言，在鉴定过程中对鉴定行为构成约束的内容即为鉴定人注意义务产生的来源，主要包括法律规定、技术规范、行业习惯、委托合同等。注意义务的内容包括两个方面：一是对行为危害结果的预见，二是对行为危害结果的避免。预见是避免的前提，对行为危害后果的预见，需要相应的能力做支撑。对专业的执业者而言，因受过专门的教育和职业技能训练，在从业过程中对职业行为可能的致害后果有着高于常人的判断能力，就应当承担高于常人的注意义务，对鉴定人注意义务评判应与其应有的专业能力相匹配，即以该行业从业人员平均水平来衡量，如果专业人员还有职称或资质等级划分，评判标准就应当有等级之分，也就是要求达到这个等级专家的平均水平，即要求专家在提供专业服务时，必须尽到与其应有的专业水平、能力相一致的谨慎义务。从另一个角度来说，由于科学技术的飞速发展，行业分类更加细致，人们更加信赖专业人员，具有专业技能则意味着拥有更多回报，根据权利与义务对等原则，鉴定人应当承担超越普通人的注意义务。在鉴定执业中最常见的违反注意义务而致害的过错形式有：鉴定书存在瑕疵、鉴定程序欠缺、鉴定材料审查失误、鉴定技术标准适用错误等情形。在实践中，认定鉴定人违反注意义务时应结合具体案情慎重判断，这是启动下一步追责机制的前提，是鉴定人对鉴定意见负责的根本体现。

（三）遵守鉴定规范，执行鉴定标准的义务

《标准化法》于1988年12月通过并发布，该法对提升产品和服务质量、促进技术进步和经济发展发挥了重要作用。2017年11月第十二届全国人民代表大会常务委员会第三十次会议对《标准化法》进行了修改。修改后的《标准化法》对标准的分类更加明晰，该法规定标准包括国家标准、行业标准、地方标准和团体标准、企业标准。国家标准分为强制性标准、推荐性标准。推荐性标准包括行业标准、地方标准。当然，行业学会、团体组织、企事业单位自己制定的标准为局部范围自愿适用标准。目前，鉴定标准很大一类是公共安全行业标准，这类标准属于推荐性标准。在司法鉴定领域，强制性标准是各级各类鉴定机构都必须执行的，无论是侦查机关的鉴定机构，还是面向社会服务的鉴定机构，抑或是其他特殊行业的鉴定机构，甚至因个案需要临时邀请开展鉴定的科研单位，都必须执行。《标准化法》第25条规定，不符合强制性标准的产品、服务，不得生产、销售、进口或者提供。这条规定意味着不执行国家强制性标准的鉴定意见不能被法庭采信，应当按照非法证据予以排除。《标准化法》第37条对不执行强制性标准的行为作出了处罚规定:"生产、销售、进口产品或者提供服务不符合强制性标准的,依照《中华人民共和国产品质量法》、《中华人民共和国进出口商品检验法》、《中华人民共和国消费者权益保护法》等法律、行政法规的规定查处,记入信用记录,并依照有关法律、行政法规的规定予以公示。"

虽然司法鉴定推荐性标准并非必须执行,但是如果在国家强制性标准指引中规定适用某公共安全行业标准,则该公共安全行业标准具有强制执行的效力。例如,关于酒精检测,目前国家有三个标准:《血液酒精含量的检验方法》(GA/T 842—2019),《生物样品血液、尿液中乙醇、甲醇、正丙醇、乙醛、丙酮、异丙醇和正丁醇的顶空-气相色谱检验方法》(GA/T 1073—2013),《血液中乙醇的测定顶空气相色谱法》(SF/Z JD0107001—2016)。该三个标准虽然都是推荐性标准,但是国家强制标准《车辆驾驶人员血液、呼气酒精含量阈值与检验》(GB 19522—2010)第5.3条规定:血液酒精含量检验方法按照GA/T 1073或者GA/T 842规定。因此,GA/T 1073和GA/T 842两个行业标准具有强制执行的效力。

标准是企事业单位生产产品和提供服务的准绳,标准对相关企事业单位生产产品和提供服务起着保障作用。为此,《标准化法》规定强制标准要向社会公开,供公众免费查阅。作为执行标准的企事业单位,是否执行了这些标准,如果相关信息没有公开,公众无法监督,相关行政管理部门也无法监管。为此,《标准化法》第27条规定,国家实行团体标准、企业标准自我声明公开和监督制度。企业应当公开其执行的强制性标准、推荐性标准、团体标准或者企业标准的编号和名称；企业执行自行制定的企业标准的，还应当公开产品、服务的功能指标和产品的性能指标。国家鼓励团体标准、企业标准通过标准信息公共服务平台向社会公开。对于不主动公开其执行标准情况的单位，《标准化法》在第 38 条还作出了处罚性规定："企业未依照本法规定公开其执行的标准的，由标准化行政主管部门责令限期改正；逾期不改正的，在标准信息公共服务平台上公示。"

  在司法鉴定领域不仅要强调有标准可用，更要强调标准的及时更新。未来司法鉴定标准的发布和更新速度都会加快，作为司法鉴定机构应当随时了解我国司法鉴定标准的变化情况，更新本鉴定机构和鉴定人的资料库、思想库中的标准，保证最新的鉴定标准在司法鉴定活动中得以执行和落实。因此，司法鉴定机构的管理部门，应当明确人员专司鉴定标准的收集、宣贯，并做好本鉴定机构鉴定活动中适用标准情况的检查工作，不仅要核查鉴定文书档案，还要适时抽查正在实施的鉴定活动，对于执行旧标准、不执行新标准的鉴定活动予以纠正，让新的鉴定标准在本鉴定机构的鉴定活动中得到执行。[①]

  虽然鉴定标准在鉴定活动中非常重要，但在鉴定过程中，仍然存在一些鉴定机构和鉴定人不执行鉴定标准的情况，或者变通执行、用自己的习惯代替标准执行的情况。究其原因还是鉴定标准的意识不强，对鉴定标准的性质认识不到位，这是鉴定标准得不到有效执行的根源所在。其实，关于鉴定标准的执

---

① 刘鑫、马千惠：《〈标准化法〉修改及对司法鉴定的影响》，《中国法医学杂志》2018 年第 2 期，第 115 - 119 页。

行,《司法鉴定程序通则》第23条明确规定,司法鉴定人进行鉴定,应当依下列顺序遵守和采用该专业领域的技术标准、技术规范和技术方法:(1)国家标准;(2)行业标准和技术规范;(3)该专业领域多数专家认可的技术方法。《CNAS–GL36 司法鉴定/法庭科学鉴定过程的质量控制指南》第4.5.1条规定:"鉴定方法包括:a)国家标准(GB);b)公共安全行业标准(GA);c)法律法规规定的标准;d)技术组织发布的方法;e)仪器生产厂家提供的指导方法;f)鉴定机构自行制定的方法。"该指南第4.5.2条规定:"选择鉴定方法原则上按下述排列顺序选择:a)法律法规规定的标准;b)国家标准;c)公共安全行业标准;d)委托方指定的方法;e)其他方法:技术组织发布的方法、仪器生产厂家提供的指导方法或者鉴定机构制定的内部方法。"虽然对于不执行国家强制标准的情况,《标准化法》弱化了行政处罚规定,更多地强调民事责任的承担。但是,不执行国家标准的鉴定意见往往会被法庭排除,从而对鉴定机构及鉴定人的声誉产生负面影响,并因此要承担法律责任。

(四)运用可靠的技术和方法进行鉴定的义务

司法鉴定活动具有科学性和法律性的双重属性,是一种为司法活动服务的技术保护、技术辅助行为。由此决定了司法鉴定活动区别于一般的法律活动,司法鉴定活动要在法律规定下找到与科学知识和经验的契合点,这就要求司法鉴定活动具有称职性,从而使鉴定中所应用的科学与诉讼时效、诉讼目的和检验条件等多方面限制得以平衡。司法鉴定的称职性,就是只有具备相应的科学知识和经验的人,才能从事鉴定活动,这与相关部门授予的鉴定资格无关，鉴定资格仅仅是鉴定人应当具备的开展某项鉴定活动的形式要件，能不能开展某项鉴定活动，还要求鉴定人应当真正掌握与该专门问题相关的鉴定知识、技术和经验，这是鉴定活动的实质要求。自己不具有解决某专门问题相关的科学知识、技术和经验，通过请教他人或邀请他人"会鉴"而将他人的"意见"作为自己的"鉴定意见"提供给法庭，违反了司法鉴定的独立性、亲历性要求。当然，对鉴定的称职性，不能孤立地评价，而是要在具体鉴定工作、案件或者一系列相关案件背景下进行。在评价过程中，何为称职的行为，可能存在某些分歧，而伦理道德标准可能有助于解决这样的问题。对与鉴定有关的鉴定机构和专家除了要拥有资格证书、丰富的经验外，还应当对其进行程序考察、鉴定评审等，此外鉴定人需承担其有无称职能力的检测，从而审查评估鉴定称职性。[1] "一个人不能宣称自己在特定领域具有称职性，除非他能知道该领域的称职性构成是什么。理解称职性的要求实际上要比纯粹的称职性要求严苛得多。"[2] 这要求鉴定人需要对鉴定技术、理论、手段有自我认知，要保证鉴定方法的科学性、实验环境独立性以及检测评价方法正当合法性；除此之外，仪器设备需保持能够与上述技术手段等相适应，仪器设备的精准对于称职性实现也有一定作用。

---

[1] American Academy of Psychiatry and the Law, "*Ethics Guidelines for the Practice of Forensic Psychiatry*", http: //aapl. org/ethics. htm, accessed Feb. 22, 2021.
[2] Barnet PD, "Ethics in Forensic Science: Professional Standards for the Practice of Criminalistics", *Jurimetrics*, 43, n. (2003): 359 – 366.

任何技术在不同领域运用时,必须对其进行全面的试验,以保证对该技术的适用性和局限性有一个全面的了解。我们可以参照《美国联邦证据规则》的以下内容来判断司法鉴定技术和方法是否"科学可靠"。[1]

(1) 形成专家证言所依据的科学理论与科学方法是否可以经过重复检验。如果经过了重复的可靠检验,则专家证言更可能被认定为科学知识。

(2) 形成专家证言所使用的科学理论与科学方法是否经同行复核或者已经被公开出版。

(3) 有关理论的已知的或者潜在的错误率是否可以被接受,应该有相关的科学统计数据和权威部门的报告。

(4) 有没有控制该技术操作的规范以及该技术规范是否被严格遵守。例如,如果有专业组织制定关于测试如何操作的标准,那么该专家证言便可能被采用。

(5) 形成专家证言所依据的科学理论与科学方法是否被相关科学团体接受以及接受的程度如何。

(五)妥善保管鉴定材料的义务

《司法鉴定程序通则》第 22 条规定,司法鉴定机构应当建立鉴定材料管理制度,严格监控鉴定材料的接收、保管、使用和退还。司法鉴定机构和司法鉴定人在鉴定过程中应当严格依照技术规范保管和使用鉴定材料,因严重不负责任造成鉴定材

---

[1] Andrew R Stolfi, "Why Illinoisis should Abandon Frye's General Acceptance Standard for the Admission of Novel Scientific Evidence", *Chicago - Kent Law Review*, 78, n. 2 (2003): 861-904.

料损毁、遗失的,应当依法承担责任。

鉴定材料的妥善保管,一方面是为了保证司法鉴定的顺利进行;另一方面是为了保密的需要。在实践中,司法鉴定人一般会优先选择保留复印件或复制件,如医院的病历、会计账本等以所记载的内容为鉴定依据的材料。只有使用复印件和复制件无法鉴定的情况下才保留原件,如笔迹鉴定、病理切片等。因为担心原件一旦遗失或耗损就不能复原,这会给当事人造成巨大的损失。我国虽然有规定要妥善保管有关材料,但实践中并没有建立完善的程序来确保整个过程的科学性和完善性。例如,刑事司法实践中对过程证据的研究和重视程度明显不够,这都导致了现阶段对材料的保管程序存在很大的改进空间。

(六) 保守秘密的义务

《司法鉴定程序通则》第6条规定,司法鉴定机构和司法鉴定人应当保守在执业活动中知悉的国家秘密、商业秘密,不得泄露个人隐私。《司法鉴定人登记管理办法(修订征求意见稿)》第29条规定,司法鉴定人违反保密和回避规定的,由省级司法行政机关或者设区的市级、直辖市的区(县)司法行政机关依法给予警告,并责令其改正,有违法所得的,没收违法所得。

司法鉴定人由于其身份和工作特点,必然接触到某些国家秘密、商业秘密和个人隐私。在实践工作中,有些司法鉴定人的保密意识有待提高,鉴定材料可能被其他无关的司法鉴定人或鉴定机构内的其他工作人员看到。如果鉴定过程中不慎泄密,往往追查、追究会比较难。

(七) 遵守司法程序进行鉴定的义务

遵守司法程序进行鉴定是鉴定人的当然义务，如果鉴定人未遵守司法程序进行鉴定，则对方完全可以此鉴定不符合程序为由对鉴定意见不予认可，法庭最终也无法将其作为定案的根据。因此，笔者认为此项义务的规定更像是一种宣示性、提示性规定，并不会因为有此项义务的规定，而增加鉴定人的义务，同样不会因为没有此项的规定，而鉴定人不需承担该义务。

(八) 法律、法规规定的其他义务

除了以上列举的鉴定人在开展司法鉴定活动过程中应当履行的义务之外，还有法律、法规规定的一些其他的义务，尤其在一些特殊鉴定专业领域、在一些具体鉴定案件中，更有特殊义务的要求。例如，在法医鉴定中，鉴定对象是人或者尸体，这就要求鉴定人对其鉴定对象予以必要的尊重，尊重被鉴定人的人格、风俗习惯等。在涉及未成年人的鉴定工作中，鉴定人还有保障未成年人的监护人在场的义务。在对精神疾病患者实施鉴定时，应当保障精神疾病患者的监护人在场的义务。

法律、法规仅对实践中可能存在的鉴定人应当履行的义务做了概括规定，鉴定人应就其他应当履行但未做明示的义务保持职业敏感性。

三、司法鉴定实施后的义务

(一) 出庭作证的义务

《司法鉴定程序通则》第 43 条规定，经人民法院依法通

知，司法鉴定人应当出庭作证，回答与鉴定事项有关的问题。该通则第46条规定，司法鉴定人出庭作证，应当举止文明，遵守法庭纪律。《全国人民代表大会常务委员会关于司法鉴定管理问题的决定》第11条规定，在诉讼中，当事人对鉴定意见有异议的，经人民法院依法通知，鉴定人应当出庭作证。

司法鉴定人出庭接受质证是以审判为中心的诉讼制度改革和庭审实质化的必然要求，是司法鉴定人鉴定工作的继续和延伸，也是每一位司法鉴定人应尽的法律义务。在过去长期的司法审判实践中，司法鉴定人不出庭作证，法官主要靠宣读鉴定意见书以示质证，庭审中缺乏有效的举证质证，法官倾向于对鉴定意见直接采信，案件当事人即便对鉴定意见有异议，一般也很难有效质证，更遑论推翻鉴定意见。这种情况的出现与法官大多缺乏专门的鉴定知识以及长期以来的庭审模式有关。近年来，越来越多的司法实务界和理论界人士认识到，鉴定意见其本质上属于一种专家意见，是言辞证据的一种，其本身并不必然具备客观性、科学性，因此对其进行质证应按照言辞证据的质证原则进行。事实上，只有司法鉴定人亲自出庭陈述鉴定过程、说明鉴定方法、宣读鉴定意见，当事人才能对鉴定意见进行有效的质证，法官才能准确地认证。根据《刑事诉讼法》《民事诉讼法》的规定，当事人对鉴定意见有异议，法庭认为鉴定人应当出庭作证，鉴定人不出庭作证的，其鉴定意见不得作为定案的根据。该规定可望倒逼鉴定人出庭作证的落实，尤其是"有专门知识的人（专家辅助人）"规定的引入，会进一步促进鉴定人出庭作证。

另外需要说明的是，司法鉴定人出庭作证的义务应该包含必须出庭和可以不出庭两方面。司法鉴定人出庭制度的设立，不应以所有的鉴定人都要出庭为出发点。对于当事人没有申请司法鉴定人出庭的，司法鉴定人不必出庭为宜，以减少不必要的诉累。此外，司法鉴定意见由多人完成的，如果意见不一致的，不同意见的司法鉴定人应该出庭；如果意见一致的，可以要求一个司法鉴定人出庭即可。

（二）解释和说明司法鉴定文书的义务

司法鉴定文书签发送达委托人及当事人之后，由于鉴定文书涉及专业问题，委托人和当事人都可能对鉴定文书中的相关内容提出疑问，司法鉴定机构及相关人员有给予委托人和当事人答复和解释的义务。这项义务是司法鉴定服务活动的延续，属于司法鉴定活动的有机组成部分，不可分割，是委托人与鉴定机构签订的司法鉴定服务合同的附随义务。如果鉴定机构及其鉴定人不履行该义务，从法律角度来看可以视为违法，从契约角度来看则视为违约。《司法鉴定程序通则》第40条规定，委托人对鉴定过程、鉴定意见提出询问的，司法鉴定机构和司法鉴定人应当给予解释或者说明。

不过，由于鉴定委托人和案件当事人所涉及的争议事件可能比较复杂，因而其提出的疑问可能很多，但是并非所有的问题鉴定机构都有义务予以解答，因此对鉴定机构应当给予解答的疑问必须作出必要的限制，即与本次鉴定所要求解决的问题相关的疑问都在鉴定人答复和解释的范围之内，当然就不仅局限于鉴定意见的内容。具体来说，这些内容包括鉴定主体，鉴定方法，鉴定机构的设备条件、鉴定能力，鉴定人的专业背景，本次鉴定所依据的鉴定资料的处理情况，鉴定资料中的细节内容，鉴定意见的制作过程等一系列问题。如果委托人、当事人提出了与鉴定内容无关的内容，鉴定人当然可以拒绝回答。如果所提问题属于专门性问题，且没有在委托书中载明，可以启动补充鉴定程序。

鉴定机构及其鉴定人对委托人和案件当事人提出的疑问必须重视，最好有详细的书面记录，鉴定人对委托人、案件当事人提交的载有疑问的书面文件，对委托人、案件当事人提出疑问的记录文件，应当与其他鉴定材料一并存档，作为鉴定档案文件内容予以长期保存。之所以这样要求，一是委托人、当事人提出的疑问，很可能就是将来在法庭质证中提出来需要鉴定人回答的问题；二是这些问题系委托人、当事人对案件思考的结果，尤其是看了鉴定文书后思考的结果，因而与鉴定密切相关，属于鉴定档案的一部分；三是可以作为鉴定人将来总结和科研资料予以保存。

鉴定人对委托人和当事人提出的疑问是做口头答复还是书面答复？目前没有明确的法律规定。笔者认为，由于委托人和当事人提出的疑问较多且分散，如果要做书面答复必然涉及的工作量较大，且许多的答复属于知识性解释的内容，如果也要鉴定人作成书面文件移交委托人，显然加重了鉴定人的工作负担，确实没有必要。而且作为书面文件，其文件制作不一定像鉴定文书制作时那样深思熟虑，行文和措辞不一定很严谨，可能会给当事人留下话柄，甚至产生新的疑惑，很有可能引起委托人、当事人再次质疑，难道让鉴定人再出书面答复？如此循环，何时为终？因此，笔者认为，只要不是鉴定文书中出现重大的差错，一般都以口头解释为佳。

（三）接受司法行政机关的管理、监督、检查的义务

《司法鉴定人登记管理办法（修订征求意见稿）》第23条规定，司法鉴定人应当在所在司法鉴定机构接受司法行政机关的监督、检查。该办法第24条规定，司法行政机关应当就下列事项，对司法鉴定人进行监督、检查：（1）遵守法律、法规和规章以及相关管理制度的情况；（2）遵守司法鉴定程序，适用技术标准、技术操作规范和技术方法的情况；（3）遵守执业规则、职业道德和执业纪律的情况；（4）法律、法规和规章规定的其他事项。《司法鉴定程序通则》第9条规定，司法鉴定机构和司法鉴定人进行司法鉴定活动应当依法接受监督。对于违反有关法律、法规、规章规定行为的，由司法行政机关依法给予相应的行政处罚；对于违反司法鉴定行业规范行为的，由司法鉴定协会给予相应的行业处分。

司法鉴定人接受司法行政机关的管理是一项重要的义务。以往的多头管理经验使我们认识到，对司法鉴定人统一管理的重要性。《全国人民代表大会常务委员会关于司法鉴定管理问题的决定》规定了司法鉴定人由司法行政机关管理的模式。这一规定在鉴定人的统一管理方面迈出了重要一步。但对公安机关和检察机关内设的鉴定机构和鉴定人，公安部和最高人民检察院对其管理有单独规定，加上审判机关的二次选择权等情形的出现，导致了实践中对鉴定机构和鉴定人的管理依然存在标

准不统一、管理不规范等问题。

事实上，现今的司法鉴定体制存在司法鉴定管理体制部门化的问题。2005年，出台《全国人民代表大会常务委员会关于司法鉴定管理问题的决定》之后，各司法执法部门均采取各种方式不同程度地对司法行政管理部门管理鉴定人的规定进行了解释，例如，公安部于2005年发布了《公安机关鉴定机构登记管理办法》（公安部令第83号）和《公安机关鉴定人登记管理办法》（公安部令第84号），在司法鉴定管理权的问题上表现"强硬"，主要表现为：直接规定公安机关所属鉴定机构和鉴定人的登记不受司法行政机关约束，编制有关鉴定机构和鉴定人的名册，自行建立鉴定机构和鉴定人登记制度和名册制度，2005年10月1日起，已在司法行政机关登记的自行失效。由此，公安部通过建立公安机关登记管理制度，行使相应的鉴定管理权。最高人民法院于2007年颁布实施了《最高人民法院对外委托、评估、拍卖等工作管理规定》，其中规定司法行政部门进行名册管理之外，法院针对"三大类"内和"三大类"外的鉴定事项分别进行"册中册"与"册外册"的登记管理。案件审理过程中，一旦启动鉴定程序，在对鉴定机构和鉴定人的选定问题上，人民法院必须在"名册"内作出选择，法院的名册管理实际是对司法机关登记注册后的鉴定机构的二次筛选。最高人民检察院于2006年下发了《人民检察院鉴定机构登记管理办法》（高检发办字〔2006〕33号）、《人民检察院鉴定人登记管理办法》（高检发办字〔2006〕33号），并陆续编制了鉴定机构和鉴定人名册。由此，人民检察院通过实行系统内鉴定机构、鉴定人统一管理，建立了检察机关的登记管理制度。国家安全部于2007年明确指出，其自行设立司法鉴定机构、核准司法鉴定人，并单独成册、不向社会公开，经申请后方可查阅名册中相关内容，司法行政管理部门仅享有核准后的登记权。因此，司法鉴定管理权于国家安全部门而言，存在"实质"与"形式"管理权所有者不统一的局面，即司法行政部门仅享有应然的、表面上的管理权，国家安全部手握实然的、实质上的管理权。这种人为的多重管理必然导致实践中鉴定人管理的混乱，并进而影响鉴定制度的长远健康发展。

对此，笔者建议，现存的司法鉴定行政管理部门化体制存在弊端，应当予以取消，鉴定机构的统一管理终将是大势所趋，考虑到鉴定机构的工作性质及公安、检察等机构内设鉴定人的现状等问题，建议鉴定机构的管理权统归司法行政部门，由其负责全国范围内所有鉴定机构和鉴定人的管理工作。考虑到保障效率、服务侦查的目的，司法鉴定机构及鉴定人员仍可属于原有系统，但为保证其司法鉴定过程中的独立性，应将隶属各级机关的鉴定机构人员从中剥离，另设管理机关统一管理、互不隶属，并负责认定鉴定机构和鉴定人的资质水平，逐步解决历史遗留问题，实现鉴定机构和鉴定人的统一管理。

（四）参加司法鉴定教育培训的义务

《司法鉴定教育培训工作管理办法》（司规〔2021〕1号）第2条规定，本办法所称的司法鉴定教育培训包括岗前培训和岗位培训，适用于经司法行政机关登记的司法鉴定人。该办法第3条规定，按照"先培训后上岗"和终身教育的要求，司法鉴定教育培训工作坚持以下原则：（1）政治统领，党建引领；（2）注重能力，强化操守；（3）围绕中心，全员培训；（4）统筹规划，按需施教；（5）分级负责，分类指导。该办法第5条规定，司法鉴定人应当积极参加教育培训活动，完善知识结构、增强创新能力、提高专业水平。司法鉴定机构应当积极组织本机构司法鉴定人参加教育培训。司法鉴定人不仅享有参加培训的权利，也应承担培训的义务。实践中，司法鉴定人培训，除了司法鉴定管理机构组织的并明确要求司法鉴定人出席的外，其他的方式所起的作用一般比较有限。提高自身的鉴定能力以适应不断提升的鉴定要求是每一个司法鉴定人应尽的义务。这是新时代积极适应司法实践的需要，可以想见随着知识体系更新换代速度的加快，如果不能坚持终身学习的理念，积极参与各类培训，鉴定人的能力将不足以应对实践中层出不穷的问题，其所作的鉴定意见不被法庭所采纳将逐渐成为常态。因此，司法鉴定人参加司法鉴定教育培训与其说是权利，不如说是其面对未来形势不得不采取的策略，笔者更倾向于其是一种义务。

与此同时，繁重的鉴定工作可能使司法鉴定人没有更多的精力进行自我知识的更新。而定时定量完成教育培训工作是司法鉴定人继续从事鉴定工作的前提。故有必要借鉴医师的继续教育模式，要求司法鉴定人通过参加相关专业的培训、学术会议、学术讲座、鉴定机构内的交流学习等完成应有的学分。根据司法鉴定人完成规定学习义务的情况，对司法鉴定人进行年终评估。

（五）以专家辅助人身份出庭并遵守法律等的义务

司法鉴定人以有专门知识的人身份参与诉讼活动时，遵守法律、法规、规章和相关管理制度，恪守职业道德，坚持科学性、公益性、公正性原则。该条为《司法鉴定人登记管理办法（修订征求意见稿）》第22条规定的司法鉴定人的义务。

该条规定是为了进一步贯彻落实中共十八届四中全会中提到的推进以审判为中心的诉讼制度改革的要求，为了适应庭审实质化而设置。事实上，即便没有此规定，司法实践中已经有部分地区逐步试点由鉴定人作为有专门知识的人参与诉讼活动。该条义务的规定，使鉴定人以有专门知识的人的身份参与诉讼活动更具规范性和普遍性。对此，笔者拟就以下问题展开详细讨论。

1. 我国"有专门知识的人"的定位

我国"有专门知识的人"类似于英美法系诉讼双方聘请的专家证人，但其地位具有辅助性，在申请程序和接受询问上仍存有大陆法系诉讼模式的烙印。

（1）"有专门知识的人"的设置，是为了对案件鉴定人提出的鉴定意见进行有效地质证。"有专门知识的人"的地位具有辅助性，一是由于"有专门知识的人"要对鉴定意见提出意见；二是因为"有专门知识的人"出庭与否，由法庭决定。法庭认为有必要的，才会通知有专门知识的人出庭。

（2）"有专门知识的人"的设置，是直接言辞原则的具体体现，也是当前刑事庭审实质化的必然要求。直接言辞原则由两部分构成：一是直接审理原则，二是言词审理原则。言词审理原则所真正强调的是各诉讼主体之间交流的即时与互动性。在法庭上的任何成员，就庭审过程中产生的一切问题均有机会及时发问并且得到有效的回答，能够有充足的机会向证人提出各种问题，以确保证言的真实性。

（3）"有专门知识的人"的设置，是当前刑事庭审实质化的必然要求。所谓刑事庭审实质化，是指应通过庭审的方式认定案件事实并在此基础上决定被告人的定罪量刑。其基本要求包括两个方面：一是审判应成为诉讼中心阶段，被告人的刑事责任应在审判阶段而不是在侦查、审查起诉或其他环节确定；二是庭审活动是决定被告人命运的关键环节，即"审判案件应当以庭审为中心。事实证据调查在法庭，定罪量刑辩护在法庭，裁判结果形成于法庭"。在我国刑事诉讼中，所有证据必须在法庭上调查核实后才能作为定案根据。有专门知识的人对刑事诉讼中专业性极强的鉴定意见提出意见，恰是法庭对鉴定意见这种重要证据的调查核实。有专门知识的人提出的意见，是新的言词证据。

2. 鉴定人以"有专门知识的人的身份出庭"的意见效力

（1）不同于其他不具备鉴定人资格的"有专门知识的人"，鉴定人本身具有的身份标签已经足以证明其在某一行业上的专业技能和水平，因此其参与庭审的意见效力一般应该高于其他不具备鉴定人资格者。

（2）应明确鉴定人以此身份出庭，其主要职责在于对已有的鉴定意见进行质证、说明，意见只能作为对已有鉴定意见的反驳证据，其意见本身并不属于鉴定意见，不能直接采纳其意见作为认定案件事实的意见。换句话说，鉴定人以"有专门知识的人的身份"出庭，其意见由于不具备鉴定意见制作的法定程序和形式要件，因此其不能等同于鉴定意见，不能直接作为认定案件事实的依据，否则，将对现存的鉴定制度造成毁灭性的打击。当然，对于部分法庭需要的"专门知识"，实践中并没相对应的鉴定机构和鉴定人，则属于另外一个问题，不在本书讨论的范围之内。

第六章

司法鉴定人的郑重陈述[*]

在人类司法文明史上，证人在法庭上作证前应当进行宣誓，保证其陈述内容的真实。[①]证人是否宣誓成了判断其证言是否具有可采性的依据之一。[②]从证据的角度来看，司法鉴定意见也是言词证据，司法鉴定人出庭也应遵循证人出庭规则，因此也面临作证前的宣誓程序。在国外，关于证人、鉴定人的宣誓，还有类似宣誓制度的郑重陈述制度。[③]在我国的司法制度中，无论是证人作证，还是鉴定人出庭作证，都没有宣誓或者郑重陈述的程序规定。不过，我国学者乃至司法机关一直在探索证人、

---

[*] 关于郑重陈述、承诺与宣誓，在英文中郑重陈述、承诺为 affirmation，宣誓为 oath，在我国宣誓用得比较少，目前主要是在国家工作人员任职时采用，诉讼法没有明确规定证人、鉴定人在法庭上作证前要宣誓。本书主要使用郑重陈述，同时没有具体区分郑重陈述与承诺，两者等同使用。

[①] Paul Stephan R. and Narang Sandeep K, "Expert Witness Participation in Civil and Criminal Proceedings", *Pediatrics*, 139, n.3 (2017).

[②] Louise B Andrew, "Expert Witness Testimony: the Ethics of Being a Medical Expert Witness", *Emergency Medicine Clinics of North America*, 24, n.3 (2006): 715–731.

[③] David Muraskin, I Swear: "The History and Implications of the Fourth Amendment's 'Oath or affirmation' Requirement", https://www.semanticscholar.org/paper/I-Swear%3A-The-History-and-Implications-of-the-Fourth-Muraskindfb461c17fb9e0bfee4e63e213a7005ca97fa7f1?p2df, accessed Feb.1, 2020.

鉴定人出庭作证宣誓问题。2019年修改的《民事诉讼证据规定》明确规定，鉴定人在开始鉴定前应当签署"承诺书"，承诺"保证客观、公正、诚实地进行鉴定，保证出庭作证，如作虚假鉴定应当承担法律责任等"。从某种意义上说，这里的承诺书即相当于鉴定人出庭作证前的宣誓和郑重陈述承诺。

作为科学证据的鉴定意见在案件事实的认定上往往起着决定性作用，甚至有人将鉴定意见称为"证据之王"。但是如果鉴定意见的作出没有遵循有关的程序和标准，鉴定意见的质量便无保障。那么"证据之王"将变成"冤案之王"。无论委托方是司法机关，还是其他主体，司法鉴定活动都会涉及多方当事人。司法鉴定活动的完成，不仅需要相关各方的配合，更需要司法鉴定实施主体能够按照法律规定，遵守相关的规范和标准，针对委托方提出的委托目的和要求，选择合适的技术和方法完成专门性问题的研判，并提出鉴定意见。作为司法鉴定活动的实施者，是否能够遵守相关法律、法规，是否能够依据相关的规范和标准，是否选择了合适的技术和方法，这些都是按时完成鉴定任务，保证鉴定意见质量的关键。但是，司法鉴定活动的实施不可能在其他人的参与、监督之下实施，由于鉴定方法的特殊性，有的鉴定环节还要求在避光、无菌等环境下操作。而且鉴定过程往往耗时长，不是一天两天就能结束，即便允许第三方参与，也难以做到全程参与。大多数的司法鉴定实施过程都是鉴定人独立地、非公开地完成的，如果他们的操作不规范，其实作为委托人、当事人、案件裁判者等均无法察觉，人们看到的只是鉴定报告，评价的只是鉴定意见。司法鉴定实

第六章 司法鉴定人的郑重陈述

施过程虽然在鉴定报告中可以有一些记载信息，但都是鉴定人自己事后撰写，其真实性、可靠性、准确性无从考证。因此，非常有必要让司法鉴定机构及司法鉴定人对自己开展的司法鉴定活动作出必要的郑重陈述。但是，这种郑重陈述是什么性质，有什么法律效力，国外是怎么做的，我国有什么规定？本章将针对这些问题展开研究。

第一节　司法鉴定人郑重陈述的发展

一、我国有关鉴定人郑重陈述的发展

关于证人、鉴定人出庭作证需要宣誓、郑重陈述、承诺或者具结的历史，古有茶托誓言仪式，要求证人跪在证人席前，砸碎一个瓷器茶托，并发誓如果他们不说实话，他的灵魂会像茶托一样破碎。① 民间还有举碗砸碎等发毒誓的情况。但是在我国近现代立法中，并没有将这种立誓作为一种仪式引入法庭审判中。

盟誓是远古社会就已形成的古老风俗之一。在文明社会初期阶段它存在于许多民族、部族中，是一种泛世界性的文化现象。中国古代社会，特别是公元前八世纪到公元前五世纪的春

---

① Colton Fehr, "Re-thinking the Process for Administering Oaths and Affirmations", *Dalhousie Law Journal*, (2020), accessed Feb. 20, 2021, https://papers.ssrn.com/sol3/papers.cfm?abstract_id=3518070.

秋时期，是一个盟誓盛行的社会。在记录242年春秋历史的编年体史书《春秋》中，共记盟、誓、遇等相关事件达450多次。① 《左传》中有"歃血""读书""执牛耳"盟誓礼仪。② 中国古代的宣誓有誓与盟两种方式。"前者，依誓礼以结言语之约束，后者，欲牲血而立神誓；盟约之辞，则载之于策，或藏之官府，以供将来之勘正。故盟者，较之誓为更神圣严重之宣誓法，背之者，当受神明之责罚。此种事务，为国家重要之公事，故设专官掌之。"③ 《周礼》中所记载的司寇刑官，就是掌管司盟的官员，他负责关于一般人民契约事项以及民事刑事的裁判誓审的事项。

在中国古代司法中有关承诺的制度不是宣誓，而是具结。对官府和官署作出表示负责承诺的保证书叫作"具结"。"具结"也叫"执结""甘结""保结""检结""切结"等。根据柴发邦主编的《诉讼法大辞典》，"甘结"有三种含义。④ 一是中国古代的一种诉讼文书，是官府处理诉讼后当事人出具承认所供属实、甘愿接受处分或息讼结案的字据，取有"情甘了结"之意。二是旧时承办官府事物时所立保证文书。三是旧时民间就特定事例所订立的誓约。

甘结作为保证文书，在宋代即已存在。《通俗编·政治·

---

① 吕静：《中国古代盟誓功能性原理的考察——以盟誓祭仪仪式的讨论为中心》，《史林》2006年第1期，第83－91页。
② 刘岳：《古代盟誓文献渊源考略》，《图书馆学刊》2012年第8期，第115－116页。
③ 穗积陈重：《法律进化论》，黄尊三等译，中国政法大学出版社，1997，第41页。
④ 柴发邦主编《诉讼法大辞典》，四川人民出版社，1989，第134页。

第六章 司法鉴定人的郑重陈述

甘结》记载如下："《续通鉴》：宋宁宗时，禁伪学，招监司帅守荐举考官，并于奏牍前具甘结，申绕并非伪学人，甘结二字见此。"① 当时的甘结，犹如上述保证不宣扬虚假学问，多用于社会事务，而它真正成为一项司法制度，则在清代。《大清律例·刑律·诉讼之一》第 336 条规定："词内干证，令与两造同具甘结，审系虚诬，将不言实情之证佐，按律治罪。"② 这是与甘结有关的诈伪犯罪的规定。《大清律例·刑律·诈伪》第 364 条之二规定："凡未经到案之犯报称病故，该抚严饬地方官悉心确查取具甘结报部，倘有捏报等情日后发觉，将该地方官与该抚一并严加议处。"③ 另外，《牧令须知》《福惠全书》等官箴文书对诉讼参与人具结的要求也有详细记载。④

《大清律例》对有关当事人和证人有甘结的规定，对承担检验任务的仵作也有甘结的规定，并对其据实检验提出了明确的要求。仵作因检验不真实而导致对被告的定罪有所轻重的，分故意和过失，分别论以"故出入人罪"和"失出入人罪"。有关检验之程序，一般是在检验前召集有关亲属、人证、嫌犯，先一一采集口供，再由仵作在众目之下对伤情进行检验，出具如实检验甘结。⑤ 另外，如要复检，则"要辨是真是假，凡系

---

① 翟灏：《通俗编（上）》，陈志明注解，东方出版社，2012，第 120 页。
② 黄晓霞：《清代司法中的具结研究》，硕士学位论文，南昌大学，2016，第 16 页。
③ 田涛、郑秦点校：《大清律例》，法律出版社，1999，第 503 页。
④ 黄晓霞：《清代司法中的具结制度刍议》，《人民法院报》2017 年 11 月 3 日第 7 版。
⑤ 黄晓霞：《清代司法中的具结研究》，硕士学位论文，南昌大学，2016，第 17 页。

致命处伤,最要仔细看报,明白填登,照尸格验填毕,随摘取仵作并无隐漏扶同混报甘罪结状,并尸亲干证在事人等"①。

为确保案件的公正审理,仵作进行尸体检验这一环节也要确保客观真实、公正无误。对仵作在检验时应当出具甘结,要求其写具结书保证检验过程客观无误,并规定违反者治罪担责来激发其确保检验真实。仵作甘结内容一般包含伤口几处、伤口大小、是否致命等伤情报告。具体格式和内容为:刑仵某人今于与结状事,实结得某人致伤某人身死一案,系某当场验明某某处致命伤、某某处不致命伤、伤痕斜长几分、深几公余无别故,不敢扶同捏饰,如违甘罪,甘结是实,某年某月某日具结某某。②

新中国法律体系中有具结制度,仅限于具结悔过、认罪认罚具结,在证人、鉴定人方面没有具结规定。虽然新中国的法律、法规、司法解释对鉴定人有如实鉴定的要求,但具体采用什么形式来承诺,则没有规定。2019 年修改的《民事诉讼证据规定》要求鉴定人在鉴定实施前签署承诺书,系首次出现。

不过我国台湾地区目前仍然存在证人、鉴定人具结的规定。台湾地区所谓"刑事诉讼法"第 158 条之三规定,证人、鉴定人依法应具结而未具结者,其证言或鉴定意见,不得作为证据。由该规定可知,为使鉴定报告取得证据能力而作为法院裁判之

---

① 黄六鸿:《福惠全书》卷十四《刑名·检验》,周保明点校,广陵书社,2018,第 336 页。
② 黄晓霞:《清代司法中的具结研究》,硕士学位论文,南昌大学,2016,第 14 - 15 页。

基础，则鉴定人就其所为鉴定报告自负有具结之义务。复依所谓"刑事诉讼法"第 202 条之规定，鉴定人应于鉴定前具结，其结文内应记载必为公正诚实鉴定等语。且依第 197 条准用第 187 条、第 189 条之规定，则鉴定人具结前，应告以具结之义务及所谓"刑法"第 158 条伪证罪之处罚。结文内容应命鉴定人朗读；不能朗读者，应命书记官朗读，于必要时说明其义务。结文内应命鉴定人签名、盖章或捺手印。① 在台湾地区的司法实践中，案件裁判者据此规定审查、确定鉴定意见的证据效力。②

二、国外有关鉴定人郑重陈述的发展

证人因受各种因素的影响，使其提供的证言存在虚假的危险。因此，各国司法制度中，针对可能影响证人可信性的因素，设计了各种预防性法则，力求排除各种影响证人可信性的因素。其预防作用包括：一是系以免除虚伪的危险，如宣誓、伪证之制裁，均因人类惧受处罚的影响，消除其作伪证的不良动机；二是用以唤起其良心上的自觉，而为真实陈述之保证。③ 虽然各个国家和地区的制度和规则名称有所不同，但基本上都是证

---

① 刘新耀：《论鉴定人于刑事诉讼程序中之功能与地位》，硕士学位论文，台湾文化大学法学院法律学研究所，2010，第 42 页。
② 台湾"最高法院"1993 年台上字第 6618 号判决认为：鉴定人应于鉴定前具结，为所谓"刑事诉讼法"第 202 条所明定。原判决采取会计师金某某之鉴定书影本作为断罪之资料，查该鉴定书系台湾嘉义地方法院受理嘉义县朴子镇农会请求上诉人偿还侵占款项民事案件，以 1990 年 8 月 9 日嘉院健民第 19143 号函请金某某会计师鉴定，非在本案履行具结程序后鉴定者，则无论该鉴定书之内容有无瑕疵，因在程序上缺法定条件，难认为合法之证据资料。
③ 李学灯：《证据法比较研究》，五南图书出版公司，1992，第 492 页。

人、鉴定人在出庭作证前作出承诺，保证其在法庭上的证言属实，不作伪证。具体形式主要是宣誓和郑重陈述两种。宣誓具有悠久的历史，但更多地与宗教有关联，所以一直存在存废之争，希望由郑重陈述制度取而代之。但争论了很多年，依然有很多国家在法律上明确规定证人、鉴定人在出庭作证时应当宣誓或郑重陈述。

（一）证人、鉴定人宣誓制度的发展

宣誓制度作为一种现象在人类社会出现的确切时间虽难以考证，但无疑与当时人类的认识水平密切相关。[①] 通过文献记载来看，宣誓是一种与宗教密切关联的仪式，最早可追溯至人类文明早期的灵神论文化阶段，宣誓一开始并没有应用于诉讼程序，但一被引入诉讼程序便见证了诉讼证据制度的产生与发展的整个历程。

最早有文字记载的《荷马史诗》上即有宣誓的内容。[②] 罗马法中也有宣誓的内容。最初宣誓是具有宗教性质的仪式，在大多数情况下，宣誓所召唤的是罗马的神——朱庇特。关于罗马法中宣誓的发展可以构建出两个主要时期：前查士丁尼时期和查士丁尼时期。[③] 宣誓在一定群体中发挥重要作用，社会和

---

① 徐长斌：《我国证人宣誓制度存在与发展研究》，《前沿》2010年第20期，第108–111页。
② Gastón Javier Basile, "The Homeric ἵστωρ and oath‑taking", *Estudios Griegos E Indoeuropeos* 28 (2018): 17–39, accessed Feb. 20, 2021, https://doi.org/10.5209/CFCG.59384.
③ 前查士丁尼时期包括君主制（公元前753—公元前510年）、共和国（公元前510—公元前31年）、普林西比（公元前27—公元284年）、统治时期（公元248—476年）。后查士丁尼时期包括从查士丁尼统治开始的历史和法律。

宗教因素对宣誓的发展产生了影响。① 古罗马帝国时代产生宣誓的原因，孟德斯鸠的评论非常贴切："誓言在罗马有很大的力量，所以没有比立誓更能使他们遵守法律了。他们为了遵守誓言常是不畏一切困难的。"② 当时的人们虽然对"超自然界"知之甚少，但却相信它能产生任何预期的结果。产生这种结果的途径之一是诅咒。在他们看来，诅咒能像任何其他现实力量一样产生"杀伤力"。诅咒是通过语言或行为的内在"魔力"发挥作用的，咒语一旦被说出来，它便成了独立于发咒者意志的存在。通过使用特定的咒语，发咒者可以确定特定的灾难内容或受害者。这个受害者也可以是发咒者本人，宣誓就内容而言就是一种自我诅咒。③ 后来，宣誓逐渐被运用到裁判中，由有关的当事人、证人进行宣誓。④

中世纪欧洲各国的法典中，宣誓已经成为司空见惯的仪式。⑤ 宣誓出现了多种类型：宗教宣誓、效忠宣誓、就职宣誓、证人宣誓和订约宣誓，并且这些宣誓都具有法律上的效力。当

---

① Frank Philip Bothma, "A legal history of oath – swearing", Diss. North – West University (South Africa), *Potchefstroom Campus*, 2017: pp. 5 – 6, accessed Feb. 20, 2021, http://hdl.handle.net/10394/26277.
② 孟德斯鸠：《论法的精神（上）》，张雁深译，商务印书馆，1961，第122页
③ 陈俊敏：《宣誓作证制度考》，《河南师范大学学报（哲学社会科学版）》2010年第2期，第101页。
④ James Bradley Thayer, "A Chapter of Legal History in Massachusetts", *Harvard Law Review* 9, n. 1 (1895): 1 – 12, accessed Feb. 15, 2020, https://www.jstor.org/stable/1322310.
⑤ Griffith, Shannon M, "Religious Discrimination in Courtroom Oaths", *Theses and Dissertations*, 675 (2017), accessed Feb. 20, 2021, https://ir.library.illinoisstate.edu/etd/675.

事人一经宣誓，就必须承担相应的义务，绝不能等闲视之；如违背誓言，就要承担法律责任，受刑罚与杀人、偷窃等行为等同的处罚。中世纪西欧教会还把宣誓案件收归教会法院管辖，世俗法院无权管辖，对伪证罪的认定与对宣誓的解除，都由神职人员决定。①

宣誓从其最初产生到目前为止，已经发生很大的变化。王进喜认为，宣誓的发展模式分为三个阶段：第一阶段是宣誓与证言密切结合，这是神示证据制度下的宣誓状态，宣誓即证明了证言的真实性；第二阶段是宣誓与证人的结合，宣誓能力成了判断一个人是否能成为证人的指标之一；第三阶段是将宣誓作为证言可信性的一个保证条件，即使证人不相信神的存在，经过适当程序也可以作证。②

到了近现代，人们逐渐认识到不应以宗教信仰来确定证人是否适格，仅依靠虚无的神的力量不能有效防止虚假证言的出现。于是，各国都先后对宣誓制度进行了改革。例如，英国从19世纪开始的对宣誓制度的改革就经历了两个阶段。在第一个阶段，分别于1828年和1833年通过立法解决了依宗教信条反对宣誓的贵格会教徒和主张从英国国教中分离出去的人的宣誓问题，赋予了他们郑重陈述的权利。1854年通过的《普通法程序法》（Common Law Procedure Act 1854）允许在民事诉讼中任何因其信仰反对宣誓的人进行郑重陈述，1861年又扩展到了刑

---

① 潘丽华：《论宣誓制度》，《法律科学》1999年第4期，第56页。
② 王进喜：《刑事证人证言论》，中国人民公安大学出版社，2002，第268－272页。

事诉讼当中，这样就使经过郑重陈述的证言的可采性问题得到了解决。在第二个阶段，从 19 世纪 60 年代开始，英国开始通过立法来允许那些没有宗教信仰的人能够以郑重陈述的形式提供证据。1869 年，《证据进一步修正法案》（Evidence Further Amendment Act）通过。该法案规定，如果证人反对宣誓，在使法官认识到宣誓对其良心无约束力后，就可以不进行宣誓。其后，随着社会的发展，各国都对宣誓制度进行了适合本国需要的改革和完善，形成了现代宣誓制度的形态和规模。①

在英美法系国家，宣誓制度在各国法律中均有所体现，例如，《美国联邦证据规则》第 603 条规定，证人作证前应当宣誓或者郑重陈述其如实作证。这种形式必须使证人的良心铭记这一责任。《美国加州证据法典》第 710 条规定，在作证之前，每个证人都应宣誓或以法律规定的方式保证或郑重声明，除了对一个 10 岁以下的儿童，法庭依自由裁量权可以只要求他承诺真话。《英国民事诉讼规则与诉讼指引》第 41 条规定，当事人可以申请法院签发命令，要求证人在法官、证人询问官或者法院任命的其他人面前宣誓作证并接受询问。《加拿大证据法》第 14 条规定，我郑重陈述我的证言是真实的，是全部真相，除了真相别无其他。②

在大陆法系国家，宣誓制度在各国法律中均有所体现，例

---

① 王进喜：《刑事证人证言论》，中国人民公安大学出版社，2002，第 278 - 279 页。
② 刘鑫、李天琦：《司法鉴定郑重陈述制度研究》，《证据科学》2020 年第 1 期，第 72 - 85 页。

如,《德国民事诉讼法》第 311 条规定,法院考虑证言的重要性,并且为了使证人作出真实的证言,认为有必要命证人宣誓时,在双方当事人都未舍弃宣誓的情形下,证人应该宣誓。誓词中应表明证人应按照自己的良心为真实的陈述,毫不隐瞒。《德国刑事诉讼法》第 57 条规定,询问前应当提醒证人要如实提供证言,并且言明如无法律规定、准许的例外,他们必须对自己证言宣誓。《日本民事诉讼法》第 285 条规定,审判长应当使证人在讯问前进行宣誓。《日本刑事诉讼法》第 154 条规定,除本法有特别规定的以外,应当令证人宣誓。《意大利民事诉讼法》第 251 条规定,事实审法官应告知证人宣誓的宗教和道德的意义,以及作伪证将受到的刑事制裁,并在朗读"在神和人的面前发誓,自觉承担宣誓责任,陈述事实,不作非事实的任何陈述"之后,证人起立宣誓。《奥地利民事诉讼法》第 337 条规定,证人被询问之前,证人应当宣誓。[1]

  对于拒绝宣誓的证人,相关国家也有处罚性规定。例如,《罗马尼亚民事诉讼法》第 159 条规定,没有正当理由无故拒绝宣誓的证人将受到处罚,判决罚款 25~250 列伊,并赔偿因此遭受的损失。《法国民事诉讼法》第 207 条规定,证人没有合理理由而拒绝宣誓的,可判处 100~10 000 法郎的民事罚款。《意大利民事诉讼法》第 256 条规定,证人出庭,没有正当理由而拒绝宣誓,法官可以告知检察官,并移送调查笔录副本,法官也可以拘捕证人。《奥地利民事诉讼法》第 325 条规定,

---

[1] 刘鑫、李天琦:《司法鉴定郑重陈述制度研究》,《证据科学》2020 年第 1 期,第 72-85 页。

证人没有说明理由而拒绝宣誓的，作为一种强制执行方法，法院可依职权对其处以罚金或拘禁，以强制证人作证。①

此外，许多国家还考虑到有些证人的特殊情形，如未成年人或精神状态异常的人，可免除宣誓，不过一般不涉及鉴定人。

（二）证人、鉴定人郑重陈述制度的发展

在现代，关于法庭上证人宣誓制度一直存在争议。普通法要求所有的证人都应当宣誓，被认为是一种庄严的祈祷仪式，因为上帝要求说明事实真相，惩罚说谎者。在这种信念的威慑之下，证人知道事实真相而不真实陈述的，将招致上帝的惩罚。但是，对于不相信上帝存在的人而言，作出虚假证言将受惩罚的威慑力就会减弱。不过，从19世纪开始，这种情况已经开始发生变化，出现了替代宣誓的郑重陈述制度。②

在英国，已经颁布一些法律，部分地解除了那些出于良心而不愿宣誓的人的责任，并授权他们作出郑重陈述。1978年的《英国宣誓法》（Oaths Act 1978）规定，未成年人可以不经宣誓而作证，也规定基督徒或犹太教徒作证时特殊的宣誓形式，还不能宣誓的人可以用郑重陈述取代宣誓。1978年《英国宣誓法》规定，宣誓者既不是基督徒，也不是犹太教徒的情况下，可以采用任何合法的方式进行宣誓。任何人如果反对宣誓，则允许他以郑重陈述代替宣誓。如果某人根据其宗教信仰以适当方式进行宣誓，在不便或拖延等合理的情况下，也应当允许他

---

① 刘鑫、李天琦：《司法鉴定郑重陈述制度研究》，《证据科学》2020年第1期，第72-85页。
② 在中国大陆有学者翻译为"誓愿"，我国台湾学者李学灯翻译为"具结"。参见王进喜：《刑事证人证言论》，中国人民公安大学出版社，2002，第275页。

进行郑重陈述。郑重陈述与宣誓具有相同的效力和效果。法官对证人宣誓的方式还有一定的自由裁量权。

在美国,一般来说,无论是在刑事案件还是民事案件中,对于那些不愿意采用抚按《圣经》宣誓的证人,都可以作出庄严的郑重陈述的承诺。《美国联邦证据规则》第603条规定,证人作证前,应当宣誓或郑重陈述其如实作证。郑重陈述与宣誓具有同等效力。

《德国刑事诉讼法》第56~57条将证人宣誓分为附宗教起誓、无宗教起誓和类似宣誓的郑重陈述三种,证人可根据情况择一实施,同时法庭会告知其宣誓的意义以及作伪证的后果。该法第61条规定了法官可以通过自由裁量而予以免誓的几种情形:对于已满16周岁未满18周岁的证人,法院认为即使宣誓也得不到实质性证言的;曾因虚伪宣誓被判处过刑罚的被询问者;当事人自愿放弃宣誓的等。该法还规定了当事人有权拒绝宣誓和不得拒绝宣誓的具体情形。[①]《德国民事诉讼法》对宣誓制度做了详细的规定。德国的证人宣誓制度是专门规定在诉讼法典当中的,结构十分严谨,内容非常细致,具有很强的可操作性和规范性,后来被许多国家借鉴。

在法国,所有人都要根据其良心作出宣誓或郑重陈述的承诺;教友会的郑重陈述的承诺也得到了承认,并与宣誓具有同样的效力。郑重陈述的形式是这样的:"你,甲,乙,庄严地、真诚地、真实地宣布和确认",在这种情况下,如果违反了事实,证人将受到伪证罪的惩罚,就好像他已经宣誓一样。

---

① 李昌珂译:《德国刑事诉讼法典》,中国政法大学出版社,1995,第17-18页。

(三) 关于证人、鉴定人宣誓和郑重陈述制度总结

国外的证人、鉴定人宣誓和郑重陈述制度，概括起来有以下几个特点。其一，从性质上来看，现代国家设立的证人、鉴定人宣誓制度的主要目的，并非要以该程序来确定证人证言及鉴定意见的真伪，而在于规范出庭的程序，强调证人、鉴定人作证的严肃性，加大证人、鉴定人如实作证的责任感，从而保证证人证言、鉴定意见真实可靠。这与古代诉讼中以宣誓仪式确定证人证言的真实性的做法不同。其二，从形式上来看，现代各国诉讼中的宣誓形式有多种，可以宗教名义进行宣誓，也可以非宗教名义进行宣誓，还可以采用没有任何宗教色彩的"郑重陈述"或"具结"的形式来承诺保证其证言、鉴定意见的真实性。其三，从适用对象上来看，现代各国在诉讼中有任何人不得自证其罪的权利，因此宣誓对犯罪嫌疑人、被告人及相关人员不适用。而犯罪嫌疑人的近亲属、医师、律师、神职人员等，因身份关系、职业关系而享有免于作证的特权，在就他们所获知的与案件相关的事实时，可以拒绝宣誓作证。[①]

纵观世界各个国家和地区司法体制中证人、鉴定人宣誓、郑重陈述、具结等制度的演变历程，可以说现代司法制度中的证人宣誓制度不再与宗教密不可分，其形式也不再像古代宗教仪式那么烦琐，而是更趋于简便，更易操作。[②] 在价值上，宣

[①] 曾顺涛：《证人宣誓制度比较研究》，硕士学位论文，四川大学法学院，2005，第14页。

[②] Silving, Helen, "The oath: I", *The Yale Law Journal*, 68, n.7 (1959): 1329 – 1390. Silving, Helen. "The oath: II", *Yale Law Journal*, 68, n.8 (1959): 1527 – 1577.

誓、郑重陈述、具结保证证言、鉴定意见真实性的实体价值逐渐淡化，程序性价值也发生了变化，不再是保证证言真实性的唯一手段，如今仅为众多保证证人证言、鉴定意见真实性的制度中的一种，但仍发挥着促进证人、鉴定人提供客观、真实的证言、鉴定意见独特的作用。① 因此，在司法鉴定制度中增加类似宣誓、郑重陈述、具结等程序非常必要。

第二节 我国司法鉴定人郑重陈述的现状

一、承诺的法律含义解读

在中国古代汉语中，关于信守承诺的成语不少，如一诺千金、言而有信、一言为定、说一不二、一言既出驷马难追等。此外，中国古代更是有"曾子杀彘"②的典故。习近平总书记在第二届"一带一路"国际合作高峰论坛开幕式上的主旨演讲中，也强调中国人历来讲求"一诺千金"，加强法治政府、诚

---

① 李沙：《证人宣誓制度考》，硕士学位论文，西南政法大学，2012，第12页。
② 韩非：《诸子集成·韩非子·外储说左上》，中华书局，1954，第201页。曾子之妻之市，其子随之而泣。其母曰："女还，顾反为女杀彘。"适市来，曾子欲捕彘杀之，妻止之曰："特与婴儿戏耳。"曾子曰："婴儿非与戏也。婴儿非有知也，待父母而学者也，听父母之教。今子欺之，是教子欺也。母欺子，而不信其母非以成教也。"遂烹彘也。"曾子杀彘"的典故讲述了曾子用自己的行动教育孩子要言而有信，诚实待人。同时这个故事也教育成人，自己的言行对孩子影响很大。待人要真诚，不能欺骗别人，否则会将自己的子女教育成一个待人不真诚的人。

信政府建设，建立有约束的国际协议履约执行机制。① 一诺千金，言出必行。可以说，中国人历来把践诺守信看得极为重要，强调"诚信者，天下之结也"。这种深深扎根于中华优秀文化传统的哲思，依然是当今中国人的处世准则，也是中国同世界交往的文化底色。②

个人在做自己的事情的时候，怎么做、什么时间做、做成什么样，都是自己的事情，其他人无法干预，也没有必要干预。最多自己给自己订一个计划，对自己提出一个要求，充其量是一种自律，没有法律意义，也没有法律效力，但是如果是两个以上的人做事情，两个人之间怎么合作、怎么配合、如何完成、达到一个什么目标，这显然就有约定的必要，大家一旦有约定，就得遵守约定，不遵守者给他人造成损失的，就应当按照约定承担责任。如果是双方采用签订协议的方式，双方约定了各自的权利和义务，一方委托另外一方完成某一事项，并且提出了完成的时间和质量要求，这就具有合同法律效力。没有按照约定要求履行义务的，就应按照约定或者法律规定承担法律责任。

从一般意义上讲，承诺是应允同意，表示愿意做什么事情、不做什么事情，做什么事情符合什么标准，满足什么要求。在民事法律范围，承诺是合同签订的环节，是受领要约之相对人，以与要约人订立契约为目的所为之意思表示。承诺有主动、被动之分。主动承诺是行为人自觉自愿作出意思表示，代表自己

---

① 习近平：《齐心开创共建"一带一路"美好未来——在第二届"一带一路"国际合作高峰论坛开幕式上的主旨演讲》，《人民日报》2019年4月27日第1版。
② 钟声：《一诺千金不可违》，《人民日报》2019年8月4日第3版。

自愿，并且愿意对某人某事负责。被动承诺，不一定代表自己意愿，可能是基于某种压力，或者为了达到某种目的，不得不作出允诺。

《民法典》第471条规定，当事人订立合同，可以采取要约、承诺方式或者其他方式。《民法典》第479条对承诺作出定义，承诺是受要约人同意要约的意思表示。即受要约人同意要约人提出的条件，满足要约人提出的要求，履行要约人提出的受要约人应履行的义务，如果不按照要约人提出的要求履行义务，给要约人造成损失的，愿意依照约定或者法律规定承担责任。显然，在《民法典》上承诺是非常重要的法律行为。

在法律上与承诺类似的还有保证。保证是一种担保行为，保证是合同双方当事人以外的第三方向合同关系中的债权方保证合同关系中的债务方全部或部分履行合同债务的担保方式。在司法鉴定活动中，从表面上看，接受委托的司法鉴定机构与委托单位之间签订了司法鉴定服务合同，司法鉴定机构成了司法鉴定服务合同形式上的当事人，但实际上司法鉴定人才是司法鉴定服务合同的当事人，司法鉴定机构对其指定的司法鉴定人起着保证作用，司法鉴定机构在鉴定文书上加盖"鉴定专用章"便是保证的体现，司法鉴定机构与委托单位之间应当属于担保法律关系。作为保证人的司法鉴定机构在被担保的当事人——司法鉴定人不履行合同时，承担连带赔偿的责任。因此，承诺和保证都具有同等的法律效力。

二、有关司法鉴定人郑重陈述承诺的规定

长期以来，司法鉴定服务活动没有明确提出"承诺"的要求。虽然在司法鉴定相关法律、法规、规范中有司法鉴定机构及司法鉴定人的义务规定，也有执业规则要求。但是，无论是相关法律、法规，还是行业规范，均没有承诺的规定。甚至在有关部门制定的司法鉴定职业伦理道德规范中，也没有明确作出承诺的规定。在司法部拟定的"司法鉴定协议书范本""司法鉴定委托书范本"中，仅有双方约定的事项。①

2019年修改的《民事诉讼证据规定》第33条规定，鉴定开始之前，人民法院应当要求鉴定人签署承诺书。承诺书中应当载明鉴定人保证客观、公正、诚实地进行鉴定，保证出庭作证，如作虚假鉴定应当承担法律责任等内容。在2020年发布的《最高人民法院关于人民法院民事诉讼中委托鉴定审查工作若干问题的规定》（法〔2020〕202号）第8条规定，人民法院应当要求鉴定机构在接受委托后5个工作日内，提交鉴定方案、收费标准、鉴定人情况和鉴定人承诺书。鉴定人拒绝签署承诺书的，人民法院应当要求更换鉴定人或另行委托鉴定机构。该规定同时提供了"鉴定人承诺书"的试行范本，供鉴定人选用。笔者注意到这一规定，是司法鉴定程序启动后在司法鉴定活动开始前的必须程序。这里所说的"承诺"即为本书所称的

---

① 《司法部关于印发〈司法鉴定文书规范〉和〈司法鉴定协议书（示范文本）〉的通知》（司发通〔2007〕71号）《司法部关于印发司法鉴定文书格式的通知》（司发通〔2016〕112号）。

"郑重陈述"。虽然这一规定在司法鉴定界争议很大，且承诺书由委托方还是鉴定机构制定在相关规范中并未明确，本书将在后文进一步讨论；但笔者认为，司法鉴定郑重陈述，就是司法鉴定人针对自己实施司法鉴定活动，承诺遵守相关法律、法规，严格按照技术规范和指南操作，保证鉴定意见客观、科学、公正。

三、有关司法鉴定人宣誓的规定

与承诺相关联的是宣誓。《宪法》对国家工作人员就职有明确的宣誓规定，《全国人民代表大会常务委员会关于实行宪法宣誓制度的决定》作了具体规定，但是我国相关诉讼法并没有证人、鉴定人宣誓的规定。不过，近年来，各地司法鉴定行政管理部门在对传统"四大类"司法鉴定机构及鉴定人的管理上，提出了入职宣誓的仪式要求。据互联网媒体报道，2012年开始，邵阳市每名新登记的执业司法鉴定人都要进行岗前执业承诺宣誓。[①] 从2016年至今，至少有湖南、湖北、福建、辽宁、江苏、吉林、黑龙江、上海等地为新入职的司法鉴定人、在职司法鉴定人举行隆重的宣誓仪式。2015年全国人民代表大会代表、河南省高级人民法院院长张立勇，全国政协委员、河南省高级人民法院副院长史小红在2015年"两会"期间提出"应尽快建立证人和鉴定人宣誓制度，证人、鉴定人出庭作证前，

[①] 邵阳市司法局：《邵阳市司法局组织全市司法鉴定人执业宣誓》，http://sft.hunan.gov.cn/xxgk_71079/gzdt/jcdt/201802/t20180206_4941839.html，访问日期：2020年3月10日。

先在法庭上宣誓,誓词由本人宣读"的建议。①

司法审判机关也开始对出庭作证的鉴定人在作证前履行宣誓程序。2012年,广州市海珠区人民法院积极探索鉴定人出庭程序,设立鉴定人宣誓制度。通过宣誓,鉴定人能明确自己的权利和义务,树立对法律的信仰和尊重,同时,体现法庭审判的威严。② 焦作市中级人民法院根据《刑事诉讼法》和相关司法解释的规定,结合本地实践,制定了《焦作市中级人民法院刑事案件证人、鉴定人出庭实施细则(试行)》,规定证人证言、鉴定意见必须经过当庭质证并经查实后,才能作为定案的根据。建立了证人、鉴定人宣誓制度,规定证人、鉴定人到庭后应当庭宣誓。③

四、我国司法鉴定人郑重陈述在实践中存在的问题

第一,我国现行法律、法规并没有对证人、鉴定人进行宣誓、郑重陈述、具结等作出规定,仅在相关诉讼法及司法解释中笼统规定,知道案件情况的人有作证的义务,证人应当如实提供证言,作伪证要承担法律责任。《刑事诉讼法》第62条规定,凡是知道案件情况的人,都有作证的义务。该法第125条规定,询问证人,应当告知他应当如实地提供证据、证言和有

---

① 吴倩、井春冉、贾共鑫:《张立勇代表:建立证人鉴定人宣誓制度树立司法权威》,《河南法制报》2015年3月5日第3版。李凤虎:《建立证人和鉴定人宣誓制度》,《河南日报》2015年3月9日第2版。
② 章宁旦、邓新建、杨美满:《鉴定人宣誓作证接受交叉询问》,《法制日报》2012年10月24日第5版。
③ 郭长秀、郑军:《关键证人、鉴定人必须出庭作证并当庭宣誓》,《大河报》2015年5月7日A25版。

意作伪证或者隐匿罪证要负的法律责任。该法第 194 条规定，证人作证，审判人员应当告知他要如实地提供证言和有意作伪证或者隐匿罪证要负的法律责任。在《民事诉讼法》及其司法解释中也有类似规定。但是，如何保证证人提供真实、可靠的证言；如何保证鉴定人是运用了现代科学技术和方法，遵照相关规程和标准，规范操作，科学推导得出了鉴定意见，实践中尚没有程序上的保证。尤其是在我国现行司法鉴定制度下，公安人员、检察官、法官都可以启动司法鉴定程序，甚至当事人自己也可以启动鉴定程序。[①] 鉴定人出庭作证的情况又遇到各种障碍。[②] 在有的案件中，案件裁判者甚至都见不到鉴定人，呈现在案件裁判者面前的是一份毫无生气的文字符号。案件裁判者除了阅读鉴定文书，从语义上解读鉴定人提供的鉴定程序、鉴定方法和鉴定意见外，没有任何渠道可以判断鉴定人是否对其鉴定过程作出过承诺。

第二，与其他国家和地区不同的是，我国司法鉴定采用的是鉴定权主义，即只有获得相关部门批准后有鉴定资格的机构和人员才可以从事司法鉴定活动，没有司法鉴定资格的人无权接受有关单位的委托从事司法鉴定。鉴定权主义方便司法鉴定行政管理部门的管理，也让案件裁判者审查鉴定意见变得容易。在当前我国庭审程序不那么严格，各级人民法院法

---

① 苏青：《司法鉴定启动条件研究》，《证据科学》2016 年第 4 期，第 422 – 431 页。
② 刘鑫、焦艳芳：《以审判为中心的庭审模式对法医出庭质证的挑战》，《中国法医学杂志》2017 年第 1 期，第 1 – 4 页。

官素质、水平还参差不齐的情况下，并不是每一名案件裁判者都有能力审查鉴定意见，甚至也不是每一名案件裁判者都愿意承担鉴定意见审查、采信的责任。如果能够提供一种可以确定鉴定意见是否可以采信的指标，当然会为希望省事的案件裁判者接受。

第三，在司法鉴定执业方面，会涉及司法鉴定机构和司法鉴定人两个主体。办案单位启动司法鉴定程序后，往往是委托司法鉴定机构实施鉴定，再由司法鉴定机构指派本机构在册的司法鉴定人实施鉴定。在很多司法鉴定中，案件裁判者甚至都不知道鉴定人是谁。众所周知，为了保证司法鉴定意见的客观、公正，在我国诉讼法上专门规定了回避制度。《刑事诉讼法》第32条规定，有关审判人员、检察人员、侦查人员回避的规定适用于书记员、翻译人员和鉴定人。辩护人、诉讼代理人可以依照《刑事诉讼法》第3章"回避"的规定要求回避、申请复议。那么，当事人、辩护人、诉讼代理人什么时候可以申请鉴定人回避？《刑事诉讼法》第190条规定，一审程序开庭的时候，审判长查明当事人是否到庭，宣布案由；宣布合议庭的组成人员、书记员、公诉人、辩护人、诉讼代理人、鉴定人和翻译人员的名单；告知当事人有权对合议庭组成人员、书记员、公诉人、鉴定人和翻译人员申请回避；告知被告人享有辩护权利。此时鉴定活动已经实施完毕，鉴定意见已经作出，且开庭时通知有关各方鉴定人的姓名。然而，当事人、辩护人、诉讼代理人怎么查证鉴定人的信息？因此，鉴定人回避制度难以落实。

第四,我国司法制度中对鉴定人的管理呈现了错位现象,即管理鉴定人的部门并不使用鉴定意见,使用鉴定意见的机构对鉴定人无权管束。鉴定意见是八种法定证据形式中唯一的人为制造的证据。鉴定机构及其鉴定人是鉴定意见"产品"的"生产者",人民法院则是鉴定意见的"消费者",司法鉴定行政管理部门是鉴定意见"产品""生产者"的监管者。然而,鉴定意见的质量如何,生产者在"制造"鉴定意见"产品"过程中是否尽到其应尽的专业上的注意义务,只有"消费者"知道,监管者并不知悉。即便有反馈意见或者是当事人的投诉,由于司法鉴定的专业性,监管部门也无法对鉴定实施实质性监管,只能从程序上、形式上进行审查。部分司法鉴定投诉最终都不了了之。[①] 甚至在有的当事人提起了行政诉讼之后,也无法对鉴定意见作出最后的判定。这种监管者与使用者的分离、错位,导致司法鉴定活动处于一种管控真空的状态,司法鉴定的乱象可想而知。

第三节 我国司法鉴定人郑重陈述的法律性质

根据《民事诉讼证据规定》第 33 条的要求,司法鉴定启动后在司法鉴定实施前,司法鉴定人应当签署承诺书,内容涉及保证客观、公正、诚实地进行鉴定,保证出庭作证,如作虚

[①] 刘鑫、王梦娟:《强化程序意识规范鉴定行为——关于〈司法鉴定程序通则〉2016 年的修改》,《中国法医学杂志》2016 年第 3 期,第 223-227 页。

假鉴定应当承担法律责任等。从该法条的内容来看，是鉴定人对自己鉴定行为作出的保证性承诺。那么这种承诺的法律性质如何认定？司法鉴定委托是合同行为还是非合同行为，直接影响鉴定承诺的性质认定。但需要注意的是，司法鉴定委托书的性质因委托单位的不同应作出不同的认定。

一、作为一般司法鉴定委托合同的郑重陈述

在委托单位属于非司法机关的情况下，司法鉴定委托行为属于合同性质。一般情况下，司法鉴定活动是办案单位为了解决案件中的专门性问题，而委托掌握专门知识和技术的人所实施的专业判断活动。从《民法典》的角度来看，这是一种委托合同，属于服务合同的性质。周江洪通过对日本服务合同的研究，将日本的服务合同归纳为七种：旅游服务合同、教育服务合同、护理服务合同、侦探调查服务合同、会计和审计服务合同、律师代理服务合同、医疗服务合同。[①] 虽然在日本没有司法鉴定相关的服务合同，但是这比较常见的服务合同基本都是以专家提供服务为主（除了旅游服务合同之外，其他六种均是专家服务），且有三种服务合同与法律活动密切相关，而其中"会计和审计服务合同"在我国已经纳入司法会计，属于广义上的司法鉴定范畴。司法部在 2000 年 11 月 29 日发布的《司法鉴定执业分类规定（试行）》（司发通〔2000〕159 号）第 9 条规定，司法会计鉴定是指：运用司法会计学的原理和方法，通

---

① 周江洪：《服务合同研究》，法律出版社，2010，第 164 页及以下。

过检查、计算、验证和鉴证对会计凭证、会计账簿、会计报表和其他会计资料等财务状况进行鉴定。在我国各级人民法院审理案件时，司法会计提供的书面意见，已经成为"鉴定意见"证据。

司法鉴定活动的开展，系由司法鉴定机构发出要约邀请，由司法鉴定的需求方——办案单位及其办案人员对司法鉴定机构发出要约，由司法鉴定的实施方——司法鉴定机构作出司法鉴定实施允诺，双方针对案件处理中的专门性问题的分析调查达成一致意见，由要约方办案单位提供司法鉴定所必需的鉴定材料、鉴定条件、鉴定费用等，再由司法鉴定机构及其司法鉴定人开展司法鉴定活动、得出鉴定意见并制作鉴定文书。

既然司法鉴定机构作为司法鉴定服务合同的允诺方，同意对办案单位要求对案件中的专门性问题提供专业上的鉴定意见，双方的权利和义务应当纳入司法鉴定服务合同，委托单位对司法鉴定机构及其司法鉴定人提出的各种要求均应当视为允诺方的义务。因此，委托单位要求司法鉴定机构及其司法鉴定人作出保证客观、公正、科学、诚实地实施鉴定，虽然这是司法鉴定机构及其司法鉴定人对司法鉴定活动作出的郑重陈述，但仍然应当认定为司法鉴定合同义务。

二、作为司法机关委托鉴定的郑重陈述

在委托单位属于司法机关的情况下，司法鉴定委托行为属于行使法律赋予的司法职权的行为。与西方国家司法制度不同的是，我国法律赋予司法机关主动调查取证的权力。《刑事诉

讼法》第 196 条规定，法庭审理过程中，合议庭对证据有疑问的，可以宣布休庭，对证据进行调查核实。人民法院调查核实证据，可以进行勘验、检查、查封、扣押、鉴定和查询、冻结。《民事诉讼法》第 129 条规定，审判人员必须认真审核诉讼材料，调查收集必要的证据。《民事诉讼证据规定》第 2 条规定，当事人因客观原因不能自行收集的证据，可申请人民法院调查收集。《最高人民法院对外委托鉴定、评估、拍卖等工作管理规定》（法办发〔2007〕5 号）第 25 条规定，人民法院在委托鉴定时向鉴定机构出具委托书。

2015 年 9 月 21 日发布的《最高人民法院办公厅关于〈黑龙江省司法鉴定管理条例（草案修改稿）〉有关问题意见的复函》（法办涵〔2015〕558 号）针对"关于委托法院与鉴定机构签订司法鉴定委托书鉴定协议书的问题"作出如下答复：人民法院对外委托鉴定，是对待证事实的寻证活动，受证据规则和诉讼法的调整，是审判工作的延伸，是司法活动的组成部分，不同于其他法人组织、社会团体以及个人的委托鉴定行为。人民法院在对外委托时，不与鉴定机构签订协议书。按照最高人民法院的上述规定，人民法院在审理案件的过程中，遇到专门性问题需要启动司法鉴定程序的，虽然要向司法鉴定机构出具司法鉴定委托书，但该委托书仅是人民法院履行诉讼职权的行为，是诉讼程序的一个环节，并非平等主体之间为设立民事关系而达成的协议，因此不是平等主体之间的民事行为，不能认定为司法鉴定服务合同。

那么人民法院在启动司法鉴定程序后，在向司法鉴定机构出具鉴定委托书时，根据《民事诉讼证据规定》第33条，要求司法鉴定人签署承诺书，保证客观、公正、诚实地实施鉴定活动。这是司法鉴定人对自己向委托人提供鉴定意见的行为作出的保证，这种承诺书本质上是具结行为，即前文提到的其他国家法律规定的鉴定人对法庭作出的郑重陈述承诺。

第四节　完善我国司法鉴定人郑重陈述制度的建议与有关实例介绍

一、完善我国司法鉴定人郑重陈述制度的建议

人民法院在启动司法鉴定程序后，在司法鉴定活动实施前，要求司法鉴定人出具承诺书，保证客观、公正、诚实地实施鉴定活动。这一规定非常必要，体现了人民法院履行调查、收集证据职权时采取的保障鉴定意见真实、可靠的措施的司法意志，从而才能够完善我国司法鉴定制度。从保障司法鉴定意见的科学性、公正性的角度看，《民事诉讼证据规定》第33条有关郑重陈述的规定，非常必要。然而，在现有的司法鉴定体制下，这一制度如何具体落实？毕竟很多司法鉴定活动在开庭前已经完成，大量的司法鉴定的委托人甚至不是人民法院，司法鉴定的监管者也不是人民法院。有鉴于此，笔者对完善我国司法鉴定人郑重陈述承诺制度提出如下建议。

第六章　司法鉴定人的郑重陈述

（一）建议司法鉴定机构加强对鉴定人"郑重陈述"的教育

司法鉴定行政部门、司法鉴定机构、司法鉴定人三者相互独立，构成了我国司法鉴定制度中的"三脚凳"。虽然这种三角关系所托起来的"鉴定意见"这个板凳面看起来很稳固，但是如果这个板凳的三条腿中任何一条腿出了问题，就会造成三脚凳报废。在这三者的关系中，司法鉴定行政部门是管理者，对司法鉴定机构、司法鉴定人行使监督管理的职能。司法鉴定机构与司法鉴定人是雇佣关系。对鉴定意见质量起着决定性作用的是司法鉴定人。鉴定意见属于言词证据，司法鉴定人本质上属于专家证人。因此，《民事诉讼证据规定》规定的是人民法院应当要求司法鉴定人签署承诺书，并非与司法鉴定机构签署承诺书。

实际上从委托关系来看，人民法院应当是委托司法鉴定人完成司法鉴定事项。但形式上是人民法院委托司法鉴定机构实施司法鉴定活动。这种错位关系导致人民法院与司法鉴定人之间竖起来一道屏障，很多与鉴定有关的事项都是通过司法鉴定机构来传达的，人民法院与司法鉴定人之间难以进行正常的交流，也给司法鉴定承诺书的签署带来麻烦。因此，司法鉴定承诺书是否能够顺利签署，鉴定人对承诺书上载明的内容是否知悉、了解，取决于司法鉴定机构的管理能力和水平。首先，作为司法鉴定行政部门，应当加强对司法鉴定机构和司法鉴定人的管理、教育和培训，针对《民事诉讼证据规定》中对司法鉴定作出的新要求进行专门培训。其次，司法鉴定机构应当针对司法鉴定郑重陈述制度制定配套制度，保证司法鉴定郑重陈述制度落实到司法鉴定管理环节中。最后，司法鉴定机构应对司法鉴定人加强司法鉴定郑重陈述制度的教育，让司法鉴定人充分认识到司法鉴定郑重陈述的重要性、必要性和不做承诺以及不兑现承诺的法律后果。

（二）建议最高人民法院制定"司法鉴定郑重陈述书签署规程"，统一制作"司法鉴定郑重陈述书"

为了避免歧义，也为了让这项制度得以更好地实施，笔者建议，首先应当对《民事诉讼证据规定》第 33 条规定的"承诺"规范为"司法鉴定郑重陈述"，这项制度称为司法鉴定郑重陈述制度，相应的文书称为"司法鉴定郑重陈述书"。

《民事诉讼证据规定》规定的是，鉴定开始之前，人民法院应当要求鉴定人签署承诺书，这是一项强制性规定，因此签署承诺书就成了开展司法鉴定活动的必要条件。由于这是最高人民法院司法解释作出的规定，为了便于管理和监督，考虑各地各级人民法院之间存在的差距，建议由最高人民法院司法技术辅助部门统一制定"司法鉴定郑重陈述书签署规程"，其中规定签署"司法鉴定郑重陈述书"的主体、时间、程序、保管，重申不签署"司法鉴定郑重陈述书"的法律后果等，并附"司法鉴定郑重陈述书"范本，以配套文件的形式予以公开发布。

（三）建议人民法院在审查鉴定意见时要与鉴定人核对"司法鉴定郑重陈述书"

前面提到的建议最高人民法院制定的"司法鉴定郑重陈述

书签署规程"中,应当明确规定,"司法鉴定郑重陈述书"由参加本次司法鉴定的所有鉴定人亲笔签署,承诺书一式两份,其中一份由司法鉴定机构保存,可以存放于司法鉴定案卷档案中,另一份附在向人民法院出具的司法鉴定文书的正本中,属于司法鉴定文书的组成部分。

人民法院在审查司法鉴定文书时,除了按照诉讼法及相关司法解释规定进行审查之外,还应当审查司法鉴定文书中是否有鉴定人亲笔签署的"司法鉴定郑重陈述书"。同时,案件承办法官还应当联系鉴定人,确定承诺书系由其亲笔签署,鉴定人对承诺书的内容知悉,并知晓不签署承诺书、不兑现承诺书的法律后果。

如果是通知鉴定人出庭作证的,案件裁判者不用事先与鉴定人确定上述事项,可以在庭审过程中鉴定人开始接受质证、询问前确认。

(四)不签署"司法鉴定郑重陈述书"的鉴定意见不能作为定案依据

鉴定意见是否能成为定案依据,从证据法的角度来看,应当从证明力和证据资格两个方面进行判断。前者属于法官自由心证的范围;后者更注重考察其合法性等程序、形式要件,包括证据的收集是否依照法定程序进行,证据是否具备法定形式,证据是否具有合法的来源等。[1] 鉴于《民事诉讼证据规定》第

---

[1] 樊金英、杜志淳:《跨学科视野下对科学证据的审查认定》,《证据科学》2019年第3期,第302-314页。

33条是一项强制性规定，借鉴其他国家或地区对鉴定人提供鉴定意见、出庭作证的通常要求，司法鉴定人必须要作出郑重陈述。① 鉴定人作出郑重陈述属于司法鉴定活动的一部分，鉴定人未作出郑重陈述的，该司法鉴定在形式要件上不符合鉴定意见的要求，不具有可采性，因而不能作为定案依据。

二、人民法院出台规定落实司法鉴定承诺

自从2019年最高人民法院发布修订后的《民事诉讼证据规定》之后，各地法院针对该司法解释中涉及的与证据有关的配套制度和文件，都在紧锣密鼓地制定中。例如，四川省南充市崇川区人民法院就要求鉴定机构在接受法院委托鉴定时，签署"司法鉴定承诺书"：遵守法律及职业道德，遵守技术操作规范，保证客观、公正、诚实地进行鉴定工作，经贵院通知保证出庭作证，如作虚假鉴定愿意承担相应法律责任。② 兰州市中级人民法院邀请房产评估机构、土地评估机构、资产评估机构、工程类和会计审计评估机构等148家司法技术委托业务机构代表签署了"履职责任承诺书"，并向各机构发放了兰州市中级人民法院有关司法技术对外委托业务的七项规章制度。③《最高人民法院关于人民法院民事诉讼中委托鉴定审查工作若干问题

---

① Learned Hand, "Historical and Practical Considerations regarding Expert Testimony", *Harvard Law Review*, 15, n.1（1901）: 40 – 58, accessed Feb.15, 2020, https://www.jstor.org/stable/1322532.
② 崇川法院：《鉴定机构向法院出具承诺书》，https://www.thepaper.cn/newsDetail_forward_7306720，访问日期：2020年5月15日。
③ 张烁：《兰州市中级人民法院与各司法评估中介机构签署〈履职责任承诺书〉》，《兰州日报》2020年5月13日，第8版。

的规定》（法〔2020〕202号）也提供了"鉴定人承诺书"范本，供鉴定人选用。如下文所示。

鉴定人承诺书（试行）

本人接受人民法院委托，作为诉讼参与人参加诉讼活动，依照国家法律法规和人民法院相关规定完成本次司法鉴定活动，承诺如下：

一、遵循科学、公正和诚实原则，客观、独立地进行鉴定，保证鉴定意见不受当事人、代理人或其他第三方的干扰。

二、廉洁自律，不接受当事人、诉讼代理人及其请托人提供的财物、宴请或其他利益。

三、自觉遵守有关回避的规定，及时向人民法院报告可能影响鉴定意见的各种情形。

四、保守在鉴定活动中知悉的国家秘密、商业秘密和个人隐私，不利用鉴定活动中知悉的国家秘密、商业秘密和个人隐私获取利益，不向无关人员泄露案情及鉴定信息。

五、勤勉尽责，遵照相关鉴定管理规定及技术规范，认真分析判断专业问题，独立进行检验、测算、分析、评定并形成鉴定意见，保证不出具虚假或误导性鉴定意见；妥善保管、保存、移交相关鉴定材料，不因自身原因造成鉴定材料污损、遗失。

六、按照规定期限和人民法院要求完成鉴定事项，如遇特殊情形不能如期完成的，应当提前向人民法院申请延期。

七、保证依法履行鉴定人出庭作证义务，做好鉴定意见的解释及质证工作。

本人已知悉违反上述承诺将承担的法律责任及行业主管部门、人民法院给予的相应处理后果。

承诺人：（签名）

鉴定机构：（盖章）

年　月　日

世界各个国家和地区对鉴定人提供鉴定意见、出庭质证均有宣誓或者相当于宣誓的郑重陈述的要求，并且将其作为判断鉴定意见是否具有可采性的要件。我国最高人民法院在司法解释中首次规定了司法鉴定郑重陈述制度，进一步完善了我国司法审判中对鉴定意见科学性、公正性保障措施。[①] 但是，这项制度真正落实，还有很多工作要做，并且涉及其他部门的配合。笔者希望司法鉴定郑重陈述制度尽快得以落实，让鉴定意见的科学性、中立性得以保障。

---

① 赵杰：《司法鉴定意见科学可靠性审查》，《证据科学》2018年第3期，第300-311页。

第七章

司法鉴定的民事法律责任

"鉴定错了，裁判就会发生错误，这是肯定无疑的。"① 鉴定意见是否客观公正，很大程度上取决于鉴定实施者的职业道德和执业纪律、司法鉴定机构的执业规则和内部管理制度。② 鉴定意见出现错误的原因很多，有主观因素，也有客观因素，更有科学技术局限性和认知局限性因素。当前，司法鉴定行业中存在种种违法违规现象，也存在不加强管理、唯利是图的现象，司法鉴定责任制度不完善也是导致鉴定意见不准确甚至错误的关键因素之一。因此，对违法和违规的鉴定人，必须处以相应的法律责任，用制度来改变少数鉴定人有恃无恐，随意出具鉴定结论的现状，以促使其切实履行职责，保障鉴定意见的客观、公正。

法律责任指因损害法律上的义务关系所产生的对相关主体所应当承担的法定强制的不利后果。③ 按照法理，只要是一个身心健全的成年人，个人行为理应责任自负，即在法律上他要

---

① 弗洛里奥：《错案》，赵洪美、张洪竹译，法律出版社，1984，第177页。
② 朱淳良：《落实十六大精神 依法规范司法鉴定管理——司法部张军副部长答本刊记者问》，《中国司法鉴定》2005年第2期，第3-5页。
③ 张文显：《法理学》，法律出版社，2004，第117页。

对一定的行为负责任。① 由此，鉴定人在执业过程中也须为由于他的故意或过失对外界（包括国家、社会和个人）造成的损失承担一定的法律责任。

法律责任与法律义务是一个相关的概念，一个人在法律上要对他的行为负责，意味着他为此要承担法律责任，或者他做相反行为时应受到制裁。故此司法鉴定人在依法享有权利的同时，也应认真履行其应负之义务，在出现法律规定之情形时，也要承担相应的法律责任。司法鉴定人的法律责任是指司法鉴定人违反法定或约定义务而应受到的法律制裁。而目前我国法律对司法鉴定人法律责任的规定极少，且多以刑事责任和行政责任为主，对司法鉴定人是否应当承担民事责任，承担怎样的民事责任等相关问题的规定则是空白，这不仅不利于司法鉴定制度的良性发展，也会威胁到当事人对司法鉴定意见的信赖度。由此，有必要对司法鉴定人民事责任在立法上作出规定。

我们统计了北京市三级法院从 2000 年到 2014 年因司法鉴定引起的诉讼，共计 52 例，诉讼案由多半是其他合同纠纷，人民法院多以"不属于法院的受案范围"予以驳回起诉。在司法鉴定中，法医鉴定有 18 例，笔迹鉴定有 6 例，医疗纠纷鉴定有 10 例，知识产权鉴定有 2 例，鉴定类型不明②有 9 例；在非司法鉴定中，宝石鉴定有 5 例，法医鉴定有 1 例，文物鉴定有 1

---

① 凯尔森：《法与国家的一般理论》，沈宗良译，中国大百科全书出版社，1996，第 73 页。
② 鉴定类型不明是指裁判文书中没有鉴定内容的记载。

例。从诉讼涉及的鉴定项目来看，法医类鉴定引起的争议最多，医疗纠纷鉴定趋势明显，宝石、文物等鉴定也容易引起争议。该 52 例的情况详见本书附录。

第一节　司法鉴定人民事法律责任概述

关于司法鉴定人民事责任的含义目前并没有一个明确的界定，立法上对司法鉴定人民事责任的规定处于空白状态，学者在理论研究上给出的定义也莫衷一是。有学者认为，司法鉴定人的民事责任是司法鉴定人在执业过程中故意作出虚假结论、违反鉴定程序、操作规程，严重过失导致鉴定明显错误以及不履行保密义务等情形，给委托人、第三人造成人身和财产损害的结果，而应承担的民事赔偿责任。简而言之，它是鉴定人在执行司法鉴定业务时，因故意或重大过失给当事人合法权益造成损害，依法应承担的责任。还有学者主张司法鉴定人民事责任是司法鉴定人违反司法鉴定委托协议内容或不履行鉴定义务而侵害了当事人民事权利所应承担的民事法律后果。其承担民事责任的形式主要是民事赔偿。从上述定义中我们可以总结出我国学者对司法鉴定人民事责任的几点共识：首先，司法鉴定人的民事责任发生在司法鉴定人执业过程中。这强调的是司法鉴定人民事责任发生的时机，即只有在执业过程发生的行为才能被追究。如果是在执业之外的情况下发生了上述概念中所列举的行为，此时司法鉴定人是作为一般民事主体的身份出现，所以只能追究其一般民事责任。其次，司法鉴定人的民事责任主要是民事赔偿责任。再其次，必须存在损害发生的事实，即司法鉴定人的行为必须给当事人的民事权益造成事实上的损害。最后，司法鉴定人的民事责任包括侵权责任和违约责任，有时面临侵权责任与违约责任的竞合，则适用《民法典》的相关规定。

一、司法鉴定侵权责任

司法鉴定侵权责任属于侵权法上的侵权责任，在侵权责任的构成、法律规定、责任范围等方面并没有特殊性。但是，司法鉴定侵权责任毕竟是司法鉴定过程中产生的一种侵害相关人员法益的行为，因而具有一定的特殊性。

《侵权责任法原理》一书认为，侵权责任是指赔偿义务人对自己的加害行为或者准侵权行为造成的损害等后果依法所应当承担的各种民法责任形式之总和。侵权责任是和违反合同的民事责任相对应的一类民事责任。[①]

《关于侵权责任的几个问题》一文认为，现代法上的侵权行为应是指不履行债务以外的侵害他人人身、财产的不法行为。侵权行为的基本特征在于：其一，它是一种事实行为而不属于民事行为；其二，它是一种非特定义务人侵害他人权利或法益的行为；其三，它是一种不法行为，为法律所许可的行为不属于侵权行为。民事责任应是违反民事义务的法律后果，以民事

---

① 张新宝：《侵权责任法原理》，中国人民大学出版社，2005，第19页。

义务的存在为前提，而不同于一般的民事义务。因此，侵权行为的定义应为：违约行为以外的侵害他人权利或法益的不法行为，而侵权责任则是由侵权行为引发的民事责任。①

著名英国侵权法学者温菲尔德（Winfield）认为："侵权责任基于违反法律预先确定的义务而产生；这种义务对人们普遍适用，对它的违反是可以通过追索待定损害赔偿的诉讼而得到矫正的。"②

《民法原理论稿》一书认为，从发生原因是侵害内容法定之权利还是内容意定之权利，民事责任可分为侵权责任和违约责任。侵害内容法定之权利的行为为侵权行为，发生侵权责任。侵害内容意定之权利的行为为违约行为，发生违约责任。亦即，民法之"侵权"，并非"侵害权利"之简称，而是侵害内容法定之权利，相对于违约——侵害内容意定之权利。③

从上述引用的学者们关于侵权责任的定义可以归纳出几点认识：一是学者们一致认为，侵权责任是行为人基于某种原因（或为侵害权利，或为违反义务）承担的不利法律后果；二是学者们往往认为，侵权责任的引发离不开侵权行为人致损行为的过错性（违法性）；三是学界对侵权责任的定义尚未达成一致意见，这从上述不太全面的引述中可以看出，学者们的观点可谓"百花齐放"。

---

① 郭明瑞：《关于侵权责任的几个问题》，《法学杂志》2006年第6期，第18页。
② 胡雪梅：《过错的死亡——中英侵权法宏观比较研究及思考》，博士学位论文，西南政法大学，2003，第5-6页。
③ 李锡鹤：《民法原理论稿》，法律出版社，2009，第677页。

司法鉴定侵权责任是指在司法鉴定过程中，司法鉴定机构及其鉴定人的鉴定行为或者与鉴定行为有关的其他行为侵害了有关人员的合法权益。其特殊性在于，司法鉴定活动不是一般的民事活动，是在相关办案单位的委托、要求之下实施的对案件中专门性问题的判断活动。侵害有关人员的合法权益，有时是不得已而为之。例如，对有关人员身体的检查，对身体组织的提取、处理和检验，对物证载体的破坏或者损毁，虽然经过委托方的同意，但涉及第三方的利益，因而可能形成侵权之诉。有时是不谨慎而为之。例如，在鉴定过程中，鉴定人并不是法律专业人员，对相关法律不是很清楚，出现了侵害当事人合法权益的行为，如侵犯当事人的隐私权、监护权等；在有的鉴定中需要提交当事人仍有使用价值的物品或者证据，但是在鉴定过程中发生了遗失或者毁坏；鉴定结束后，有关检材、物证退还交接手续不清，相关物品的遗失发生在哪个环节并不明，这些都可能引发侵权之诉。

司法鉴定侵权之诉，是基于专业人员受委托之下实施的专业分析判断活动而引起的，在侵权责任构成的要件之一——行为人主观过错的判断上，就需要从专业层面进行判断，考察鉴定人是否尽到司法鉴定领域所要求的专业上的注意义务，这需要结合相关法律、法规、规章及该类型鉴定的专业指导文件、指南等进行判断。

二、司法鉴定违约责任

司法鉴定违约责任本身属于合同法上的违约责任，在违约责任的构成、法律规定、责任范围等方面并没有特殊性。不过，司法鉴定违约责任毕竟是司法鉴定过程中产生的一种因违反法律规定或者约定而给相关人员造成损失的行为，因而具有相应的特殊性。

违约责任使用严格责任原则，从合同约定出发，尊重合同双方的意思表示。鉴定合同从性质上说可以定性为格式合同。虽然格式合同中权利义务的定式化不能充分反映合同双方——事实上，主要是被动接受一方——的意思内容，但《民法典》合同编及相关规定已经通过合理配置举证责任，使用合适的合同解释等方式衡平了合同双方的权利义务。因此，鉴定人的违约责任应严格遵守合同的基本条款。

一般而言，实践中，鉴定人的民事责任主要包括破坏送检材料，不按时完成鉴定，不履行出庭作证义务，未遵守约定泄露当事人个人隐私或商业秘密等。具体形态应结合实践中鉴定合同内容来确定，并且在追究鉴定人违约责任时，应注意举证责任的分担和合同解释的适用。

综上所述，我们把鉴定人民事责任的性质分类解析，构筑鉴定人民事责任的完整体系。鉴定人民事责任不宜以一种责任属性全盘概括，从衡平鉴定人与当事人利益的角度出发，针对具体的鉴定活动用适当的责任去规范鉴定人的行为，既保护当事人利益不受损，也合理维护鉴定活动的独立性和中立性，并最终实现探明案件事实为诉讼服务的目的。

第二节　专家证人责任豁免及演变

一、专家证人责任豁免起源

专家证人属于证人的范畴，但又有别于证人。一是专家证人与当事人的关系是聘用关系，也就是说专家证人是当事人请来的。二是专家证人是基于其掌握的科学技术、知识向法庭提供案件中涉及专门性问题的主观判断意见，专家提供的专家意见，虽然是基于现有案件证据材料和相关的科学理论知识，但是毕竟是经过专家的主观分析、判断和推理，那么难免会受到人为因素的干扰和影响，即专家意见的客观性可能被削弱。同时，由于专家提供的专家证言被案件审理者采纳作为认定案件事实的依据后，必然给一方当事人在法庭上造成不利，甚至可能因此而直接承担不利后果。如果对专家提供专业性意见的情况不予以特权豁免，不利的一方当事人就可能追究专家的责任，从而影响专家在法庭上如实提供专业意见，打击专家出庭作证的积极性，影响案件事实的认定和裁判。

专家证人责任豁免制度在英美法系已经存在 400 多年，1585 年证人豁免原则确立于英国卡特勒诉迪克森案（Cutler v. Dixon）。证人豁免的目的是鼓励公开和诚实的证词，而不必担心随后与证词有关的诉讼。英国法院认为设立豁免权，可以使有正当理由投诉的人不会因为害怕无穷无尽的烦恼而放弃投诉。① 1859 年,英国的另一家法院认为,豁免权对于确保证人在作证时能自由发言很重要。② 这是一项历史悠久的法律制度,在现代的有关专家证人过失责任法律制度之前很早就已经确立,当时法医学家和其他专家证人甚至要求法院给予经济奖励。③

二、专家证人责任豁免的含义

在英美法系中设立了专家证人责任豁免制度,即专家无须对其所发表的专家证言承担法律责任。英国和美国都是基于公共政策而确立了专家证人责任豁免。④ 由于有专家责任豁免的存在,专家们通常不会因为当事人的不满意而被起诉,除非出于不诚实的原因,任何证人在正常的法庭程序中所说或所做的任何事情都不能被起诉。⑤ 美国法院也非常重视专家证人的豁免权,例如,得克萨斯州上诉法院在一起案件的判决中认为,在诉讼过程中,专家证人不会因为发表专家意见而承担民事责任,即使专家证人在发表专家意见的过程中具有明显的过错,其民事责任也应得到豁免。⑥ 当事人和证人在司法程序中对其证

---

① Cutler v. Dixon, 76 Eng Rep 886 (QB 1585).
② Henderson v. Broomhead, 157 Eng Rep 964, 967–968 (Ex 1859).
③ Nyambo S, "The Abolition of Expert Witness Immunity: Implications of Jones v. Kaney", *Construction Law Journal* 28, n. 7, (2012): 539–552.
④ Howard Jenkins, "Expert Witness: Risks of Acting as Expert Advisers and Witnesses in the Same Case", accessed Feb. 20, 2021, https://www.isurv.com/info/390/features/8786/expert_witness_risks_of_acting_as_expert_advisers_and_witnesses_in_the_same_case.
⑤ Dawkins v. Rokesby (1873) LR QB 255.
⑥ Clark v. Grigson, 579 SW 2d263 (Tex 1978).

词的后续责任的绝对豁免在英国早期的案件中得到发展,并在普通法中得到充分确立。在司法程序中所作的任何通信,甚至伪证,都不能作为侵权诉讼的基础。证人豁免已不再是一项证据规则,而是一项实体法规则,其基本理由是,适当的司法执行需要不受报复诉讼的恐惧所阻碍的证人充分和自由地提供资料。[1]

但是,专家责任豁免如果绝对化又会产生问题。缺乏法律责任约束的专家责任豁免往往会使专家怠于履行任务,使专家不能充分尽到其专业上的注意义务,甚至会妨碍法庭调查。例如,美国华盛顿州最高法院虽然认可专家责任豁免,但仍强调对专家豁免责任既有利也有弊。[2] 专家责任豁免是在特定的社会条件下,为了鼓励专家到法庭上提供具有客观性的专家证言,解除专家作证的顾虑和担忧,在权衡了利弊因素后确定的一项诉讼制度。但是,随着社会的发展、法律的演变,专家证人制度出现了新的情况,大量的职业化的专家证人产生。[3] 有的律师聘请专家出庭,本身就带有明显的倾向性。事实上,很多律师坦率承认他们不想有任何公正外表的专家证人。例如,著名的律师梅尔文·贝利(Melvin Belli)说:如果我有一个公正的证人,我会认为我在浪费时间和钱。[4] 一位美国律师协会的前主

---

[1] Reynolds v. Kingston (City) Police Services Board (2007), 84 O. R. (3d) 738 (Ont. C. A.).
[2] Bruce v. Byrne – Stevens & Assoc Engineers Inc, 776 P2d 666, 667 (Wash 1989).
[3] Renée L Binder, "Liability for the psychiatrist expert witness", *American Journal Psychiatry*, 159, n. 1 (2002): 1819 – 1825.
[4] Jensen EG, "When 'hired guns' backfire: the witness immunity doctrine and the negligent expert witness", *University of Missouri at Kansas City Law Review b2*, n. 1 (1993): 185 – 210.

席说:"我会带着一个目标去打官司,使用未做承诺的独立专家无异于浪费。"① 国家法律杂志和律商联讯(LexisNexis)对曾经在民事诉讼和刑事诉讼中担任过陪审员的人做过一项调查,89%的受访者对专家证人不信任。② 而专家证人为了获得当事人的聘用,在其广告中会承诺用自己的专业知识和丰富的法庭经验为当事人服务。一些专家证人在法庭上作证的表现也是如此。一些能够为当事人掩盖错误、夸大事实的专家证人在业内获得律师、当事人的好评。

三、专家证人责任豁免争议与挑战

从20世纪90年代开始,英美法系国家开始以不同的方式强调专家证人在作证时的责任。当事人聘请专家证人的目的是打赢官司。专家证人因作证被追究责任可能存在四种情况:一是法庭因为专家证人发表虚假意见而追究其法律责任;二是一方当事人以侵权或者违约为由对另一方当事人的专家证人追究法律责任;三是当事人对自己聘请的专家证人以侵权或者违约为由追究专家证人的责任;四是专家证人所属的专业团队以专家证人违反职业操守为由对专家证人追究行业责任。③ 尤其是进入21世纪后,虽然大多数情况下,法院还是支持专家证人责

---

① Jensen EG, "When 'hired guns' backfire: the witness immunity doctrine and the negligent expert witness", *University of Missouri at Kansas City Law Review b*2, n. 1 (1993): 185 – 210.
② Bruce A. Green, Karen Bergreen, "The Civil Government Litigator: The view from the jury box", *National Law Review 38*, n. 3 (2010): 883 – 908.
③ 徐继军:《专家证人研究》,中国人民大学出版社,2004,第71页。

任豁免,[①] 但是废除专家证人责任豁免的情况开始发生。2011年英国的琼斯诉凯恩案（Jones v. Kaney）具有标志性意义。[②] 2001年，琼斯（Jones）在其遭遇的一起道路交通事故中受到精神创伤，因此向保险公司提出赔偿请求。2003年，琼斯的律师请临床心理专家凯恩（Kaney）医师就索赔的诉讼请求出具专家意见。凯恩最初出具的意见中认为琼斯患有创伤后应激障碍（PTSD）。但在2005年11月，凯恩与对方当事人的心理专家商讨后出具了一份联合声明，她同意琼斯没有遭受创伤后应激障碍，否认了其最初意见。这一举动无疑影响到琼斯所得赔偿额。2009年，琼斯认为凯恩在专家报告中有欺骗行为，直接导致其和解金额低于本可以实现的数额，因此对自己造成了很大损失。随后，琼斯以职业疏忽对凯恩提起诉讼并索赔。凯恩则依据1998年斯坦顿诉卡拉汉案（Stanton v. Callaghan）判决向法庭申请驳回该索赔请求。斯坦顿诉卡拉汉案判决认为，一方专家证人在与对方专家证人准备联合声明时不能以职业疏忽而被起诉。凯恩依靠诉讼豁免权，申请撤销这一要求。高等法院受斯坦顿诉卡拉汉案的约束，同意凯恩的申请。基于本案系公众普遍重视的问题，对该判决的上诉直接提交至最高法院。2011年，英国最高法院对该案件作出了废除专家责任豁免的裁决。菲利普斯（Phillips）勋爵在作出主要判决时说，证据并不表明取消豁免权会阻碍专家向法庭提供服务。他与律师职责进行了类比，他说："取消辩护律师的豁免权并没有削弱他们履行职责的意

[①] Stanton v. Callaghan (2000) QB 75.
[②] Jones v. Kaney (2011) UKSC 13.

愿,也没有出现无理取闹的要求或多种行动的泛滥。"①

不过,对于专家责任豁免的存废,在英美法系国家的意见并不统一。也有继续维持专家责任豁免的判例出现。例如,在加拿大,罗杰·霍斯特(Roger Horst)成功地为专家责任豁免权进行辩护,法院仍然作出支持专家责任豁免的判决。② 在美国犹他州佩斯等诉维尔德洛案(Pace, et al v. Swerdlow)就比较有代表性。③ 患者普特南(Putnam)在犹他州盐湖城的外科诊疗中心接受丰胸手术后死亡。托马斯(Thomas)和佩斯(Pace)作为普特南的共同继承人在犹他州地区法院对史蒂文·舒普特(Steven Shuput)提起医疗过失赔偿请求。维尔德洛(Swerdlow)是一位具有麻醉师、内科医师双重注册执业许可资格的医师,佩斯聘请维尔德洛作为自己的专家证人参与诉讼。2003年9月8日,维尔德洛出具了书面专家证词,认为舒普特的诊疗行为存在过失,即"基于医疗业界已经形成的普遍认知,外科诊疗中心麻醉师舒普特在普特南术后感到呼吸困难的情况下,允许其出院,违背了医疗上的合理注意义务"。2005年1月4日,维尔德洛在原先已提供给佩斯和法官的专家证词基础上,又写了一份"附件"。"附件"中写道,"根据外科诊疗中心的医疗记录,有关诊疗行为是否存在违法性的问题,从对一名谨慎的麻醉师处在相同情形下所必须达到的要求来看,

---

① Dyer C, "UK Supreme Court abolishes immunity for expert witnesses", *The British Medical Journal*, 342, d2096 (2011). doi: 10.1136/bmj.d2096.
② Paul, et al v. Sasso, 2016 ONSC 7488.
③ Pace, et al v. Swerdlow, 519 F.3d 1067 [10th Cir. (Utah) 2008].

允许患者普特南出院也并没有什么错……有关因果关系要件的分析，基于医疗界已有共识基础和医疗上的确定性考虑，不能说'如果患者术后整晚留在医院，就一定还活着'"，这份看起来像是维尔德洛基于中立立场作出修正的"附件"，直接推翻了他自己在 2003 年 9 月 8 日出具的专家证词，甚至还认为舒普特允许普特南出院符合诊疗护理标准，在有关因果关系要件的分析中也未提供"存在直接因果关系"的证词。最后，犹他州地区法院否决了佩斯的动议，判决认定麻醉师舒普特不构成医疗过失。佩斯直接在犹他州地区法院起诉维尔德洛，声称维尔德洛受聘为专家证人的所作所为存在职业过失。佩斯认为，维尔德洛在法庭开庭前突然改变宣誓的书面专家证词内容和立场，令其在起诉麻醉师舒普特医疗过失索赔案中败诉。佩斯诉称被告维尔德洛存在如下过错：（1）职业过失；（2）欺诈；（3）过失作出错误陈述；（4）违背受托人责任；（5）违反合同约定；（6）违背契约的诚实信用原则和交易公平原则；（7）基于一般过失而损害他人精神利益。维尔德洛抗辩认为，"根据犹他州法律，自己作为专家证人享有豁免权；自己修改宣誓的书面专家证词行为与原告佩斯在诉舒普特案中败诉没有直接因果关系"。佩斯不服并上诉。因维尔德洛是加利福尼亚州居民，案件被移送到联邦第十巡回上诉法院，依照《美国联邦民事诉讼规则》第 12 条第 b 款第 6 项的规定，犹他州地区法院作出判决的主要理由有：（1）依据专家证人豁免制度，法院不支持佩斯对维尔德洛的起诉；（2）维尔德洛在该案中修改其专家意见的行为，不是单独或者主要导致该案被驳回的直接原因；（3）该案的每个诉请不具有独立的理由。联邦第十巡回上诉法院认为，佩斯没有对法官作出的总结提出反对意见，很大程度上促使犹他州地区法院对该案作出有利于舒普特的简易判决。犹他州地区法院没有对有关"专家证人豁免权"的敏感问题作裁决，而是另辟蹊径，指出维尔德洛改变证词不是导致佩斯败诉的"直接因果关系要件"，而这一点对案件结果具有决定性意义。① 时至今日，关于专家证人责任豁免问题，在国外还是存在很大争议。

四、国外追究鉴定机构和鉴定人民事法律责任的情况

各国诉讼制度各异，鉴定人的地位也不完全一样。因此，英美法系国家和大陆法系国家的专家证人（鉴定人）在参与诉讼时具有不同的地位，相应地，不同国家的法律对专家的资格、鉴定启动程序、鉴定人与当事人的关系、法律责任的承担等均不相同。

（一）鉴定人的法律地位

鉴定人的法律地位主要研究两个问题：一是鉴定人在诉讼中的身份，主要是和证人作比较，存在两种立法模式，分别是并合式立法模式和分离式立法模式；二是鉴定人的职责，涉及鉴定人的服务对象，讨论鉴定人和法院、当事人之间的关系。鉴定人的法律地位决定了鉴定人参与诉讼的方式、鉴定人的资

---

① 陈玉玲：《"友好专家证人"的民事责任——基于 Pace v. Swerdlow 案之分析》，载刘艳红主编《东南法学》2015 年秋季卷总第 8 辑，东南大学出版社，2016，第 13-21 页。

格、选任及其在诉讼和鉴定中的权利、义务、责任等问题，鉴定人的法律地位是鉴定人制度的关键问题。

英美法系奉行当事人主义诉讼模式，尊重当事人的诉讼权利，就诉讼中涉及的专门性问题，允许当事人自行聘请鉴定人。实务中，当事人及其代理律师倾向于选择于己有利的鉴定人，鉴定人和代理律师一样，服务于当事人，对专门性问题作出有利于当事人的解释。英美法系并不存在独立的鉴定人制度体系，鉴定人被视为证人的一种，鉴定人提出专家意见和普通证人一样也要接受质证，但因其作证的内容涉及专门性科学技术知识而被称为"专家证人"，在法律适用上，专家证人和普通证人的区别在于意见证据规则不适用于专家证人。英美法系的这种立法模式被称为并合式立法模式。

大陆法系的鉴定人由法院委托或指定，法官控制鉴定程序的进行，并且建立鉴定人名册制度，从名册中选聘鉴定人，同时鉴定人适用回避制度。鉴定人受法官委托或指定进入诉讼程序，为诉讼活动服务，帮助法官认识特定专门性问题，被视为"法官的科学辅助人"或者法院的组成人员。鉴定人要"按照法官的指令将鉴定意见作为发现事实的一种方式，鉴定人在对待证事实涉及专门性技术领域的调查和了解，实质上是代替法官所从事的职务性活动"[①]。鉴定人的鉴定意见对法官就案件进行事实认定具有重大的影响力。大陆法系建立了独立于证人制度之外的鉴定人制度，鉴定人的地位高于证人，这种立法模式

[①] 汪建成：《司法鉴定基础理论研究》，《法学家》2009年第4期，第19页。

被称为分离式立法模式。

（二）鉴定人的资格

鉴定人的资格涉及满足什么样的条件才能成为鉴定人的问题，包括资格的条件和资格的审查两方面的内容。

在英美法系国家，当事人可以自由选择专家证人，成文法并没有对专家证人的资格问题作出明确的限制性规定，普遍认为，各行各业有一技之长的人都有可能成为专家证人，专家证人并不仅限定于某一领域的专家、学者、权威，普通的商贩、木工、泥水匠，甚至吸毒者都有可能成为专家证人出庭作证。[①] 英美法系的这种专家证人确认原则被称为"鉴定人主义"，又称为"无固定资格原则"或者"能力制"。是否能够成为专家证人的一个基本条件在于，候选者是否具有一般人所不具有的能够帮助法官和陪审员认清案件事实的知识、技能、经验，而对于知识、技能和经验的取得方式则没有限制性要求，专家证人可以通过正规的教育、培训掌握特定的知识，也可以基于长年累月的实践积累经验。

对专家证人资格的审查是专家证人资格问题的另一个重要方面的内容。每个案件中的专家证人都需要经历严格的资格审查程序，以确定一个人是否具有专家证人资格，是否能够在法庭上以专家证人的身份提出意见证据。通常，专家证人会受到三方的审查，包括聘请他/她的当事人或代理律师的审查，对方当事人或代理律师的审查及作为事实审判者的法官和陪审团的

[①] 季美君：《专家证据制度比较研究》，北京大学出版社，2008，第29页。

审查。审查的内容通常包括专家证人的教育学术水平、实践经验、是否受过相关培训、是否担任过专家证人及次数、是否发表过不正确的专家意见、诚信问题等。① 经由激烈的庭审辩论，由审判者判断专家证人是否有资格，哪方更有资格发表专家意见，哪方意见的说服力和可信度更强。

大陆法系国家重视鉴定人的资格问题，通常都建有专门的鉴定人资格制度，法律对哪些人、哪些机构有资格成为鉴定人都有明确的规定，并且按照专业、行业、学术水平、教育背景等设立鉴定人名册，成为名册上的鉴定人通常要经过专门机构的严格考核和特定程序，法官依据案情需要从名册上选任鉴定人。如因案情特殊，需选任名册之外的人为鉴定人，必须充分说明理由。大陆法系的这种鉴定人资格制度被称为"鉴定权主义"，又称为"固定资格原则"或者"资格制"。

值得注意的是，虽然大陆法系国家普遍建有专门的鉴定人资格制度，但是立法并没有完全限定法官只能选任名册中的鉴定人，即便是在职权主义模式浓厚的刑事诉讼中。例如，《法国刑事诉讼法典》第 160 条规定，法官可以选任名册之外的专家为鉴定人，只不过该专家在每次受委托进行鉴定，均应在主管法院指定的法官或预审法官前宣誓，而名册之上的专家不必在每次接受委托成为鉴定人时作该等宣誓。而在法国民事诉讼中，对于鉴定人资格并没有十分严格的限制。日本学者松冈义正在其所著的《民事证据论》中指出，"具有鉴定之必要知识

---

① 季美君：《专家证据制度比较研究》，北京大学出版社，2008，第 30 页。

之自然人而非法院职员与诉讼当事人及视同当事人之法律上代理人等等之第三者,皆有鉴定人之能力。至于年龄健康、地位等,只能成为鉴定人可否凭信之问题,却不影响于鉴定人之能力(资格)。其次,国籍之内外(即是否为本国人),亦无影响鉴定人能力"①。德国学者罗森贝克(Rosenberg)等也认为,"鉴定人可以是法院相信其具有专门知识的任何第三人(即既不是当事人也不是其法定代理人),也可以是一方当事人的雇员或者机构,只要不是他的法定代理人"②。但是,《德国民事诉讼法》第404条第2项规定,就特定种类的鉴定工作,已由政府任命鉴定人的,只有在特殊情况时,才能另行选任他人为鉴定人。③

综上,英美法系国家对专家证人的资格没有条条框框的明确限制,是否具有实际能力以及能否帮助事实审判者认清案件成为事实上的不成文标准。被当事人选任只是第一步,能否成为专家证人还需要通过相应的审查。而大陆法系国家对鉴定人资格采取的是鉴定权主义原则,对鉴定人的学历、资质、执业经历有一定的要求,除特定种类的鉴定工作之外,并没有完全限制法官挑选鉴定人的范围,但是对法官在特定范围之外选定的鉴定人在程序上会有一些特殊的要求,例如,宣誓的适用。并且,相较于刑事诉讼,民事诉讼对鉴定人资格的要求相对宽泛。

---

① 松冈义正:《民事证据论》,张知本译,中国政法大学出版社,2004,第212页。
② 罗森贝克、施瓦布、戈特瓦尔德:《德国民事诉讼法》,李大雪译,中国法制出版社,2007,第911页。
③ 谢怀栻:《德意志联邦共和国民事诉讼法》,中国法制出版社,2001,第99页。

（三）鉴定的启动和鉴定人的选任

在英美法系国家，专家证人可以由当事人自主选定，也可以由法庭指定。例如，《美国联邦证据规则》第 706 条第 a 项规定，法庭可以指定经当事人同意的任何专家证人，也可以根据自己的选择指定专家证人。该规则第 706 条第 b 项规定，本条规则不限制当事人根据自己的选择传唤专家证人。该条对两种专家证人选任方式作出了规定。当事人可以依照自己的意愿自行选择专家证人，这也是专家证人选任的最主要的方式，充分体现和保障了当事人的诉讼权利。

在诉讼案件中，选择专家证人的现象越来越普遍，而这种由当事人自主选择专家的方式也导致"挑选专家"这一现象的产生，"导致真正独立、公正与客观的意见是法官不会听到的，除非刚巧是迎合该当事人的需要"①。为了克服上述弊端，英美法系国家尝试进行一系列改革，例如，在英国民事诉讼中，强调专家证人的使用必须是出于诉讼的必要、专家是中立的、其对法庭的职责优于对当事人的义务，法官可以指定由一个共同专家提供专家证言，诉讼中法官可以指令专家证人进行讨论以达成一致意见。尽管部分英美法系国家法律赋予法官享有选任专家证人的权力，但是在实践中法官并不经常使用，当事人选任鉴定人的情况仍占主流。

相较于英美法系国家，大陆法系国家法官对于诉讼程序的

---

① 杨良宜、杨大明：《国际商务游戏规则：英美证据法》，法律出版社，2002，第 519 页。

进行拥有更大的控制权，就鉴定人的选任问题，大陆法系的通行规则是由法官任命鉴定人或者由当事人申请、法官决定，法官也可决定更换鉴定人或者决定重新鉴定，但是对当事人一致同意选择鉴定人的，法官要受该等合意的约束。

根据《德国民事诉讼法》第404条："鉴定人的选定和人数均由受诉法院决定，法院可以只任命一个鉴定人，也可任命另一鉴定人替代先任命的鉴定人；法院也可以要求当事人指定适于为鉴定的人，是否准予鉴定申请由法院决定；当法院认为鉴定不能令其满意时，可以命原鉴定人或命另一鉴定人为新的鉴定；当事人一致同意某特定人为鉴定人时，法院应即听从其一致意见，但法院可以把当事人的选定限制在一定的人数。"①由于鉴定人是法官辅助人，法官根据自由裁量确定其专门知识是否充分或者是否希望听取鉴定人的意见。如法官没有必要的专门知识或者从不充分的判决理由说明中可以看出其缺乏必要的专门知识，不申请鉴定人就构成程序违法。在法国，鉴定人由法官任命，但是仅在经过验证或咨询不足以查明事实的情况下，始有必要命令进行鉴定且除法官认为有必要任命数名鉴定人外，仅指定一人为鉴定人。

（四）鉴定人与当事人的关系

鉴定人的法律地位、鉴定人的资格以及对鉴定的启动与鉴定人的选任的不同决定了鉴定人与诉讼当事人的关系不同，由此引起的法律责任也不同。尤其在对鉴定人的选任方面，更是

---

① 谢怀栻：《德意志联邦共和国民事诉讼法》，中国法制出版社，2001，第99页。

直接决定了双方的权利义务关系。这在英美法系国家和大陆法系国家有着明显的区别。

英美法系国家强调当事人主义,专家证人往往为当事人自我挑选,代表当事人一方出庭作证。专家证人与聘请其出庭的一方当事人的关系极为密切,专家证人的出庭代表聘请方的利益,一般来说双方的这种聘用关系是典型的合同关系。专家证人会根据聘请方的要求出庭作证,因此只要当事人按照约定的时间、地点出庭,一般不会涉及违约问题。但是,在法庭上有交叉询问规则,在聘请方对专家证人实施主询问之后,对方当事人有权进行反询问。而且专家证人不同于当事人,专家证人应当而且必须遵循科学规律,用科学知识和理论回答问题。因此,即便在法庭上对方当事人询问出对聘请方不利的信息,也不能认为专家证人违约而追究责任。

在大陆法系国家,鉴定人具有中立的地位,鉴定人出具鉴定意见更多的是应司法机关的要求作出的。鉴定人站在中立的立场,依据案件材料,运用其掌握的科学技术知识作出专业性判断,针对法院提出的问题提供专家意见。鉴定人不为当事人聘请,也不是当事人的代理人。鉴定人在诉讼中的出现是基于法院的委托和聘请。

(五)鉴定人的法律责任

在鉴定人进行鉴定活动过程中存在因故意或者过失提供错误意见的可能,使得法庭未能认清案件真实情况导致当事人一方败诉,对这种情形,能否追究鉴定人的法律责任,鉴定人承担什么性质的责任是理论界和实务界探讨的热点问题。

从传统上看，英美法系国家证人享有作证豁免权，证人在法庭上作证不被追诉，证人豁免权的确立是为了让证人能够在法庭上无后顾之忧地畅所欲言，出于同样的考量，证人豁免权扩展适用于专家证人，一般来说，专家证人都会尽心尽力地为当事人出谋划策，故意作伪证的情况并不多见，但是随着物证证据时代的到来，专家意见对诉讼结果的影响越来越大，专家证人不尽心尽意或故意作假证导致司法不公的现象时有发生。同时，从20世纪80年代开始，在澳大利亚、英国等国家对医生、会计师、审计师、律师等专业人士承担责任的看法越来越普遍，这些专业人士所担负的监督和报告职责也逐渐加大，在各领域，因共同疏忽大意发生事故而提起诉讼的案件也不断增多，其他专业人士承担的责任的加强也导致专家证人的责任相应加大。

一般来说，专家证人故意或重大过失承担的责任分为刑事责任和民事责任两种。其中，刑事责任又包括两种：一种是程序性责任，即专家证人违反诸如无正当理由拒不出庭作证等诉讼程序强制性规定而承担的责任；另一种是伪证责任。在确定承担伪证责任前应重点考虑两个方面：一方面，应当保证专家证人无顾虑地发表专家意见；另一方面，对故意向法庭提供错误、误导性专家意见的专家证人也确有惩罚的必要。因此，确定伪证罪成立的标准成为认定专家证人伪证罪责任的关键点。目前，理论上比较一致的观点认为只有专家证人故意向法庭作虚假陈述误导法庭，专家证人才承担伪证责任，但是，实践中想要证明专家证人存在主观故意并不是一件容易的事情。

对专家证人的民事责任问题，长期以来，普通法所遵循且不断得到重申的原则是：证人在作证过程中所说的任何话都不会被提起诉讼，即便其所说的是公认的错误或带有恶意，甚至是诽谤。对专家证人在法庭上作证不予追究民事责任的原因有：通过交叉询问以及对其他证据的质证，审判过程本身就具有淘汰因疏忽或恶意提供的虚假证据的功能；抗辩制诉讼模式下，专家证人由当事人自己指定，出庭前已经就相关问题与当事人及其代理律师进行过充分沟通，如因专家意见而败诉，被视为当事人自己的问题，谈不上追究专家证人的民事责任。一般来说，英美法系的专家证人会尽职地为客户提供建议，将豁免权适用于专家证人的目的在于保护专家证人免于因疏忽大意作出不实陈述而被追诉。只在特别情形下，才有必要追究专家证人的责任。

大陆法系国家鉴定人被认为是"法官的科学辅助人"，鉴定人通常由法官选任或决定，当事人和鉴定人之间并不存在委托合同关系，鉴定人因故意或重大过失等出具错误鉴定意见导致当事人败诉承担的责任，从性质上讲，并不是违约责任，而应将其归类于侵权责任的一种，法国法院即适用过错、损害、因果关系的侵权责任构成要件来确定鉴定人的责任。但是在实践中，法院通常会采取相对严格的标准以保障鉴定人能够无顾虑地出具鉴定意见，对因鉴定人的疏忽或者轻微过失而造成损失的，一般不认定鉴定人应当承担责任。但是随着鉴定意见在诉讼活动中的作用越来越大，鉴定人不诚信的行为也时有发生，法院加大了对鉴定人严重失信行为的惩罚力度，鉴定人承担责任的案例也越来越多。

除了上述鉴定人与当事人之间的民事侵权责任外,鉴定人就其拒绝法庭命令、违反法庭秩序等行为也要承担相应责任。

五、两大法系民事诉讼鉴定人制度对我国的启示

从两大法系鉴定制度改革融合的趋势不难发现,两大法系鉴定人制度设计都强调在尊重当事人诉讼权利的前提下,保障鉴定的客观、中立。鉴定人制度的设计也紧紧围绕这一原则展开,尽管在现阶段两大法系对当事人诉讼权利保障和鉴定客观、中立的保障侧重点仍然有所不同。我国司法诉讼鉴定人制度设计也应当遵照这一原则,借鉴和吸收两大法系各国制度的优点,力图平衡和尊重当事人的诉讼权利和保障鉴定的客观性、中立性,以使当事人能较为充分地参与到整个鉴定程序中,也使法官有适当的裁量权以控制鉴定程序的进行,充分发挥鉴定制度的优势和作用。

第三节 我国追究司法鉴定人民事法律责任的现状及误区

目前,我国司法鉴定人制度尚未形成体系,理论研究尚处于起步阶段,司法鉴定人的法律地位尚未有统一定论,司法鉴定人民事法律责任还处于缺失状态,究其原因,这与我国的司法鉴定制度不完善存在莫大关联。

一、我国鉴定人民事法律责任立法现状

我国现行的相关立法中,对于司法鉴定的一些基本性问题欠缺统一的规定,对司法鉴定人法律责任方面的规定主要散见于《刑法》《民事诉讼法》《刑事诉讼法》《民事诉讼证据规定》《司法鉴定人登记管理办法(修订征求意见稿)》以及一些地方性的法律规范当中。从中不难发现,我国现行的司法鉴定人法律责任制度尚存在一些问题,归纳起来主要体现在以下几个方面。

(一)缺少关于司法鉴定人民事责任的规定

在法律条文上明确规定司法鉴定人的法律责任是大多数国家的立法通例,并且在法律条文中会规定司法鉴定人承担民事责任的形式主要是民事赔偿,而我国目前的法律对司法鉴定人民事责任的规定几乎是空白的。《民事诉讼法》第78条对司法鉴定人的义务做了有限的规定,并没有涉及鉴定机构,且责任的范围局限、责任形式不多,鉴定人错误鉴定的成本过低。至于司法鉴定人由于不适当履行鉴定义务或出具错误的鉴定意见而导致当事人败诉从而遭受损害,或者在从事司法鉴定过程中由于其自身的过错给当事人造成损害,司法鉴定人是否承担民事赔偿责任的问题,法律上更未作出明确规定。之所以存在如此状况,是因为"除了我国鉴定人主体制度存在缺陷外,鉴定人的权利义务规定还不完善,致使法律责任的配置几近空白"[①]。

[①] 钟毅、黄文杰:《试论我国司法鉴定人的民事责任及其完善》,《法律与医学杂志》2006年第1期,第37–42页。

相较于民事责任的空白，司法鉴定人的行政责任和刑事责任的规定却是相当详细，如《全国人民代表大会常务委员会关于司法鉴定管理问题的决定》第13条、《司法鉴定人登记管理办法（修订征求意见稿）》第28条和第29条都规定了司法鉴定人应负有行政责任的情形；而刑事责任则主要是指《刑法》所规定的伪证罪。司法鉴定人的法律责任，在民事、行政、刑事方面存在失衡，无疑是我国司法鉴定人法律制度的缺陷。通过刑事责任和行政责任来规范司法鉴定人的行为，确实具有一定的成效，但却忽略了对受害人在物质和精神上遭受的损失的救济。而若赋予受害人通过民事责任制度来追究司法鉴定人民事责任的权利，则会对保障受害人的合法权益起到积极的作用。因此，在我国司法鉴定的相关立法中，确定司法鉴定人的民事责任制度实属必要。

（二）相关法律规范存在冲突

对司法鉴定人法律责任的规定，在司法部的部门规章以及地方性立法等规范之间存在某些方面的冲突。

《司法鉴定人登记管理办法（修订征求意见稿）》规定了对于司法鉴定人在执业过程中因故意或者重大过失给当事人合法权益造成损失的，由其所在机构承担赔偿责任，而后司法鉴定机构可以向有过错的司法鉴定人追偿。从中我们可以看出，司法机构承担责任的前提是司法鉴定人存在故意或者重大过失，且这种故意或者重大过失的行为造成了当事人的损失，而且司法鉴定机构此时享有对司法鉴定人的追偿权。但是对司法鉴定人所承担责任的性质，以及社会司法鉴定机构的司法鉴定人和司法机关内部的司法鉴定人的责任存在何种区别，《司法鉴定人登记管理办法（修订征求意见稿）》却未作出明确的规定。此外，对司法鉴定人违反保密义务的，也仅规定了其所承担的行政责任；对是否要赔偿由此给当事人造成的权益损害也未明确规定。

就地方性法规而言，目前重庆、山东、江西、黑龙江等多个省市都制定了相关的司法鉴定条例，《重庆市司法鉴定条例》规定对司法机关鉴定机构的鉴定人过错引发的当事人利益受损，其所在的鉴定机构依法承担赔偿责任，但可以向有过错行为的鉴定人追偿。不过却未涉及社会鉴定机构中的鉴定人在作出错误鉴定或者虚假鉴定之时是否对当事人承担责任的问题，仅规定了其所应负的行政责任和刑事责任。《黑龙江省司法鉴定管理条例》也未涉及过错鉴定人对当事人是否应负担民事责任的问题，对司法机关鉴定机构中的鉴定人和社会鉴定机构中的鉴定人由于违反鉴定程序、操作规程或工作不负责任造成错误鉴定以及故意出具虚假鉴定的，也仅是规定了相应的行政责任和刑事责任。对司法鉴定人违反保密义务的情形，《黑龙江省司法鉴定管理条例》除要求司法鉴定人承担行政责任外，对由于泄密给有关当事人造成损害的，规定司法鉴定人应当承担民事责任。

从以上分析可以得知，《司法鉴定人登记管理办法（修订征求意见稿）》和地方性立法之间存在以下冲突：首先，对司法鉴定人过错造成当事人利益损害应承担责任的问题没有达成一致的观点，《司法鉴定人登记管理办法（修订征求意见稿）》

未对司法鉴定人承担责任的性质作出界定,也未对司法机关鉴定机构中的鉴定人和社会鉴定机构中的鉴定人所承担的责任作出区分;而地方性立法将司法机关鉴定机构中的鉴定人过错引发的责任归属为国家赔偿责任;但仍未就社会司法鉴定机构中的鉴定人是否对当事人承担民事责任作出规定,仅规定了其应承担的刑事责任和行政责任。其次,对司法鉴定人违反保密义务的处罚各异,《司法鉴定人登记管理办法(修订征求意见稿)》仅对其追究行政责任,并未涉及由此造成当事人合法权益损害是否应予赔偿的问题;而地方性立法在规定追究司法鉴定人行政责任的同时,对由此造成当事人损害的,有些也规定了民事赔偿责任。

与此同时,地方性立法之间也存在冲突,对司法鉴定人不履行保密义务,影响鉴定、诉讼正常进行的问题,重庆、山东、江西等省市的司法鉴定条例都规定司法鉴定人承担的是行政责任,这就与《黑龙江省司法鉴定管理条例》的规定形成了冲突,但相比之下,后者对司法鉴定人的民事责任作出了明确的规定,能够在一定程度上保障司法鉴定的公正性,也更有利于维护当事人的诉讼权利。但它仅是地方性法规,并不具有在全国统一适用的效力,我国目前仍缺乏对司法鉴定具有统一适用性的法律规范。然而,鉴定机构及鉴定人受理司法鉴定业务却没有地域限制,如何使用地方性司法鉴定规范,是需要进一步讨论的问题。

以上规章、地方立法之间存在的冲突,一方面会使得司法实践无所适从,另一方面对司法鉴定人同样的违法行为责罚不同的法律责任也是一种不公平，会影响司法鉴定的客观性、统一性和公正性。

（三）人民法院和我国法律法规对司法鉴定民事责任的态度值得关注

从实践的角度来看，人民法院是司法鉴定的"客户"，司法鉴定活动是为人民法院审理案件时查明专门性问题的事实真相服务的。司法鉴定水平的高低，鉴定意见质量的好坏，直接影响到法院对案件裁判的结果。从这个角度来说，人民法院对司法鉴定最有评价的权力。但是由于我国司法鉴定管理的特殊性，"四大类"司法鉴定由司法行政部门管理，"四大类"以外的司法鉴定由其他行业部门管理，人民法院对司法鉴定的评价的话语权相对比较弱。面对形形色色、林林总总的鉴定机构及其鉴定人，法院通过设立司法鉴定机构及司法鉴定人名册的方式进行宏观把关，其实也是对司法鉴定活动的一种监督。虽然人民法院面对有问题的鉴定机构及其鉴定人没有直接处罚的权力，但是可以通过入册遴选的方式予以监督，也不失为一个相对有效的措施。不过，由于我国地域辽阔，人民法院众多，这种监管措施能够发挥的效果有限。因此，存在问题的司法鉴定活动时有发生，人民法院也实属无奈。

1. 《民事诉讼法》的规定

近年来，国家在制定相关法律时，其中涉及司法鉴定事项方面，也有民事责任承担的表述。在2017年修正的《民事诉讼法》第78条规定，当事人对鉴定意见有异议或者人民法院认为鉴定人有必要出庭的，鉴定人应当出庭作证。经人民法院通知，鉴定人拒不出庭作证的，鉴定意见不得作为认定事实的根据；支付鉴定费用的当事人可以要求返还鉴定费用。这里不仅强化了鉴定人出庭的义务，而且对不出庭的法律后果直接与民事责任挂钩。需要说明的是，《民事诉讼法》第78条规定中涉及的是返还"鉴定费用"，不是"鉴定费"，鉴定费用包括鉴定费，还包括因鉴定活动给当事人造成的一些必要的经济开支和负担，例如，当事人参加鉴定活动产生的交通费、误工费；鉴定过程中应鉴定人的要求调取相关鉴定材料、做必要的医学检查等产生的费用等。鉴定费用的内涵是指因鉴定活动产生的经济支出；鉴定费用的外延则包罗万象，包括鉴定活动产生的各项直接费用，甚至还包括鉴定活动产生的其他合理的间接费用。因此，在涉及因鉴定人无正当理由拒绝出庭的民事案件时，赔偿数额会远远超出鉴定费。

2. 最高人民法院司法解释的规定

最高人民法院在制定有关司法解释的时候，对司法鉴定的表态值得关注，有的规定实际上对司法鉴定有着间接的管理意义。甚至在诉讼程序法的司法解释中也不乏这样的规定。

《民事诉讼证据规定》第42条规定，鉴定意见被采信后，鉴定人无正当理由撤销鉴定意见的，人民法院应当责令其退还鉴定费用，并可以根据情节，依照《民事诉讼法》第111条的规定对鉴定人进行处罚。当事人主张鉴定人负担由此增加的合理费用的，人民法院应予支持。人民法院采信鉴定意见后准许鉴定人撤销的，应当责令其退还鉴定费用。该司法解释对司法鉴定机构及其鉴定人单方面撤销鉴定意见的情况作出了否定性规定，并且采取了民事司法制裁和民事责任承担两种方式。

同时，《民事诉讼证据规定》第 81 条对鉴定人拒绝出庭的法律责任也作了规定，不仅涉及行政责任，还涉及民事责任的承担与执行：鉴定人拒不出庭作证的，鉴定意见不得作为认定案件事实的根据。人民法院应当建议有关主管部门或者组织对拒不出庭作证的鉴定人予以处罚。当事人要求退还鉴定费用的，人民法院应当在三日内作出裁定，责令鉴定人退还；拒不退还的，由人民法院依法执行。

3. 地方司法指导文件的规定

鉴于与司法鉴定有关的法律、法规、司法解释较少，一些地方立法机关、行政部门、司法机关制定了一些更为详细、更具有可操作性的指导文件。例如，2018 年 7 月上海市高级人民法院、上海市人民检察院、上海市公安局、上海市司法局联合制定了《关于严格司法鉴定责任追究的实施办法》（沪司规〔2018〕7 号），对司法鉴定机构、司法鉴定人违法鉴定、故意出虚假鉴定的情况作出了追究其纪律责任、民事责任、行政责任、刑事责任的规定。该办法第 4 条规定，鉴定机构和鉴定人实施下列行为侵犯当事人合法权利并造成损失的，当事人或者利害关系人可以依法向人民法院提起民事诉讼：（1）鉴定人故意作虚假鉴定或因重大过失导致错误鉴定造成当事人人身或财产损失的；（2）鉴定人非因法定事由拒绝出庭作证，致使当事人遭受损失的；（3）鉴定人泄露当事人个人隐私或者商业秘密，造成损害的；（4）法律、法规和规章规定的其他情形。鉴定人在执业活动中，因故意或者重大过失行为给案件当事人造成损失的，其所在鉴定机构依法承担赔偿责任后，可以向有过错的鉴定人进行追偿。

二、我国追究司法鉴定人民事法律责任的实践

在司法实践中，因司法鉴定人的错误鉴定而遭受损失的现象频有发生，但是由于法律并未明确规定有过错的司法鉴定人承担相应的民事责任，当事人对于其所遭受的损失便无法向司法鉴定人直接追究。被评为"2005年十大影响性诉讼"之一的黄某案，经过了五次尸体检查、六次死亡鉴定，每一次鉴定结果都持迥然不同的观点，甚至矛盾重重，却未闻追究司法鉴定人的责任。而在河北省曲周县民办教师徐某某一案中，徐某某的血型被错误鉴定，并以强奸罪被判8年有期徒刑，虽最终沉冤昭雪获得相应的国家赔偿，但对作出错误鉴定的司法鉴定人却无法追究其民事赔偿责任，而且司法机关并未因此去调查出现错误鉴定的原因。之所以出现这种现象，是因为：一方面，立法上欠缺对司法鉴定人民事责任的规定，致使司法实践无法可依；另一方面，司法机关未尽到其法律监督之职责。

众所周知，对案件中涉及的专门性问题，法庭主要依据司法鉴定人出具的鉴定意见作出判决，既然鉴定意见具有如此重要意义，就需要运用责任性或制裁性条款对从事鉴定业务的司法鉴定人予以规制。虽然我国法律已规定司法鉴定人的行政责任和刑事责任，《民事诉讼法》第78条也规定了鉴定人的民事责任，但责任形式和范围都比较局限，鉴定人及鉴定机构责任界限模糊，这不仅不能为遭受损失的受害人提供必要的民事救

济，也是对司法鉴定人恣意鉴定的纵容。为维护司法尊严，保护当事人的合法权益，在完善司法鉴定人刑事和行政责任的同时，也应加快完善司法鉴定人民事责任的相关规定。

近年来，在司法实践中，司法鉴定机构及其司法鉴定人因违反相关规定实施鉴定活动，或者在鉴定活动中侵害有关当事人的合法权益被当事人提起民事诉讼并因此承担民事责任的案件不在少数。有学者在十年前总结并报告过16例法医鉴定机构因侵犯当事人合法权益而被提起诉讼的案件。① 下面就一例典型案件进行讨论。

【案例7-1】万某诉河南司法警院司法鉴定中心医疗损害责任纠纷②

郑州高新技术产业开发区人民法院（一审法院）经审理认定以下事实：万某（原告）因医疗损害赔偿纠纷诉至郑州市二七区人民法院，河南司法警院司法鉴定中心（被告）经郑州市二七区人民法院委托对郑州大学第一附属医院对原告的医疗行为是否存在过错，在医疗行为与万某的损害后果之间是否存在因果关系及过错参与度，以及万某现在是否适宜评定伤残及伤残等级进行鉴定。河南司法警院司法鉴定中心于2012年11月15日作出河南司法警院司法鉴定中心法医临床司法鉴定意见书（豫司警院司法鉴定中心〔2012〕临鉴字第340号），鉴定意见

---

① 刘鑫：《当事人起诉鉴定机构16例分析》，《中国法医学杂志》2010年第6期，第458-460页。
② 万某诉河南司法警院司法鉴定中心医疗损害责任纠纷案，(2017) 豫01民终3964号，https://wenshu.court.gov.cn/website/wenshu/181107ANFZ0BXSK4/index.html?docId=efoed4de704a4a3c9157a78401136826，访问日期：2021年1月10日。

为：（1）郑州大学第一附属医院对被鉴定人万某的医疗行为存在过错，其过错和被鉴定人万某目前的智能障碍有因果关系，过错参与度为25%。（2）被鉴定人万某目前构成二级伤残。原告对河南司法警院司法鉴定中心法医临床司法鉴定意见书中的第一项鉴定意见不服，并多次要求进行重新鉴定，其间单方委托北京京城明鉴医学科技有限公司进行司法鉴定论证，北京京城明鉴医学科技有限公司于2013年6月20日作出了法医鉴定论证意见书（京法〔2013〕医鉴论字第029号），论证意见为：（1）郑州大学第一附属医院对患儿万某的诊疗行为存在医疗过失，该医疗过失与被鉴定人损害后果（去皮层状态）之间存在因果关系，医疗过失参与度建议拟80%~90%。（2）患儿万某目前脑部呈弥漫性、不可逆性损害，已构成一级伤残。被告认为该法医鉴定论证意见书程序违法，且京城明鉴医学科技有限公司不具有鉴定资质，不予认可。后双方同意重新鉴定。郑州市二七区人民法院根据当事人申请，依法委托司法鉴定科学技术研究所司法鉴定中心进行司法鉴定。司法鉴定科学技术研究所司法鉴定中心于2015年5月20日作出了司法鉴定科学技术研究所司法鉴定中心鉴定意见书（司鉴中心〔2015〕临鉴字第1529号），鉴定意见为：（1）郑州大学第一附属医院对被鉴定人万某的诊疗行为存在过错，医疗过错与万某的损害后果（缺氧缺血性脑损害）之间存在因果关系（医疗过错系主要因素，参与度拟为60%~80%）。（2）被鉴定人万某属于完全护理依赖（护理人数建议为2人）。郑州市二七区人民法院裁判文书中采用了75%的医疗过失参与度。

郑州高新技术产业开发区人民法院认为,鉴定结论是建立在充分的科学数据和客观事实基础上的实证性判断,而不是科学推理,不同鉴定机构及其鉴定人只要用统一的科学技术标准进行反复鉴定,其所获得的结论都应当是基本相同的,客观标准只有一个,不会由于鉴定主体的不同而使结果发生重大改变。尽管不少鉴定专业类别至今并无法定的鉴定技术标准,但那些专业、鉴定对象在该专业领域都有不成文的传统技术标准,在理论和实践方面被鉴定专家长期研究证实,并得到司法实践的认同。故被告出具的鉴定意见偏离客观事实,具有一定的过错,应当承担相应的责任。同时,必然引起某种损害后果的原因系直接原因,本案中,被告出具的鉴定意见偏离客观事实,原告针对该鉴定意见因重新鉴定造成的损失,与出具的该鉴定意见具有直接因果关系,原告的相应损失应得到赔偿。根据原告的举证,综合原告方的家庭成员情况、职业以及处理重新鉴定事宜所必须支出的时间、精力等因素,现原告主张被告向原告赔偿损失人民币10万元,合乎情理,依法予以支持。关于被告向原告公开赔礼道歉,《民法通则》第120条规定,公民的姓名权、肖像权、名誉权、荣誉权受到侵害的,有权要求赔礼道歉。法院认为,赔礼道歉范围应与损害范围相一致。经查,本案中,被告系专业且具有资质的鉴定机构,虽出具的鉴定意见偏离客观事实而造成原告的损失,并未对原告的姓名权、肖像权、名誉权、荣誉权造成影响。鉴于被告出具鉴定意见系受郑州市二七区人民法院委托而作出,不构成一般人格权侵权,故法院对原告主张被告对原告公开赔礼道歉(电视台、报纸或网络均可）的诉讼请求不予支持。综上，郑州高新技术产业开发区人民法院依照《合同法》第406条，《民事诉讼法》第78条、第64条之规定，判决如下：（1）被告河南司法警院司法鉴定中心于本案判决生效后10日内支付原告万某赔偿款人民币10万元；（2）驳回原告万某的其他诉讼请求。如果未按本判决指定的期间履行给付金钱义务，应当依照《民事诉讼法》第253条之规定，加倍支付迟延履行期间的债务利息。案件受理费2300元，由被告河南司法警院司法鉴定中心负担。

双方均不服一审判决，向郑州市中级人民法院提出上诉，郑州市中级人民法院审理后作出了驳回上诉维持原判的判决。

三、影响司法鉴定人民事责任体系构建的因素

通过以上分析可以看出，确立司法鉴定人民事责任是一个毋庸置疑的问题，但目前我国确立司法鉴定人民事责任还需克服一些不利因素。

（一）鉴定机制设置的影响

在我国，司法鉴定人一般是以所在的鉴定机构或单位的名义出具鉴定意见，在责任主体的配置上是以机构承担责任为主，鉴定人（自然人）承担责任为辅，这种责任主体制度的存在不仅会对司法鉴定质量造成负面影响，也不利于提升司法鉴定人的责任感和积极性；而且对直接追究司法鉴定人的民事责任造成了阻碍。因为相较于司法鉴定机构，司法鉴定人是鉴定活动的直接实施者，鉴定意见也是根据其所具有的专业知识或技能，

并在借助科学仪器、设备的基础上，对案件所涉及的专门性问题进行科学实证分析的结果，由此可见，司法鉴定人本身所具有的专业知识和技能以及道德素质等都对鉴定意见是否能正确作出产生或多或少的影响。而这些是司法鉴定机构无法做到的，对司法鉴定人在鉴定业务中的行为，司法鉴定机构只能予以监督，无法完全控制，更遑论左右司法鉴定人的意志。所以说，这种以机构责任为主，鉴定人责任为辅的责任主体架构，存在一定程度上的不合理性。而且，司法鉴定人一般是由司法机关指派或聘请而参与到诉讼当中，其"官方专家"的身份色彩很难淡化，这使得对鉴定意见进行证明能力审查较难以实现。权利与责任的不对称，也使得对司法鉴定人的责任追究很难落实。因此，完善司法鉴定人的责任制度，必须转变目前这种责任主体的配置方式，建立起以司法鉴定人（自然人）责任为主，机构责任为辅的责任制度。

（二）传统观念的影响

从战国李悝的《法经》到清朝的《大清律例》，尽管在名称、体例上有所变化，但万变不离其宗，无一不是"以刑为主，诸法合体"，在传统观念上法与刑相通。刑即刑法，封建社会之初的刑罚指导思想便是法家的"禁奸止过，莫若重刑"，在统治者看来："重刑连其罪，则民不敢试。民不试，故无刑也"①。儒家虽主张"仁政"和"礼治"，并不完全排斥刑杀。

---

① 夏新华、彭妍艳：《近代刑法观念的裂变：从诸法合体到刑法独立》，《辽宁公安司法管理干部学院学报》2007年第1期，第57-61页。

儒家也认同:"刑罚行于国,所诛者乱人也。如此则民顺治而国安也。"① 这种根深蒂固的重刑轻民思想,贯穿于历朝历代的立法当中,而作为调整公民之间权利义务的民事法律规范却不被重视,这不仅表现在刑法的法典化以及刑罚条文的数量繁多,还表现在民事的刑法化,作为典型的民事法律关系的婚姻关系也是借助于刑罚予以调整。例如,《唐律》规定,若卑幼不服从尊长包办的婚姻,要施以杖刑;贱人娶良人女,则会被苛以徒刑等。统治者为维护阶级统治和自身利益,而践踏民众的私有权利,使民众的法治观念长期处于禁锢状态。

这种重刑轻民的思想,映射到我国的司法鉴定制度上便是对司法鉴定人民事责任的轻视,对行政责任和刑事责任着墨过重。仅想借助行政和刑事责任来规范司法鉴定人的行为,惩戒其违法行为造成的社会危害性,却忽略了对一方当事人合法权益受到损害的弥补,这也是助长我国司法鉴定秩序混乱、重复鉴定频发的重要原因。因此,传统观念中的这种重刑轻民思想,严重阻碍着追究司法鉴定人民事责任机制的建立,当务之急是转变传统观念,认真维护受害人合法权益和践行以人为本的法治思想,确立司法鉴定人的民事责任追诉机制,才是受害人真正所需要的。

(三)赔偿能力的影响

实践中,司法鉴定只是收取一定数额的服务性费用,这与错误鉴定给当事人造成的巨大损失之间存在明显的失衡。此种状况

---

① 武树臣:《"中国法律儒家化"命题的多向度反思》,《西南法学》2018 年第 1 卷第 00 期,第 3-22 页。

下,如何根据民法上的损害赔偿原理去追究司法鉴定人的民事责任?是要求其按实际损失进行赔偿,还是仅退还鉴定费用?

由于司法鉴定人的错误鉴定给当事人造成损失是现实存在的,而其所收取的鉴定费用此时又显得如此微薄,如要求其按实际损失赔偿,未免给他们造成较大的经济压力,有失公平;而如果仅要求其退回鉴定费用,受害人所遭受的损失便无法得到填补。因此,司法鉴定费用与当事人遭受的实际损失之间的不对称,成为制约司法鉴定人民事责任确立的重大因素。

司法鉴定职业与律师、会计师等职业同属于高风险行业,为弥补赔偿资金来源的不足,律师行业 2002 年就建立了律师职业保险制度,在全国强制推行律师责任赔偿和职业保险制度,为因律师违法执业或因其过错而遭受损失的当事人给予赔偿,这不仅有利于有效维护当事人的合法权益,也有利于强化律师行业的信用。而同样面对赔偿资金不足问题,司法鉴定行业却没有相关的保险制度予以支撑,致使当事人由于错误鉴定所遭受的损失无法及时获得赔偿。因此,司法鉴定行业存在的赔偿能力低下问题,以及相关保险制度的缺失,也制约了我国司法鉴定人民事责任制度的建立。

第四节 专家责任讨论

专家责任乃侵权责任的一种,鉴于侵权主体、侵权行为的特殊性,在侵权责任的构成上应当有特殊考量。该类侵权的侵权主体,应当是具有特殊专业资格并从事专业工作的人员,往往具有"专家"的身份。该类侵权的行为系有过错的专业服务行为。那么,如何认定该专业工作的"过错"?遗憾的是,《民法典》并没有规定专家责任。在实践中涉及专家责任的情况比较多,例如,医疗服务、法律服务、法律辅助服务以及其他专业技术服务等。鉴于《民法典》对专家责任没有专门的规定,本节从学理角度,结合我国司法实践对专家责任进行讨论。

一、专家的资格和身份

在文明社会总是会活动着这么一群人,他们以其特有的知识和技能为他人提供服务,并从这种服务中获取报酬。这种服务就叫作专家服务,提供这项服务的人,由于其身份、能力和资格的特殊性,因此被称为专家。不同的社会、不同的国家对专家的定义不同。对专家的认定标准和定义可以通过诉讼法上专家证人的资格要求来考察。普通法上对专家证人资格要求相当严格,只有那些拥有超出事实裁判者的知识范围之外的知识,并且这种知识对事实裁判有着极为重要的帮助的人,才能作为专家证人在法庭上作证。毫无疑问,专家认定的关键在于其拥有的专业知识具有特殊性,不同国家对其专业知识的层次要求有着不同的规定:"超出陪审团的知识范围""超出普通人的知识或经验范围""必须是必要的而且是不可避免的"等。比较一致的认识是,只有很好地掌握了某些内行人才能懂得的深奥知识的人,才能称其为专家;

对其专业知识的取得，一般要求是通过正规教育或者培训。不过，这种观点受到越来越多的批评。到了 20 世纪 60 年代，英美法系国家基本抛弃了普通法的标准，采取更为开放的态度，放宽了专家认定的标准：必须具备足够的相关领域的知识和技能，不再强调必须接受正规的教育或训练。[①]《美国联邦证据规则》第 702 条规定，具有专门的知识、技术和经验的人，都可以成为法庭上的专家，而无论其获得这些知识的途径是否是正规的教育或培训。实践中，一些汽车修理工、砖瓦工、电工等都曾经作为专家出庭。

不过，在侵权法上涉及专家服务有关的专家责任的认定，还真不能放得这么宽。因为在法庭上就相关的案件事实进行调查，关注的专门知识点有限，专家提供专家意见的时间点也有限，专家在法庭上提供专家证言是被动作答。只要能解决正在审理的案件中的专门性问题，专家提供的观点和意见能够为案件审理者听取即可，可以认可，也可以不认可。而在服务领域，能够以专家身份提供专家服务，则有着比较严格的、系统的专业知识的要求。在服务领域，专家必须以自己的知识、技能和经验主动提供专业服务，以完成约定的任务为目标，最终要得到委托人对专家劳动成果的认可。因此，专家的知识、技能和经验要求就比较高了。在我国人事关系管理领域，一般将获得副高级专业技术职称的人称为专家。梁慧星教授统筹领导的中国民法典立法研究课题组提出的《中国民法典·侵权行为编草

---

① John W. Strong, *McCormick on Evidence*, 5th ed. (West Publishing Co., 1992), p. 24.

案建议稿》①中,将专家定义为具有专业知识或专门技能,依法取得国家认可的专业资格证书和执业证书、向公众提供专业服务的人。专家以专业知识或专门技能向公众提供服务,为本法所称的专家执业活动。专家从事执业活动应当遵循相关的法律、法规、行业规范和操作规程等。

刘燕认为,应当将专家责任这一概念中的"专家"理解为擅长某种技术的人,更为常见的称谓是"专业人士"。从域外法律制度来看,在我们所谓的"专家责任"名目下,法律规定的实际上是与特定职业活动相关的法律责任问题,称为专业人士的法律责任,即"professional liability"。《国际比较法百科全书》在"专业人士法律责任"一章中,对这个概念做了一个非常笼统的描述:"本书的专业人士责任一词,泛指专业人士在从事其专业活动时所产生的责任。"② 有些国家的立法中甚至直接使用"职业责任"(occupation liabilty)的概念,例如,澳大利亚新南威尔士州1994年颁布的《专业标准法》第4条将"职业责任"界定为:"在履行职业行为的过程中,基于本人或本人监管的代理人的任何作为或不作为而引发的合同、侵权或其他性质的民事责任。"③

不过,无论被称为专家责任,还是专业人士责任,其核心

---

① 中国民法典立法研究课题组:《中国民法典·侵权行为编草案建议稿》,《法学研究》2002年第2期,第140页。
② 刘燕:《"专家责任"若干基本概念质疑》,《比较法研究》2005年第5期,第140页。
③ 刘燕:《"专家责任"若干基本概念质疑》,《比较法研究》2005年第5期,第140页。

在于专业的人用专业知识和技术提供专业的服务,对提供这种服务的人的资格和身份要求不一定很苛刻。在专业服务的过程中,委托专家从事专业技术服务,更多注重的是服务的过程和服务的成果,是否真正解决了委托人的专业技术需求,是否完成了委托人提交的专业技术工作,专家提供的服务成果是否能令委托人满意。在这种现实需求之下,提供专业技术服务的人员的资格和身份仅是其承揽该服务的一个竞标的符号,未必真正重要。除非提供专业技术服务的人员有明显的欺诈,不能按照委托方提出的技术要求完成专业技术服务,委托方才会在追究服务提供方责任时提出专家身份的质疑。

二、专家责任的承担

正如西方古老的法谚所言:"没有责任就没有法律。"法律在规定法律关系主体的权利和义务时,总是要确定相关义务人的法律责任,否则这部法律形同虚设,不是真正意义上的法律。在西方法谚中还有一句话:"没有救济就没有权利。"这句话更是从权利救济保障的角度,对侵害他人权利的行为作出了救济要求的阐述。任何一种权利要获得救济首先就要有法律上的根据。从这个角度来说,司法鉴定服务不是法外之地,司法鉴定机构及司法鉴定人在开展司法鉴定活动过程中,如果因为自己的过错给他人的权利造成了侵害,应当承担相应的法律责任。不过,在我国 2009 年出台的《侵权责任法》中,对"专家责任"这一概念没有涉及,仅规定了医疗损害责任。在《民法典》中,基本上也是沿袭了这一思路和框架,没有涉及"专家责任"。因此，在我国，专业人士提供专业服务没有尽到相应的义务，符合侵权责任构成的一般要件的，应当参照《民法典》第七编侵权责任的一般规定承担责任，其中包括司法鉴定机构及其鉴定人提供司法鉴定服务的侵权责任。

中国民法典立法研究课题组提出的《中国民法典·侵权行为法篇专家建议稿》的第二章"自己的侵权行为"中设立了一节"专家责任"。该建议稿第 41 条规定，专家在执业活动中因故意或过失造成委托人或第三人损害的，应当依据本节规定承担民事责任。二人或者二人以上共同签署法律文件或者提出专家咨询意见、作出专业决策的，应当承担连带责任。专家受雇于专门的执业机构并以该执业机构的名义对外从事执业活动的，在执业活动中对委托人造成的损失或者给第三人造成损失的，由执业机构承担民事责任。执业机构承担民事责任后有权对有故意或者重大过失的受雇专家进行追偿。①

在中国人民大学王利明教授主持的《中国民法典学者建议稿及立法理由（侵权行为编）》第二章侵权的类型中，设立专门的"专家责任"节。其中第 83 条对专家责任作出了一般规定："具有专门专业知识或者专门技能，向公众提供专业服务的专家在执业活动中，故意或者过失造成委托人或者第三人损害的，应当承担民事责任。二人或者二人以上的专家故意提供虚假文件欺诈他人，给他人造成损害的，应当承担连带责任。有时候专家并非以个人名义从事专业活动，而是受雇于专业机

---

① 中国民法典立法研究课题组：《中国民法典·侵权行为编草案建议稿》，《法学研究》2002 年第 2 期，第 140 页。

构,以专业机构的名义提供专业服务。"针对此种情况,该建议稿第85条规定:"受雇于专门的执业机构并以该执业机构的名义对外从事职业活动的,在执业活动中对委托人或者第三人造成损失的,由执业机构承担民事责任。执业机构承担了民事责任后,有权对有故意或者重大过失的受雇专家追偿。"另外,该建议稿中还具体建议:"建筑、设计单位因建筑、设计不当致使建筑物或者其他设施倒塌,造成他人损害的,建筑、设计单位应当承担适当的民事责任;承担资产评估、验资、验证、会计、审计、法律服务等职责的中介组织的人员提供虚假证明文件,使他人产生合理信赖而受到损害的,应当承担民事责任。"①

三、专家责任认定的关键——是否尽到专业上的注意义务

即便是专家,甚至是权威专家,其所提供的专业技术服务也不可能保证万无一失。在专业技术服务领域,由于人类认识的局限性,未知的领域、未知的知识还比较多,加之专业技术服务很大程度上依靠人的主观思维判断,因而影响专业技术服务的主客观因素比较多,最终不一定能得到令委托人满意的结果,甚至可能会得到一个相反的结果。例如,委托律师代理诉讼案件,最终的诉讼结果是委托人败诉;在医疗服务合同中,患者在医院就医,即便是最好的医院,给其提供诊疗服务的是

---

① 王利民:《中国民法典学者建议稿及立法理由(侵权行为编)》,法律出版社,2005,第72-74页。

该领域最权威的专家，最终也可能没诊断清楚疾病，甚至造成患者最终死亡。

因此，如何评价专家所提供的专业技术服务，如何评价其服务成果的质量，等等，成为专家是否应当承担责任的关键。鉴于科学技术的特殊性，人们认识世界、改造世界的局限性，同时考虑到专业技术服务活动影响因素众多，对专家责任的评价不能简单以最终的结果作评价，而应当以专家提供专业技术服务的过程作评价。即专家在提供专业技术服务的过程中，是否尽到其专业领域所要求的注意义务。

中国民法典立法研究课题组的建议稿第42条对专家的注意义务作出了清晰的建议："专家在执业活动中须尽高度注意义务、忠实义务和保密义务，维护委托人的合法权益。违反高度注意义务、忠实义务或保密义务的，应认定专家有过错。专家的高度注意义务是指专家因具有高度的专业知识或专门技能所产生的义务，一般以同专业领域的专家在执业活动中所通常应履行的注意义务为判断标准。专家的忠实义务是指专家应为委托人的最大利益而实施行为，不得同时追求第三人或者自己的利益。"[①]

不过，如何考察和评价专家服务过程中的"高度注意义务"，在相关的建议稿中并不明确，这与专家所在的专业领域庞杂有关，不同的专业领域，其专业技术的规范和要求是不同的，应当结合具体案件在具体专业领域范围内考察。在司法鉴

---

① 中国民法典立法研究课题组：《中国民法典·侵权行为编草案建议稿》，《法学研究》2002年第2期，第140页。

定专业领域，司法鉴定机构及其司法鉴定人承担侵权责任，仍然以司法鉴定机构及其司法鉴定人违反高度注意义务、忠实义务或保密义务为认定专家过错的前提。在具体操作上，应当以鉴定所涉及的科学理论知识、技术、经验及相关的规范、标准、要求，乃至与委托方的约定来加以认定。

第五节　司法鉴定侵权法律责任

根据民法基本理论，侵权行为民事责任的构成要件有多种学说，作为通说的"四要件说"认为，侵权责任要件包括违法行为、损害事实、因果关系和过错①，鉴定侵权也不例外。

一、侵权行为

虽然我国对于司法鉴定人的侵权行为没有作出具体的规定，但有关司法鉴定的法律法规如《司法鉴定人登记管理办法（修订征求意见稿）》对司法鉴定人应当履行的义务作出了明确的规定，可以根据这些规定探讨司法鉴定人的侵权行为。具体包括：司法鉴定人执业应当按照规定完成相应的鉴定任务；遇到需要回避的情形应当主动申请回避；在鉴定活动过程中应当保守知悉的当事人隐私以及所涉及的国家秘密、商业秘密等；在鉴定工作中应当负合理注意义务，对鉴定工作高度负责；不能

---

① 马俊驹、余延满：《民法原论》，法律出版社，2007，第997页。

在鉴定过程中弄虚作假或是采取欺诈手段欺骗当事人以及法庭等。

本书认为，从现有的法律法规出发，并结合司法鉴定人在鉴定过程中所要承担的法定义务，可以探讨的鉴定人的侵权行为的具体情形有以下几种：一是司法鉴定人在鉴定过程中因主观过错，存在故意或重大过失导致鉴定错误，并且这个错误的鉴定意见被法庭采纳了，根据这个错误的鉴定意见，间接或直接造成了某一方当事人败诉或者承受了其他人身、财产或者其他方面的损失；二是司法鉴定人在鉴定过程中不遵守法律法规所规定的保密义务，未经当事人或法庭允许，在除法庭之外的其他场合故意或者过失泄露了当事人的隐私或是与案件相关的商业机密、国家秘密，并由于泄露而给当事人或相关主体造成损害；三是鉴定人以欺诈的手段，通过伪造学历、资质认定等，欺骗司法行政机关，骗取司法鉴定人名录并登记造册，因这种欺诈的行为而给当事人造成损失；四是鉴定人在鉴定活动中因某种行为，如过失伤害等，间接或直接造成当事人人身或财产的损失；五是鉴定人因对鉴定资料保存不当，致使材料受损或损毁，无法恢复原件而令鉴定活动无法进行，给当事人造成损失；六是鉴定人因某种缘由自行中止或者终止鉴定活动，而令当事人不得不承受损失或损害等。

二、损害事实

在侵权法体系中，有了实际存在的行为，还要看这个行为是否给当事人造成了一定的损害，这就是损害事实的存在，损害事实是构成侵权行为的要件之一。损害事实是指行为人作出了某种行为,而这种行为直接或间接导致了他人人身损害、财产损失、精神损失或其他方面的损失,造成了实际利益的损害或是非实际利益的损害的客观事实。这种事实的存在是真实可见的,而不是臆想的,不是推论或者推演出来的结果,如某人在村口大路撞死了一头母牛,这头母牛死亡的事实即是真实存在的损害结果,而如果假设母牛在一年后可以交配并产下牛犊,这个假设推论出来的"牛犊"就不是损害的事实,不能令行为人承担对不存在的"牛犊"的民事赔偿。

在司法鉴定活动中也是如此,无损害事实即无责任,有损害事实必须是可见的事实,而非无端推论的损害结果。在司法鉴定活动中,司法鉴定人因鉴定行为而造成当事人合法权益受损,则可以明确鉴定人的行为是客观存在的。如果仅有过错的行为,但这个行为最终并未令当事人蒙受损失,没有造成损害事实存在的,不宜以侵权行为论之,没有造成损害事实结果的,鉴定人不用承担民事责任。例如,司法鉴定人在鉴定过程中因过失作出了有误的鉴定,但是到了法庭上,因某种缘由法庭对鉴定人作出的这份错误鉴定并没有采信,而是依据其他证据对案件进行审判,那么虽然鉴定人的鉴定意见是错误的,但是该错误的鉴定并没有给案件带来影响,也就不存在给当事人带来实际的损害事实,所以当事人并不能因为鉴定人有过错的鉴定行为而要求鉴定人负责并作出赔偿。

结合司法实践,司法鉴定人造成的损害事实大致可以分为两大类:一是司法鉴定人因鉴定行为本身直接对当事人造成人身、财产上的损害，如当事人自身身体上的伤害，隐私泄露造成的损害，或是鉴定材料的灭失、损毁、无法复原等情形；二是司法鉴定人作出了错误的鉴定，法庭采用了该错误的鉴定影响了案件的审判结果而造成当事人在诉讼上的损失。简而言之，司法鉴定中具体的损害事实包括当事人自身人身安全或财务上的损害，以及因法院采纳鉴定人的错误鉴定意见而致当事人败诉的损害，或是因鉴定过程泄露关于鉴定的内容的隐私或当事人的隐私而给当事人造成的损害等。

另外，本书认为司法鉴定所造成的损害事实，应当是穷尽救济程序后，仍无法弥补当事人的损失的，方能对司法鉴定人追诉。因为在法庭审理过程中，是存在纠正司法鉴定错误的方式和渠道的，而诉讼是"实现正义的最后一道屏障"，当事人针对鉴定意见提起诉讼意味着穷尽了所有救济途径都不能得到法律上的帮助，这个时候有关当事人只能通过诉讼程序追究司法鉴定人的民事责任。司法鉴定人在鉴定活动中出具有错误的鉴定或者直接造成了当事人人身上的损害，当事人可以先通过上诉以及审判监督程序保障自身的合法权益。如果通过这些司法程序能够及时更正错误的鉴定意见，能够判定事实认定的错误，令法庭不再采信错误的鉴定意见，有可能的判决错误能够通过改判等方式予以纠正，或者通过相关的国家赔偿的方式获得相应的补偿，那么在救济程序上就可以救助到当事人。如果穷尽救济程序都不能消除当事人的损害，可以根据损害事实要求鉴定人承担因鉴定活动带来的损害而承担侵权责任。如果当事人在诉讼程序期间，明知鉴定意见错误而未及时采取措施，如在诉讼过程中可以申请重新鉴定而未申请，或一审判决后未及时上诉通过二审要求改判或者当时放弃上诉的，从而导致损害发生或继续的，对于过后当事人提起的鉴定人侵权责任应当有所斟酌或豁免鉴定人的民事赔偿责任。

三、主观过错

主观过错是构成侵权责任的一大要件，反映的是行为人在行为过程中的心理状态。在认定司法鉴定人的民事责任时，强调的是鉴定人的主观过错。司法鉴定人作出侵犯的行为时，是否存在主观过错，是判定其是否构成侵权的一个必要条件。主观过错分为故意和过失，如果司法鉴定人在鉴定过程中是存在故意错误鉴定的行为，并且给当事人造成了损害的结果，构成犯罪的，应当以刑法论之；而如果在主观上属于故意但未构成犯罪的，或是过失的行为，则应当认定承担民事法律责任。在追究司法鉴定人的民事法律责任的时候，要考虑到鉴定人是否存在主观错误的情形，如果仅是由客观的或是不可抗的因素引起的鉴定过错，就不属于鉴定人的主观过错。

在民法上，主观过错可以分为故意和过失，在故意的情形下，鉴定人的主观心态是明知自己的行为可能产生不利的后果，但是放任结果的发生或是希望后果发生，在这种情形下主要看鉴定人的行为是否构成犯罪，在主观上较为容易判断；而过失则可以分为一般过失和重大过失，一般过失是由于行为人没有预料到后果的产生，而重大过失是由于行为人的疏忽大意或是盲目自信导致了后果的发生。在讨论司法鉴定人的主观过错要件时，必须考虑其是故意还是过失导致当事人的损失。如果是故意为之，应当构成侵权；如果是过失，必须考虑是一般过失还是重大过失，这就需要以司法鉴定人的社会角色来具体探讨。

在司法鉴定活动中，司法鉴定人是处于"专家"的角色定位，而在法律上，专业人士或专家是需要承担高度的注意义务。所谓高度的注意义务，是特指从事特定职务或特定专业人员需要承担的法律义务。司法鉴定人属于法律上的专业人士，法官和法庭需要参考鉴定人的鉴定意见，作为判案的有效证据，其所出具的鉴定意见被视为专业的，鉴定工作也是属于高度专门性的工作。司法鉴定人属于专家类的职业，其所具备的专业知识和技术技能是一般人无法掌握的，大部分公众对鉴定活动并无了解。在诉讼中，鉴定人的鉴定工作对案件走向和当事人是很重要的，司法鉴定人基于其专业性被当事人和法庭寄予了高度的信任。因此，这就要求鉴定人在履行职务的过程中，即在完成鉴定工作的过程中须尽到高度注意义务。但是由于当前司法鉴定人的鉴定水平良莠不齐，很难将"高度注意义务"在实践上统一化。因此，本书认为应当适用的"合理注意义务"标准应为中等职业水平的标准，即职业领域技术水平的平均值，这样对司法鉴定人承担责任的评判才是更具有可操作性和可实施性的。如果鉴定人在鉴定活动中已经尽到合理的注意义务，仍旧导致了损害结果的产生，那么在主观过错上应当属于一般过失，而非重大过失。

考虑到司法鉴定工作的专业性和特殊性，以及我国司法鉴定行业并不十分成熟和规范，从现实性和合理性上看，本书认为在主观过错上应当只追究司法鉴定人的重大过失，排除一般过失。如果司法鉴定人合理执业，遵守执业规范，按照鉴定的规范要求，严格操作鉴定设备仪器，在自己的能力范围内尽职尽责做好鉴定工作，尽到了鉴定工作所需要的合理注意义务，那么即便事后发现其鉴定意见是错误的，也应当归为鉴定人的一般过失，不追究其民事责任，在立法上也是符合侵权责任所强调的主观可归责性的；而如果司法鉴定人在鉴定过程中，没有尽到普通人都能尽到的注意义务，在鉴定活动中放任自流，明知没有严格按照要求可能会导致错误发生却仍旧没有在意，最终由于这种能预见到的失误产生错误的鉴定意见，那么这种过失就属于重大过失，应当追究司法鉴定人的民事法律责任。这种区分是为了对司法鉴定人从事司法鉴定行业特殊性的保障，有利于提升司法鉴定人工作的积极性。司法鉴定工作是依靠发展中的科学技术以及依赖机器设备完成的，存在检验方法和仪器优劣等多种在鉴定过程中不可抗的因素，既取决于司法鉴定人自身主观的思考判断，也依赖客观存在的鉴定材料以及鉴定设备。如果对司法鉴定人的一般过失也要追究责任，在合理的犯错下有所苛求，既加重了司法鉴定人执业的心理负担，又可能面临动辄被起诉承担赔偿的尴尬境地，难免施之过严。综上所述，在民事责任上应排除司法鉴定人的一般过失，只有当鉴定人在鉴定活动中故意或因重大过失造成鉴定错误的情况下，才能认定鉴定人具有主观过错，构成侵权。

四、因果关系

在侵权法上，因果关系指的是侵权行为与损害结果之间的关系，通俗来说就是某一个行为是否是引发损害结果的原因，如果是就可以认为有因果关系，如果不是那就不成立因果关系。因果关系的认定是法院确定侵权责任赔偿的前提，若某种行为不存在，损害就不会发生，则该行为是损害结果发生的原因；若某种行为不存在，但损害照样发生，那两者之间就不存在因果关系。

确定司法鉴定人是否承担民事责任，明确司法鉴定人所作出的行为是否与当事人所受到的损害结果存在因果关系非常重要，可能两者相关，但是相关并非等同于因果关系。如果当事人所受的损害事实不是由司法鉴定人的行为所引起的，就不能将司法鉴定人的行为认定为是对当事人的侵权行为。

2004年，浙江省余姚市发生了一起幼童在幼儿园猝死案，死者为方某某，年仅两周岁。宁波市公安局在进行尸检后作出鉴定结论，认为方某某死因为肺炎致急性呼吸衰竭死亡。原告不服，申请湖北同济法医学司法鉴定中心对方某某的死因进行复检，该鉴定中心的鉴定结论为死者死因为脑外伤多发性挫伤出血导致急性死亡。后原告代理人又委托了浙江大学司法鉴定中心对方某某死因进行鉴定，鉴定结论是外伤后急性脑肿胀导致神经中枢衰竭死亡。宁波市公安局不服此结论，委托公安部和司法部专家对死者死因再次进行鉴定，鉴定意见为方某某外伤损伤轻微不足以致死，脑水肿轻微不致死，死因为肺炎导致猝死。原告不服，又委托中国法医学会法医鉴定委员会复检，鉴定结论为外伤性脑损伤导致中枢呼吸衰竭死亡。[①] 由此可见，

---

① 胡珊、张贻富：《五份鉴定不一 幼童后事分担》，《浙江法制报》2005年3月17日第5版。

原告提供的三份司法鉴定意见与公安机关提供的两份意见是相反的。在庭审中，双方所出示的鉴定意见均不具有明显的证据优势，在证明力方面不足，法庭最终没有采信任何一方的鉴定意见。法院因原告举证不足，不能有效证明被告方幼儿园与方某某死亡事实存在因果关系，故驳回原告除赔偿合理损失和学杂费之外的其他诉讼请求。本案中，原被告双方所出具的鉴定意见互相矛盾，法庭全部不采信，而是根据其他证据以及主张公平原则来进行判决。在该案中，即便是某一方的司法鉴定意见是错误的，而当事人认为在案件判决中蒙受了损害，两者之间也并不具有因果关系，因为实际上法庭根本没有采信任何一方的鉴定意见，退一步说即便是所有的鉴定意见都是错的，对法庭的最终判决也没有任何影响，即便当事人认为判决下来之后遭受了损害，也与司法鉴定人无关，不能追究司法鉴定人鉴定错误的民事赔偿责任。

从上述案件可知，司法鉴定人民事责任中因果关系的认定，重点在于鉴定人在鉴定活动中的行为是否是引起当事人受到损害的间接或直接原因，如果不存在因果关系，那么当事人就不能向司法鉴定人追诉民事赔偿责任。司法鉴定人由于故意或过失，所出具的鉴定意见是错误的，并不代表最终的判决也会发生错误，因为鉴定意见只是法定证据的一种，法庭是否采信具有不确定性。只有当法庭采信了错误的鉴定意见，并且根据这个错误的鉴定意见而作出对当事人不利的判决，致使当事人合法权益遭到损害时，司法鉴定人作出错误意见的行为与损害事实之间才能成立因果关系，才能认定司法鉴定人的行为是侵权行为。

第六节　司法鉴定违约法律责任

违约责任使用严格责任原则,从合同约定出发,尊重合同双方的意思表示。鉴定合同从性质上说属于格式合同。虽然格式合同中权利义务的定式化不能充分反映合同双方的意思,事实上,主要是被动接受一方的意思内容,但我国的《民法典》合同编及其相关规定已经通过合理配置举证责任,使用合适的合同解释等方式衡平了合同双方的权利义务。因此,鉴定人的违约责任应严格遵守合同的基本条款。

实践中,鉴定人的民事责任主要包括破坏送检材料、不按时完成鉴定、不履行出庭作证义务、未遵守约定泄露当事人个人隐私或商业秘密等。具体形态应结合实践中鉴定合同内容来确定。

在追究鉴定人违约责任时,应注意举证责任的分担和合同解释的适用。

综上所述,我们把鉴定人民事责任的性质分类解析,构筑鉴定人民事责任的完整体系。鉴定人民事责任不宜全盘概括,从衡平鉴定人与当事人利益的角度出发,针对具体的鉴定活动用适当的责任去规范鉴定人的行为,既保护当事人利益不受损,也合理维护鉴定活动的独立性和中立性,并最终实现探明案件事实为诉讼服务的目的。

定性分析的目的在于指明鉴定人民事责任的走向，这里我们还须说明的是，鉴定人责任体系中，民事、刑事和行政责任在基础事实上有颇多重合。例如，鉴定人不履行出庭作证的义务，这一行为有法定的行政责任（根据《司法鉴定人登记管理办法（修订征求意见稿）》第 30 条规定，司法行政机关可以给予鉴定人停止执业三个月以上一年以下的处罚），也适用违约责任（一般鉴定合同都包括按时完成鉴定业务的条款），两种责任并不矛盾。甚至民事、刑事和行政三种责任均可基于同一基础事实而发生，关键的区别在于所造成后果的轻重不同和鉴定人行为性质的界定（是故意还是重大过失在某种程度上决定了鉴定人应承担的是民事责任还是刑事责任）。

一、鉴定合同违约责任归责原则

鉴定人的违约责任基于鉴定合同的约定而发生，鉴定合同一般会约定当事人和鉴定人之间就具体约定事项而应承担的义务和享有的权利。一般而言，当事人主要义务在于，按约定提供检材，提供鉴定活动开展所必要的信息，缴纳鉴定费用等；当事人主要权利在于，享有要求鉴定人按时、忠实、勤勉地完成鉴定任务，要求鉴定人妥善保管检材，以及按期获得鉴定报告等。

相比之下，鉴定人的权利义务更为严格，也更具普遍性。《司法鉴定人登记管理办法（修订征求意见稿）》第 21 条和第 22 条详细规定了鉴定人的法定权利和义务。在权利方面，鉴定人有权要求委托人无偿提供鉴定所需要的检材、样本，获得合

第七章 司法鉴定的民事法律责任

法报酬，拒绝解决、回答与鉴定无关的问题等。在义务方面，鉴定人须妥善保管送鉴的检材、样本和资料等。这些法定权利义务是鉴定人权责体系中的基础部分。鉴定合同得包含但不限于这些权利义务内容。在明确鉴定人合同权利义务内容的基础上，我们需要定量分析鉴定人违约责任的两个基本要素，辨析其个性与共性。

违约责任是合同当事人违反合同义务所应承担的责任。归责原则是确定合同双方这种责任的基本原则。根据《民法典》合同编的相关规定，违约责任采取的是二元结构，即采无过错原则与过错原则相结合的二元体系。[①] 鉴定合同为一种提供服务的合同，我国大多数有名的提供服务的合同诸如承揽合同、运输合同、保管合同、委托合同中大量采用过错或过错推定原则。鉴定合同也可划入广义的提供服务的合同范畴，但在归责原则上却又迥异于一般的此等合同。究其原因，在于合同的基本目的并不单纯为当事人的利益而展开。我国的司法鉴定实践中，鉴定活动的目的不单独为了当事人的要求，最主要还是为诉讼程序服务，鉴定人的义务结构不完全由鉴定合同所生成。过错归责原则不能完全反映鉴定人责任生成的内在原因。且当事人在鉴定合同中的意思自治内容很少，依过错归责原则来实现其权利无疑是在加重其证明负担。因此，本书认为在鉴定合同中宜适用无过错责任原则。

无过错责任原则即严格责任原则，是指违约的结果发生后，

---

① 崔健远：《合同法》，法律出版社，2000，第232页。

责任的承担主要考虑违约结果是否由当事人的行为引起，而其主观过错在所不问。严格责任原则以违约方的行为与违约结果之间是否有因果关系为基本要件。① 这意味着严格责任的追诉中，关键在于因果关系的证明。鉴定合同一般均为格式合同，基本信息栏和主要的协议事项均事先拟定，当事人在鉴定合同中犹如做多项选择题，只是在已有的选项中作出选择，主要内容涉及检材的处理、鉴定时间和一些特殊事项（如是否涉及妇女身体的检查）等。鉴定合同一般还附有风险提示，提示当事人鉴定结论的不确定性。

这些内容上的特点决定了追诉鉴定人违约责任时归责原则具有特殊性。在这里，严格责任原则有两大特点。

第一，适用的单向性。严格责任原则一般地仅适用于鉴定人违约的情形。当事人在鉴定合同中的弱势地位需要一种衡平手段。鉴定合同中，当事人义务主要集中于为鉴定活动的展开提供一些基本材料和信息，配合鉴定业务的完成。倘若其履约不完整甚至不履约，那么鉴定活动未能得出合理结论甚至没有结论，这本身就是不利于当事人的结果，且当事人对鉴定活动了解甚少，在履约中客观上有一定困难。针对这些情况，我们除了适用合同法上关于格式合同的特殊规定外，在归责上，以严格责任原则追究当事人的违约责任太过苛刻。且司法鉴定活动主要服务于诉讼，其合同目的并不单纯涉及鉴定人与当事人之间的利益分配。笔者认为选择以过错归责原则追究当事人违

---

① 刘广霞：《论违约责任的归责原则》，《世纪桥》2007年第7期，第69页。

约较为合适。

第二，适用因果关系。司法鉴定活动不是一项单纯的民事活动，鉴定人的权利义务有很大一部分是法定的，这些法定的权利义务旨在保证鉴定人合理有序地展开鉴定活动。一般鉴定合同的主要内容是围绕着鉴定事项展开，较少涉及鉴定人的权利义务。从鉴定合同目的的多样性出发，鉴定人违约责任的归责中，应把握两个"严格"。一是严格限于合同条款。一般地，鉴定合同中的协议事项主要涉及法定程序性事项，鉴定人违约责任确定应围绕这些事项展开，而不应过分扩张，涉及鉴定标准或鉴定技术等内容。二是严格把握因果关系的链接。鉴定活动是科学性活动，不同的鉴定事项使用的科学原理和定理并不相同，适用严格责任原则时应准确把握不同鉴定项目的因果关系，强调违约结果与违约行为的内在链接。这意味着因果关系应适当扩大，扩大的范围则以法定的鉴定人的义务为限，即当鉴定人为履行法定的相关义务时，而这义务为鉴定活动的应有内容时，仍应承担民事责任。

最后我们应注意的是，诸如鉴定人不按时出庭作证等行为，一般法律法规已对此等行为课予行政责任，但仍有使用民事责任的空间，两者并行不悖，当事人仍可追诉鉴定人违约责任。

二、鉴定合同风险负担

风险负担和违约责任是《民法典》合同编处理合同标的灭失的基本制度。一般而言，法律上的风险是指因不可归责于当事人的事由致标的物灭失的不利状态。① 如果合同的灭失由可归责的事由所致，那么适用违约责任；如果由不可归责的事由所致，则用风险分担制度来解决。②

具体到鉴定合同，履约风险主要包括鉴定意见是否被办案机关所采纳，是否能作出明确的鉴定意见，以及鉴定意见是否对委托人有利等问题。我们在梳理鉴定合同风险和违约责任关系时第一个任务就是辨别"风险"事项和"违约"事项的不同。一般而言，风险基于客观原因或第三人原因，违约则来自合同方的违约行为，合同中一般均有约定。

在此基础上，我们先分析鉴定合同的风险类型。鉴定合同的风险主要包括物质性和程序性两种风险。物质性风险主要是检材的适用和保管，程序性风险主要是鉴定意见是否明确和被采纳的可能性问题。在某种程度上可以说，程序性风险与合同本身无关，涉及的是案件的性质和诉讼程序的展开，与鉴定人鉴定活动的关系是"要么全责，要么无关"。程序性风险的后果要么就是鉴定人违约，要么就与鉴定人无关。而物质性风险则是需要仔细研究的问题。一般而言，物质性风险以检材的存在为依托，谁持有检材谁承担风险。

我们首先讨论履约过程中的风险承担问题。鉴定合同的标的是鉴定人所实施的各具体项目的鉴定活动。在合同履约过程中，鉴定人承担相应的鉴定风险，诸如检材保管过程中因客观

---

① 王轶：《论买卖合同标的物的损毁、灭失的风险负担》，《北京科技大学学报》1999 年第 4 期，第 62—67 页。
② 易军：《违约责任与风险负担》，《法律科学》2004 年第 3 期，第 51 页。

不可归责的事由引发的检材的受损等。这里需进一步细分的是，当违约与风险同时发生时，我们如何处理风险损失与违约责任的关系。一般的处理原则是，如果违约行为严重到可以阻却风险转移的程度，那么适用违约责任原则；如果违约行为不足以影响风险的转移，那么合同双方各自寻求救济办法。①

在这一原则的基础上，我们发现，在鉴定合同的履行过程中，风险的承担和违约责任负担有可能分别存在于合同双方当事人身上。例如，当事人未依约缴纳鉴定费用，而鉴定机构已收取鉴定所需检材且有条件保管该检材，那么，在一个合理的期限内，检材保管过程中相关风险应由鉴定机构承担。概言之，在这种情况下，违约方的违约行为不阻却另一方采取相应补救措施时，风险转移不会被违约行为所阻却。但若当事人仍不缴纳相关费用，符合合同解除标准，鉴定机构行使合同解除权后，当事人的违约行为即阻却了风险转移，此时，应由当事人承担风险。

接下来，我们研究迟延履行和不完全履行中的风险承担问题。我们从鉴定人的角度看，当鉴定活动迟延于合同约定的时间履行完毕时，相应的风险由迟延履行的鉴定机构承担。值得思考的问题是，若当事人迟延受领，那么如何解决风险承担问题。这主要是涉及司法鉴定活动完成后，当事人未及时领取剩余检材的情形。一般而言，鉴定机构在有条件的情况下，再延长一定的期限（视检材状况而定）并通知当事人领取，若当事人仍

---

① 王洪亮：《合同法难点、热点、疑点理论研究》，中国人民公安大学出版社，2000，第45页。

不领取，则风险由当事人承担。

针对不完全履行，我们首先要分析不完全履行的概念。不完全履行包括量的不完全履行和质的不完全履行。[①] 量的不完全履行是一种不完全的违约行为。例如，鉴定时间稍微超过约定期限、检材轻微破损、鉴定报告中有错别字但不至引起重大误解等情况。在此种情况下，风险负担不发生变化。质的不完全履行本身就是一种违约行为。遵循上文所述的合同风险与违约责任关系处理原则即可。这里需要辨析的一种特殊情况是，因一方不完全履行致合同目的无法实现，而另一方行使合同解除权，在合同解除权行使期间发生了风险时损失承担问题。本书主张，若检材仍在鉴定机构手中，则风险仍由鉴定机构承担。

综上所述，鉴定合同违约与风险负担遵循的基本原则是，风险负担与违约责任是合同法调整合同履行的两个方面。是否有可归责事由，是违约责任和风险负担的基本标准，在此基础上，我们分析了几种特殊情况，分析思路仍坚持衡平理念。

三、侵权责任与违约责任的竞合

竞合责任是鉴定人民事责任体系中最为复杂的一种，其发生的基础是错误鉴定。在上文论述错误鉴定的基础上，我们进一步结合鉴定人责任属性展开分析。根据请求权规范竞合说，违约责任和侵权责任的竞合发生于侵权责任所保护的一般性民

---

① 崔建远：《合同法》，法律出版社，2000，第203页。

事权利为契约责任所特定化的情形。在司法鉴定过程中，当事人只有鉴定申请权，面对为其服务的鉴定人，当事人与其说是一种选择，不如说是一种接受。在诉讼中，一般是拥有鉴定权的司法机关选择鉴定机构，而当事人与鉴定人的鉴定合同中没有真正包含当事人选择鉴定人的意思表示。这使得鉴定人的合理注意义务超越鉴定合同的范畴，鉴定人对鉴定事项的注意程度包括但不限于其与当事人在鉴定合同中的具体条款，且在程度上具有一定的普遍性。当鉴定人或因操作程序不合规范，或因检材保管不当，或因鉴定标准使用错误等原因致使鉴定结论偏离事实，且造成了当事人败诉，并最终被认定作出错误的鉴定意见时，当事人在合同之外对专业鉴定人的合理期待与合同要求的鉴定人的合理注意义务相竞合。当事人得以就因败诉所遭受的损失向鉴定人提出赔偿请求。

如果更进一步研究，我们要思考的是，鉴定人民事责任的构造，定量分析鉴定人各类民事责任的具体要件，既理清不同民事责任之间的差异，又明晰民事责任与刑事责任和行政责任的不同。

需要说明的是，虽然在法理上和诉讼实践中，对司法鉴定的民事法律责任有侵权和违约竞合之说，但是由于我们将司法鉴定合同界定为服务合同，在服务合同理论上目前倾向于违约与侵权的融合，两者之间的界限不是十分明显，在服务合同的违约之诉中也会支持精神赔偿。[1]

---

[1] 周江洪：《服务合同研究》，法律出版社，2010，第27页。

四、司法鉴定机构的责任

关于鉴定人民事责任的承担主体应当是鉴定机构还是鉴定人，主要有两种观点：一种观点认为，承担民事赔偿责任的主体是司法鉴定机构。在鉴定人违法执业或者因为过错而给当事人造成客观损失时，由鉴定人所在的鉴定机构承担赔偿责任。[①]鉴定机构对当事人赔偿之后，可以向有过错的鉴定人追偿。另一种观点认为，我国现阶段对鉴定人法律责任的配置应以鉴定机构责任为主，以鉴定人（自然人）责任为辅。而随着司法鉴定体制改革的深化，应逐步转变为以鉴定人（自然人）责任为主，鉴定机构责任为辅。[②]

在我国，司法鉴定人要从事鉴定工作，是不能以个人的名义接办案件的，除了国家机关内部设立的鉴定部门外，社会上的司法鉴定人需要挂靠在一个合法的司法鉴定机构，不能私自受理业务。同时，开展司法鉴定需要一定的专业仪器设备，鉴定人需要使用司法鉴定机构配备的仪器，一般自身是很少拥有或购买的。当事人申请或是法院指定开展鉴定工作后，是以司法鉴定机构的名义接受案件，然后再分配给机构名下某一特定的司法鉴定人承接具体的鉴定工作。所以实际上是以司法鉴定机构的名义接案，只是实际的操作者是司法鉴定人。鉴定人需要借助司法鉴定机构的鉴定设备，且是在机构提供的特定的环

[①] 孙业群：《司法鉴定制度改革研究》，法律出版社，2002，第138页。
[②] 何家弘主编《司法鉴定导论》，法律出版社，2000，第341页。

境中开展鉴定的，鉴定人的鉴定活动是要接受鉴定机构的监督和管理，要依赖于鉴定机构的鉴定设备以及鉴定业务的受理和分配。既然司法鉴定人属于鉴定机构的一分子，且是由鉴定机构受理分配的鉴定任务，其鉴定活动受鉴定机构的监督和指导，那么当鉴定人以隶属于特定鉴定机构的身份从事鉴定活动的时候，出现了过错或者出具了错误的鉴定意见造成了当事人的损害事实，且鉴定机构在管理和指导上也有过错，那么鉴定机构就应承担一部分的责任。鉴定机构进行赔偿之后如有必要，可再向司法鉴定人进行追偿。

2000年，上海市儿童王某在接种脊髓灰质炎混合疫苗时，因未按时间进行第三次接种，致使其在接种后仍出现了脊髓灰质炎病的症状。王某认为是因为当地某疾控中心对其管辖范围内的医院疫苗接种工作管理指导不到位，且因某医院违规操作，未在规定的时间内接种疫苗，双方共同造成了当事人的损害。法院按照过失参与度一审判决该医院承担10%的民事赔偿责任，而疾控中心对王某的损害结果没有管理或指导上的过错，故不承担赔偿责任；二审法院进行了改判，判决医院应当承担的责任份额为55%，维持对疾控中心的原判决。[1] 本案中，尽管疾控中心是当地某医院在接种疫苗事宜上的管理和指导单位，但因在王某接种疫苗案上未直接参与，与损害结果没有直接关系，所以其判决无须承担责任。由此案可见，上级单位是否需

---

[1] 赵俊：《医疗机构因接种不当所致损害的责任承担——王某与某地段医院、某疾病预防控制中心人身损害赔偿纠纷上诉案》，《上海医学》2006年第5期，第337页。

要承担民事责任，要考虑其是否与损害结果有直接的关系。而在司法鉴定人的民事责任中，司法鉴定机构不仅是鉴定人的上级领导单位，而且是直接领导单位，在管理、监督和指导上有着更密切的联系，应当考虑鉴定机构需要承担民事责任的比例度。

当司法鉴定机构是法人的情况下，如果因司法鉴定机构违法执业，或是管理指导有误，或是所提供的机器设备有问题，令司法鉴定人在鉴定上因过错给当事人造成损失时，司法鉴定机构应当依法承担相应的责任；如果司法鉴定机构不是法人时，那么设立司法鉴定机构的法人或是其归属的某组织单位应当承担连带责任。在明确司法鉴定机构应当承担责任的比例时，要考虑鉴定机构其过错造成损害结果发生的参与度。如果司法鉴定机构在指导和提供设备方面都没有过错，那么应当承担责任的比例相应地要小；如果可以明显辨识出过错仅是由鉴定人故意或重大过失造成的，司法鉴定机构可以不承担责任，由过错的鉴定人承担全部的民事责任；如果司法鉴定机构存在过错，例如，由鉴定机构鉴定管理活动的错漏或失误，如鉴定设备老化或破损，或是送检材料受损等，导致司法鉴定人在鉴定上出错，那么司法鉴定机构应当承担赔偿责任。司法鉴定机构进行赔偿之后，如同时存在司法鉴定人自身过错的，可以向有过错的司法鉴定人追偿。

将司法鉴定机构的责任纳入，是为了更好地保护当事人的合法权益，如果当事人因鉴定人的过错造成损失而又因种种原因得不到个人赔偿时，还可以得到合理的补偿，由司法鉴定机构赔偿之后再向有过错的鉴定人追偿。这样就减轻了司法鉴定人在鉴定机构支配和指导下从事鉴定工作的心理负担，在赔偿责任上体现了司法公正，是符合目前司法鉴定模式发展的。从目前来看，司法鉴定民事责任中的责任主体多为鉴定机构，但是随着司法改革的推进，在责任主体上应由机构责任向个人责任转变，到时即便是纳入了司法鉴定机构的责任，也仅是为补充司法鉴定人的个人责任，司法鉴定机构的责任不能完全替代司法鉴定人的民事责任。

五、鉴定人无正当理由拒绝出庭的法律责任

鉴定人出庭作证是一项诉讼活动，是由诉讼法所规定的参与诉讼的行为，是为法庭提供科学的证据活动的重要环节。司法人员对鉴定意见进行审查和确认的方法很多，但通过鉴定人出庭确认证据是其中最重要的方法。同时，鉴定人出庭作证也是鉴定人的义务，是其鉴定工作的继续。

根据我国法律的规定，鉴定意见属于证据的一种，对鉴定意见的认定，需要经过双方当事人在法庭上进行质证。但是，《民事诉讼法》第78条规定，当事人对鉴定意见有异议或者人民法院认为鉴定人有必要出庭的，鉴定人应当出庭作证。经人民法院通知，鉴定人拒不出庭作证的，鉴定意见不得作为认定事实的根据；支付鉴定费用的当事人可以要求返还鉴定费用。《民事诉讼证据规定》第81条规定，鉴定人拒不出庭作证的，鉴定意见不得作为认定案件事实的根据。人民法院应当建议有关主管部门或者组织对拒不出庭作证的鉴定人予以处罚。当事

人要求退还鉴定费用的，人民法院应当在三日内作出裁定，责令鉴定人退还；拒不退还的，由人民法院依法执行。当事人因鉴定人拒不出庭作证申请重新鉴定的，人民法院应当准许。目前，《民事诉讼法》及相关司法解释对鉴定人未出庭作证的后果均做了规定，但责任程度较低，主要涉及退还鉴定费和不得采信鉴定意见。在司法鉴定市场化的今天，这样的责任程度对鉴定机构和鉴定人而言都没有太大影响，从而使这一规定形同虚设。在司法实践中，如果鉴定人经法院传唤或者通知未到庭，不影响开庭审判的，法院可以决定不传唤其出庭作证，而直接对鉴定意见进行书面调查。另外，依据《医疗事故技术鉴定暂行办法》第34条第2款规定，医疗事故技术鉴定书盖医学会医疗事故技术鉴定专用印章。其中并未要求鉴定人在鉴定书上签字，也不要求鉴定人出庭接受质询。在医疗损害诉讼中，医疗事故鉴定意见都是由医学会直接提交法庭，以宣读鉴定意见的方式进行调查，这显然对鉴定质量的监督是非常不利的。

鉴定人拒绝出庭作证的法律责任范围过窄，不作为的法律成本过低，导致我国法庭上鉴定人的出庭率很低，尤其是医疗事故技术鉴定的专家出庭作证的比例更低。绝大多数的鉴定意见都是由控诉一方提交给法庭，并以宣读鉴定意见的方式进行调查的。这样就使得对鉴定意见的质证失去了其应有的法律意义，导致法庭无法对鉴定意见进行有效的审查。

对于鉴定人拒绝出庭作证的行为，本质上应当视为一种违反司法鉴定合同的行为，司法鉴定机构及其鉴定人应当承担违约责任。司法鉴定活动不应仅包括鉴定人对鉴定事项作出技术分析判断、提出鉴定意见、制作鉴定文书，还应包括鉴定后的相关活动，即鉴定人接受案件当事人、办理案件的公安司法机关的工作人员对鉴定意见的咨询，就鉴定意见出庭接收质证。《民事诉讼证据规定》第39条第2款规定，人民法院委托鉴定时已经确定鉴定人出庭费用包含在鉴定费用中的，不再通知当事人预交。这也充分凸显了鉴定人出庭作证系鉴定活动的有机组成部分。

对于鉴定人因拒绝出庭作证而承担的违约责任，根据《民法典》有关违约责任的规定予以认定。当事人可以就参加鉴定活动所产生的相关费用、启动新鉴定增加的相关费用进行主张。

在医疗损害鉴定的实践中，专家们往往依靠医学经验来对证据进行审查判断，由于相应的法律法规的规定有些简单，事实上鉴定专家拥有不受限制的自由裁量权。鉴定实践中，缺乏必要的法律监督和有效的违规处罚，容易形成鉴定中的自由擅断，使人怀疑证据裁定中存在暗箱操作，也难以避免医疗损害鉴定中的"亲亲相隐"，产生与事实存在差异的鉴定意见。鉴定立法的相对滞后，缺乏统一的管理及有效的监督与制约，使鉴定意见的真实性受到了一定程度的影响。即使鉴定意见是正确的，也容易被误解、被怀疑。因此，必须强化监督制约机制，明确出庭接受质证是鉴定专家的法定义务。专家亲自出庭作证、接受质证是对鉴定活动最有力的公开监督。

由于鉴定意见本质上属于言词证据，而言词证据必然具有一定的主观性，因而无论是大陆法系国家还是英美法系国家都要求对鉴定意见进行法庭质证。医疗鉴定本身技术的复杂性使得鉴定人的推论、说明或解释的主观性表现更强。实践中，经常会出现基于相同的鉴定客体或者基础资料，由不同的鉴定人鉴定得出不同的结论的情况。既然医疗损害鉴定意见的主观性无法避免，民事诉讼程序就应当设计相应的制度和程序来保障当事人与鉴定人能够交换意见，从而使法官通过辨析对事实和法律问题作出正确的裁判。

六、促进鉴定人出庭的制度构建

鉴定人出庭就鉴定的事项接受当事人的质证，是对其鉴定行为进行监督和规范的有效措施。由于鉴定人不具有证人的不可替代性，鉴定人基于特殊原因不能出庭作证时，法院可以另行委托其他鉴定人就鉴定的事项重新鉴定。此举虽然有可能会引起重复鉴定的问题，但却能够最大限度地对鉴定人形成威慑力，督促鉴定人更加客观公正地进行鉴定。与当事人因质疑鉴定意见，通过二审或者再审程序进行救济相比，要求鉴定人出庭接受当事人质证的方式更能节约司法资源。同时，在法庭审理的过程中，控辩双方不仅可以对鉴定意见的准确性和科学性提出异议，进行质证、辩论，而且可以对其证据资格提出不同的意见。法庭在对鉴定意见本身存在疑义的时候，可以自行指派或者聘请鉴定人进行补充鉴定或者重新鉴定。对审判前已经形成的鉴定意见的法律资格问题，法庭应当对其进行审查，然后再确认其法律效力。这样既可以起到对鉴定人执业的监督作用，同时也为当事人举证证明鉴定人存在不实鉴定行为，应该承担民事责任提供了一定的依据。因此，应当明确鉴定人出庭作证的义务，并建立一套完备的责任机制。

(一) 明确鉴定人应当出庭的情形

从对影响鉴定人出庭因素的分析中可以得出，法官是影响鉴定人出庭的重要原因。从保障当事人合法权益角度看，需要对鉴定人应当出庭情况进行具体规定。具体规定鉴定人出庭情形对法官自由裁量有约束性，这对提高鉴定人出庭率有重要意义。笔者认为，以下情形鉴定人应当出庭。

一是案件中存在多个鉴定意见，并且鉴定意见的结论有较明显差异时，鉴定人应当出庭。在收集的样本案例中童某某故意杀人案①就存在以上情形，两份精神疾病鉴定意见内容有很大差别，其中一个认为童某某不具备完全刑事责任能力，另一个认为童某某是癔症性精神障碍。在这种情况下，法官应当让鉴定人出庭接受质证和解释鉴定意见。

二是当事人对鉴定意见争议较大，应当让鉴定人出庭。具体来说，即当事人认为鉴定意见有错误，并且提出具体的错误点。在印某故意伤害案②中，靖江市公安局法医鉴定认为，被害人成某某右眼视盘出血构成轻伤二级；辩护人戚某提出因《人体损伤程度鉴定标准》中没有关于视盘出血的规定，故靖江市公安局物证鉴定室出具的成某某右眼视盘出血

---

① 童某某犯故意杀人罪一审刑事附带民事判决书，(2013) 芜中刑初字第00007号，https://cpws.tongchaba.com/anhui/440862，访问日期：2021年7月31日。
② 印某故意伤害罪案一审判决书，(2017) 苏1282刑初8号，https://wenshu.court.gov.cn/website/wenshu/181107ANFZ0BXSK4/index.html?docId=d87a3ba00d17433bbaada911010c9deb，访问日期：2021年7月31日。

构成轻伤二级的鉴定意见有误。这就是属于对鉴定意见争议较大的情形。在这种情况下，法官应当让鉴定人出庭接受质证和说明。

三是鉴定意见直接关乎案件定罪，且鉴定材料在收集、提取、保管、鉴定程序、方法等方面存在瑕疵时，应当让鉴定人出庭。一般发生在投放危险物质和投毒杀人以及毒品案件中，例如，念某投放危险物质案①中，鉴定人未按照专业规范要求进行"空白"对照检验，为了防止出现假阳性检验结果，但因此难以排除检材被污染的可能。面对这样的案件，法官应当让鉴定人出庭接受质证。

笔者建议《刑事诉讼法》中增加一条，规定"具有下列情形之一，应当通知鉴定人出庭：（一）鉴定材料的收集、提取、保管或者鉴定程序、方法等可能违反法律及相关规定的；（二）当事人对鉴定意见争议较大，应当让鉴定人出庭；（三）存在多份鉴定意见，且鉴定意见差异较大的；（四）对鉴定意见争议较大的；（五）鉴定人应当出庭的其他情形"。这样做有利于法官形成相应的统一标准，也有利于提高鉴定人的出庭率。

（二）增设鉴定意见庭前开示程序

在质证对抗性分析中发现，当事人和辩护人对鉴定意见的质证主要围绕鉴定人资格、鉴定意见的内容进行，无法形成有

---

① 念某投放危险物质案二审刑事附带民事判决书，（2012）闽刑终字第 10 号，http://www.dffyw.com/sifashijian/ws/201408/36888.html，访问日期：2021 年 7 月 31 日。

效的质证；专家辅助人对鉴定人及鉴定意见的质证问题较少。其原因是当事人、辩护人及专家辅助人没有机会对鉴定意见深入了解，只知道鉴定意见的内容。因此，应当通过庭前开示程序，让控辩双方更多地了解鉴定意见，确定诉讼策略，让鉴定意见在庭审中得到更加有效的质证。

《人民法院办理刑事案件庭前会议规程（试行）》（法发〔2017〕31号）第9条规定，审判人员可以就是否申请鉴定人和有专门知识的人出庭向控辩双方了解情况，听取意见。该规程第17条规定，控辩双方申请鉴定人、有专门知识的人出庭应当说明理由，也可以提出异议。从以上规定来看，庭前会议为建立鉴定意见庭前开示程序提供了一定基础。在保证庭前开示的效果上，还需要对鉴定意见庭前开示的启动、内容及方式方法作出更加具体的安排。

在庭前开示的启动权上，应规定控辩双方均有权对鉴定意见进行开示申请。同时，申请的一方应通过提交书面申请的方式告知对方当事人及法院。在鉴定意见庭前开示的内容上，对鉴定意见涉及的主体，可以从鉴定人的资格、专业领域、学术著作、曾经作出的鉴定意见、对本案的鉴定参与程度等方面进行说明。对鉴定意见的具体内容，应对鉴定活动所依据的科学原理、采用的技术方法等进行说明。通过对鉴定意见进行充分开示，保证控辩双方都对鉴定意见能够全面且深入的了解，为庭审的质证活动提供前提和保障。

（三）推进专家辅助人制度的落实

专家辅助人制度与鉴定人制度相辅相成，是对鉴定制度的监督和补充，它们最终统一于维护司法公正的需要。① 专家辅助人制度的增设有利于强化对鉴定意见及鉴定人的质证效果，将案件所涉及的专门性问题展示在法庭上，通过控辩双方的有效质证得以澄清；有利于审判人员对案件所涉及的专门性问题作出科学判断，摆脱对鉴定意见的过分依赖；有利于在一定程度上减少重复鉴定的发生，避免使问题烦琐化、复杂化，提高审判的准确性。但是实践中，对专家辅助人制度落实不到位，导致案件中很少有专家辅助人身影，进而影响质证效果。

《人民法院办理刑事案件第一审普通程序法庭调查规程（试行）》（法发〔2017〕31号）第12条规定，控辩双方可以申请法庭通知专门知识的人、鉴定人出庭。其只是简单规定，缺乏对专家辅助人资格条件、专家辅助人意见属性、专家辅助人费用、专家辅助人责任承担、专家辅助人保护等问题的具体规定。因此，应尽快出台具体的实施规定。

实践中，刑事诉讼中的被告人多为没有能力委托专家辅助人的人，若严格规范了聘请专家辅助人费用及相关出庭费用，无疑是为部分财力短缺、势单力薄的被告人聘请专家辅助人设立了一个更高的门槛。因此，从平衡控辩双方的诉讼能力角度上看，在专家辅助人制度中应当规定专家辅助人制度的法律援助内容，为没有能力聘请专家辅助人的被告方提供免费的专家辅助人援助，以切实保障其合法权益不被剥夺。

聘请专家辅助人对鉴定意见进行质证是控辩双方尤其是处

---

① 何军兵：《论刑事鉴定意见质证保障制度之完善——以辩护为视角》，《中国司法鉴定》2011年第6期，第90-93页。

于弱势地位的被告方的重要诉讼权利,对于实现审判的平等与公正,保障控辩双方在诉讼中的平等对抗可起到重要作用。因此,应当着力由国家专项资金补贴法律援助,为因经济困难无法聘请或无途径聘请专家辅助人的被告人提供免费的专家辅助人。

(四) 建立鉴定人及鉴定机构诚信档案

鉴定机构违规执业、鉴定人违规鉴定等问题依然存在,对鉴定意见的可靠性造成巨大的影响。建立鉴定人诚信档案能够促进鉴定人认真鉴定、为出庭作出积极准备,也一定程度上避免了鉴定人接触当事人进而影响鉴定结果的公正。

建立诚信档案的具体内容包括:首先,鉴定机构及鉴定人名册中包含诚信档案信息;其次,在案件审理完毕后,如果有违规行为,由书记员记录鉴定机构或者鉴定人违规行为;再其次,经过法官、鉴定机构、鉴定人确认后,将信息传送至编制名册部门,由他们对违规行为进行录入;最后,把名册信息公布在具体网站上方便查询。①

李克强总理在 2014 年的《政府工作报告》中就明确提出,要加快社会信用体系建设,对侵害消费者权益的企业建立黑名单制度,让失信者寸步难行,让守信者一路畅通。诚信对企业来说是根本,对司法鉴定来说更是根本。建立诚信档案,能约束鉴定机构及鉴定人违法行为,形成良好的司法鉴定环境,为

---

① 刘鑫、杨帆:《司法鉴定主体信用管理研究——以最高院鉴定人"白名单""黑名单"为视角》,《证据科学》2021 年第 1 期,第 19-30 页。

人民提供更加优质的服务。在委托鉴定时，委托人或者委托机关可以选择优质的鉴定机构进行鉴定，有效预防违法鉴定的出现，进而促进司法鉴定行业良好的发展。诚信档案对社会鉴定机构及其鉴定人约束力更强，一旦违法，他们的利益就会受到极大损失。

虽然《司法鉴定人登记管理办法（修订征求意见稿）》中已经明确规定建立诚信档案，但是这一规定一直没有落实。目前，互联网快速发展，建立诚信档案具有可操作性和可行性，应尽快建立诚信档案制度并完善其相关具体规定。

最高人民法院从2002年开始要求各级人民法院建立司法鉴定人名册并予以公示，法院审理案件从名册中选择鉴定机构委托鉴定，取得了良好的效果。《人民法院对外委托司法鉴定管理规定》（法释〔2002〕8号）第3条规定，人民法院司法鉴定机构建立社会鉴定机构和鉴定人名册，根据鉴定对象对专业技术的要求，随机选择和委托鉴定人进行司法鉴定。为此制定了《人民法院司法鉴定人名册制度实施办法》（法发〔2004〕6号）。至此，人民法院鉴定人名册制度正式确立。地方各级法院根据诉讼案件的需要建立了相应的鉴定人名册。2007年最高法院又发布了《最高人民法院对外委托鉴定、评估、拍卖等工作管理规定》（法办发〔2007〕5号），其中第5条规定，对外委托鉴定、评估、拍卖等工作按照公开、公平、择优的原则，实行对外委托名册制度，最高人民法院司法辅助工作部门负责《最高人民法院司法技术专业机构、专家名册》的编制和对入册专业机构、专家的工作情况进行监督和协调。该规定进一步规范了法院的鉴定主体名册管理工作。《最高人民法院关于人民法院民事诉讼中委托鉴定审查工作若干问题的规定》（法〔2020〕202号）进一步规定对鉴定主体实施黑名单管理。这一规定是在司法实践的基础上，尤其是在之前鉴定主体名册、失范鉴定主体制裁经验总结的基础上提出来的，有很好的理论和实践基础做支撑。以上规定都属于对鉴定人实施信用管理的做法。[①]

[①] 刘鑫、杨帆：《司法鉴定主体信用管理研究——以最高院鉴定人"白名单""黑名单"为视角》，《证据科学》2021年第1期，第19-30页。

第八章

司法鉴定服务合同行政监管

在现代司法进程中，法律已经与人们的日常生活息息相关。任何一项社会活动首先要在一定的法律规则范围内进行，如果破坏了相应的规则，就要承担其相应后果。而社会生活种类多样、纷繁复杂，给法律服务带来繁荣发展的同时也带来了诸多难题，尤其是事实认定中的难题。而司法鉴定是由具有专业知识的鉴定人凭借掌握的专业知识以及经验技能为法律活动尤其是诉讼活动中涉及的专业性问题提供专业支持的一项服务活动，在案件的事实查明方面扮演了关键作用。因此，司法鉴定的意见往往受到双方当事人以及审理案件的法官的极大关注。鉴定意见的产生过程也就是司法鉴定的过程是否合乎法律规定就成为至关重要的部分。我国于2005年颁布实施的《全国人民代表大会常务委员会关于司法鉴定管理问题的决定》规定了司法行政机关作为我国目前的司法鉴定管理主体，同时，赋予其对司法鉴定行业的监管职权，对司法鉴定机构与司法鉴定人依法登记管理，对其执业过程中是否严格按照法律法规的规定进行鉴定予以监管。

尽管近年来司法鉴定相关领域的学术研究越来越多，但是大多数学术研究的关注点在于司法鉴定机构与人员的准入资格、司法鉴定意见在诉讼中的判断采信等方面。有关司法鉴定管理方面的研究相对较少，同时大多集中于统一司法鉴定管理体制的建立上。然而，司法鉴定作为一个行业，如同行驶在道路上的汽车，在希望司法鉴定提高发展速度的同时也需要保证其在正确的方向指引下健康发展。因此，研究的关注点就不仅局限于"驾驶人员"与"车辆性能"，同时需要关注司法鉴定的监管工作，保证其发展不偏离方向。而目前对司法鉴定的行政监管方面的研究少之又少，仅有的部分研究也是司法行政机关在日常工作中的零散体会，难以形成系统完整的学术意见。同时，司法行政机关在进行管理统计过程中，仅注重司法鉴定机构、人员和业务量等内容的"量变"，而没有对司法鉴定行业发展过程中的"质变"给予充分关注。

本章通过司法鉴定行政诉讼案件的实证研究，对相关裁判文书进行挖掘整理，并对目前我国司法鉴定行政监管中出现的种种问题进行统计分析。希望通过查阅一份份裁判文书找出目前司法鉴定行政监管当中存在的问题，进而针对这些问题产生的原因给出相应的对策与建议，为司法鉴定行业的良性发展保驾护航。

一、司法鉴定行政监管问题突出

(一) 司法鉴定量及投诉量逐年攀升

1. 近年来司法鉴定业务量增长迅速

我国的司法鉴定工作起步较晚，但是随着改革开放后经济社会的快速发展，法律服务当中涉及的专业性问题越来越多。因此，司法鉴定作为解决此类专业性问题的主要方式，被需求的程度越来越高，业务开展也呈现快速发展趋势。以北京市三大类[①]

---

① 三大类司法鉴定指法医类、物证类、声像资料类司法鉴定。

鉴定为例，2011—2015 年的司法鉴定情况如图 8-1、8-2 所示。

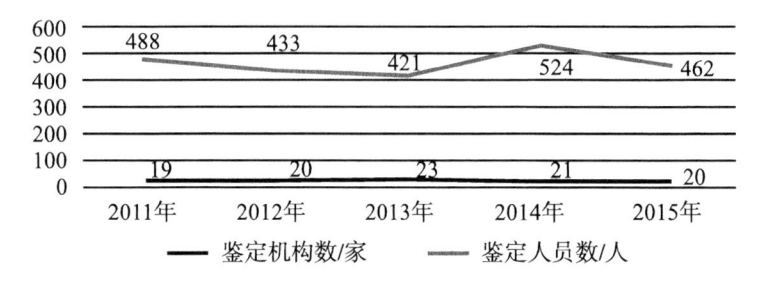

```
600
500   488      433
400                      421         524      462
300
200
100
 0     19       20       23          21       20
      2011年   2012年   2013年     2014年   2015年
          —— 鉴定机构数/家      —— 鉴定人员数/人
```

图 8-1 2011—2015 年北京市司法鉴定机构和人员数量变化趋势

资料来源：北京市司法局：业务数据，http：//sfj. beijing. gov. cn/sfj/zwgk/ywsj28/sfj_408b-2. html，访问日期：2021 年 1 月 30 日。

```
8
                                              7.4504
                                    7.0045
6
                          4.7575
4
     1.5375
              3.5682
2

0
   2011年    2012年    2013年    2014年    2015年
            —— 司法鉴定业务量/万件
```

图 8-2 2011—2015 年北京市司法鉴定业务量变化趋势

资料来源：北京市司法局：业务数据，http：//sfj. beijing. gov. cn/sfj/zwgk/ywsj28/sfj_408b-2. html，访问日期：2021 年 1 月 30 日。

从图 8-1、图 8-2 可以看出，北京市 2011—2015 年司法鉴定机构数量稳定在 20 家左右，司法鉴定人数量在 400 到 500 人之间浮动，这两者总的数量情况呈现较为稳定的变化趋势。但是从所承接的司法鉴定业务量来看，却呈现逐年增长的趋势，且增长的幅度非常大，五年之间业务量翻了几倍。

2. 司法鉴定投诉量增速超过业务增速

司法鉴定行业在短时间内的迅猛发展，尽管从业务量的增长来看带来了行业的繁荣景象，但是司法鉴定最终出具的鉴定意见作为案件审理中的关键性证据，往往决定着案件的最终事实认定和审理结果，司法鉴定的质量可以说直接指向当事人的切身利益；因此，仅关注司法鉴定量的增长而忽视质的情况是并不客观的。事实上，随着司法鉴定迅猛发展，暴露出的矛盾和争议也逐步上升。根据《全国人民代表大会常务委员会关于司法鉴定管理问题的决定》，司法鉴定行政主管部门具有依法管理司法鉴定工作的职责，承担着司法鉴定行政监管的任务。当事人对司法鉴定机构和鉴定人在司法鉴定过程中的违法违规等问题的意见直接反映在司法行政机关接收到的投诉人的举报和投诉中。在全国范围内，各省市中直辖市的此类投诉相对较多。2011—2013 年，四个直辖市的业务量合计占全国的 1/10，但投诉量合计占全国的 1/4，年投诉率保持在 2‰左右，是全国 0.9‰的平均投诉率的两倍多。① 而这四个直辖市中又以北京市的投诉量、投诉率最高。2005—2009 年，北京市司法局因司法鉴定问题而受理的投诉量分别为 7 件、60 件、61 件、81 件、102 件。②

由此可以看出，司法行政机关因司法鉴定工作受理的当事

---

① 2015 年 3 月 6 日，司法部司法鉴定管理局召开直辖市司法鉴定投诉和行政复议处理工作座谈会。参见王怀宇：《关于进一步加强司法鉴定监督管理工作的思考》，《中国司法》2015 年第 5 期，第 54－57 页。
② 北京市司法局：《司法鉴定投诉情况分析（2005 年至 2009 年）》，https：//www.lawtime.cn/info/jianding/sfjdnews/2011052961407.html，访问日期：2021 年 7 月 31 日。

人投诉量逐年增加。短短 5 年时间，2009 年的投诉量居然是 2005 年的 14 倍多，远远超出司法鉴定业务量的增长幅度。可以看出，在有的城市司法鉴定行业发展的过程中，因司法鉴定产生矛盾争议的速度要远远大于行业自身发展的速度。

（二）"鉴闹"案件恶性程度增加

随着司法鉴定在案件审理事实查明环节中所起的作用越来越大，甚至有着"准裁判"的说法，于是鉴定意见是否对当事人有利成为影响当事人切身利益的关键。随着经济快速发展，案件涉及的金额也越来越高，而最终案件赔付结果的金额大小往往受鉴定意见影响。于是，近年来，伴随司法鉴定投诉量较业务量成倍上升，除了上述正常的投诉渠道，当事人在不满司法鉴定机构和鉴定人的鉴定工作时，有时会采取一些非法的方式进行"维权"。例如，2015 年 7 月，在广州市中山大学法医鉴定中心发生一起劫持人质案件。1 名男子携带刀具将 1 名女性医务人员堵在诊室内，不让其离开。经了解，嫌疑人张某系因对该鉴定中心为其出具的鉴定结果不满意，为达到个人利益诉求，遂实施上述行为。[①] 该类案例并非个例，早在 2013 年和 2014 年已有类似案例报道[②]，此类行为与医疗行业中的"医闹"行为类似，因此暂时称其为"鉴闹"。"鉴闹"者甚至采用跟踪鉴定人及其家人、通过媒体等扩张声势、自杀或者杀害他人等

---

① 秦松、林霞虹、徐静等：《"鉴闹"挟女医务人员被制服》，http://roll.sohu.com/20150721/n417175563.shtml，访问日期：2021 年 7 月 31 日。
② 陈如超：《民事司法中的当事人闹鉴及其法律治理》，《证据科学》2015 年第 3 期，第 309 - 326 页。

严重暴力方式进行恶性、非法"维权"。而这些恶性、非法的"维权"方式背后一方面反映出目前司法鉴定领域中所承受的巨大压力，另一方面从不同的角度与司法鉴定的投诉共同组成了目前司法鉴定行政监管中的难题。无论是以合法还是非法的方式，当事人与司法鉴定机构和鉴定人的矛盾正在成为一个非常棘手的问题。而这些问题恰恰是司法鉴定的行政主管部门所要解决的。

(三) 司法鉴定行政复议及行政诉讼大量增加

1. 司法鉴定行政复议量居司法行政复议之首

司法行政机关作为具有行政监管职权的主管部门，在受理当事人投诉后，应当及时依职权进行相应的调查和处理工作，最终给予当事人调查结论的答复。当事人在收到司法行政机关就对司法鉴定机构和鉴定人的违法违规问题调查处理答复后，如果满意则息事宁人。如果对司法行政机关给予的答复不满意，当事人有两条权利救济路径可供选择，即行政复议和行政诉讼。司法行政机关对当事人的投诉给予答复的行为属于司法行政机关的行政行为之一，根据我国行政法的有关规定，公民、法人和其他组织认为行政机关作出的行政行为侵犯了其合法权益，有权选择向行政机关的上一级机关或者同级政府提出行政复议。因此，从司法行政机关作出的答复是否被提出行政复议的情况可以看出司法行政机关的行政监管职责是否得到当事人认可。

近年来，司法部办理的鉴定管理类行政复议案件量快速增长，从2011年的25件到2014年的104件，4年间增长316%，在行政复议案件总量中的比例也由52%增长到69.3%，连续4年在司法部各项业务中排名第一。其中，鉴定管理类行政复议申请主要来自北京、上海两地，两者合计占总量的65%。① 甚至有些鉴定当事人利用投诉、行政复议作为诉讼策略，个别当事人甚至恶意缠访缠诉，如李某某于2013年、2014年共申请行政复议44件，占两年全部复议案件的19%。这些都间接说明了复议背后存在一些矛盾，同时司法行政机关面临的监管压力较大。而司法鉴定管理体制一旦仅限于顾及司法鉴定的行政管理领域，未将其管理与使用有机衔接起来，未获得相关制度的支持，必然会通过投诉、复议与行政诉讼来兑付制度的缺陷成本。②

2. 涉及司法鉴定的行政诉讼量逐年增多

无论是否经过行政复议，当事人均可以就其认为的行政机关作出的行政行为侵犯其合法权益的向有管辖权的人民法院提起行政诉讼，由法院来判定司法行政机关作出的行政行为是否合法。同时，经过行政复议的案件仍然可以通过行政诉讼寻求最后的救济。因此，司法鉴定行政诉讼成为权利救济的最后关口，是矛盾最激烈也是最能够反映司法行政机关在司法鉴定行政监管中出现问题的途径。作者收集了北京市三级法院从2007年到2014年受理的因对司法鉴定意见有异议而将北京市司法局及其他机构作为被告的行政诉讼案件，共计87例；有完整裁判文书的有69例。这69例案例详细情况如表8-1所示。

---

① 2015年3月6日，司法部司法鉴定管理局召开直辖市司法鉴定投诉和行政复议处理工作座谈会。参见王怀宇：《关于进一步加强司法鉴定监督管理工作的思考》，《中国司法》2015年第5期，第54—57页。
② 郭华：《健全统一司法鉴定管理体制的创新思路》，《中国司法鉴定》2015年第4期，第24页。

第八章 司法鉴定服务合同行政监管

表8-1 69例司法鉴定行政诉讼案件情况*

案号	受理法院	原告/上诉人	被告/被上诉人	第三人**	涉及司法鉴定类型
			一审案件		
2007年石行初字第00028号	北京市石景山区人民法院	张某某	北京市法庭科学技术鉴定研究所	—	医疗损害鉴定
2008年西行初字第00098号	北京市西城区人民法院	朱某某	北京市司法局	法大法庭科学技术鉴定研究所	损伤鉴定
2008年西行初字第00099号	北京市西城区人民法院	朱某某	北京市司法局	法大法庭科学技术鉴定研究所	损伤鉴定
2008年顺行初字第00054号	北京市顺义区人民法院	北京市顺义区法院医疗司法鉴定所	北京市公安局顺义分局		未涉及
2008年西行初字第00176号	北京市西城区人民法院	高某某	北京市司法局	北京大学司法鉴定室	损伤鉴定

* 本表所列案例资料均来自北京市高级人民法院案件管理系统,系北京市三级法院2007～2014年受理的因司法鉴定活动引起的行政诉讼案件,共87例,其中有完整裁判文书的共69例。

** 仅列明有关鉴定机构名称,省略有关自然人姓名。

续表

案号	受理法院	原告/上诉人	被告/被上诉人	第三人	涉及司法鉴定类型
2009年顺行初字第00003号	北京市顺义区人民法院	北京市顺义区法医院司法鉴定所	北京市公安局顺义分局交通支队	—	未涉及
2011年西行初字第00691号	北京市西城区人民法院	王某某	北京市司法局	北京市明正司法鉴定中心	申请信息公开案件
2011年西行初字第00818号	北京市西城区人民法院	湖南某公司	北京市司法局	北京国科知识产权司法鉴定中心	知识产权鉴定
2011年西行初字第00290号	北京市西城区人民法院	李某某	北京市司法局	北京法源司法科学证据鉴定中心	损伤鉴定
2012年西行初字第00207号	北京市西城区人民法院	黄某某	北京市司法局	北京市明正司法鉴定中心	医疗损害鉴定
2012年西行初字第00264号	北京市西城区人民法院	韩某某	北京市司法局	法大法庭科学技术鉴定研究所	医疗损害鉴定

第八章 司法鉴定服务合同行政监管

续表

案号	受理法院	原告/上诉人	被告/被上诉人	第三人	涉及司法鉴定类型
2012年西行初字第00273号	北京市西城区人民法院	王某某	北京市司法局	北京市天平司法鉴定中心、法大法庭科学技术鉴定研究所	医疗损害鉴定
2012年西行初字第00318号	北京市西城区人民法院	孟某某	北京市司法局	北京安拓普文书司法鉴定中心	文件检验
2012年西行初字第00319号	北京市西城区人民法院	赵某某	北京市司法局	北京盛唐司法鉴定所	医疗损害鉴定
2012年西行初字第00375号	北京市西城区人民法院	田某某	北京市司法局	北京明正司法鉴定中心	文件检验
2012年西行初字第00396号	北京市西城区人民法院	杨某某	北京市司法局	北京天平司法鉴定中心	医疗损害鉴定
2012年西行初字第00398号	北京市西城区人民法院	王某某	北京市司法局	中天司法鉴定中心	医疗损害鉴定

续表

案号	受理法院	原告/上诉人	被告/被上诉人	第三人	涉及司法鉴定类型
2012年西行初字第00465号	北京市西城区人民法院	夏某某	北京市司法局	北京天平司法鉴定中心	损伤鉴定
2013年西行初字第00084号	北京市西城区人民法院	南某某	北京市司法局	北京法源司法科学证据鉴定中心	医疗损害鉴定
2013年西行初字第00083号	北京市西城区人民法院	南某某	北京市司法局	北京法源司法科学证据鉴定中心	医疗损害鉴定
2013年西行初字第00221号	北京市西城区人民法院	朱某某	北京市司法局	中国法医学会司法鉴定中心	未受理鉴定
2013年西行初字第00256号	北京市西城区人民法院	杨某某	北京市司法局	法大法庭科学技术鉴定研究所	医疗损害鉴定
2013年西行初字第00278号	北京市西城区人民法院	孟某某	北京市司法局	北京天平司法鉴定中心	医疗损害鉴定
2013年西行初字第00388号	北京市西城区人民法院	张某某	北京市司法局	北京明正司法鉴定中心	医疗损害鉴定

第八章 司法鉴定服务合同行政监管

续表

案号	受理法院	原告/上诉人	被告/被上诉人	第三人	涉及司法鉴定类型
2013年西行初字第00491号	北京市西城区人民法院	李某某	北京市司法局	北京明正司法鉴定中心	医疗损害鉴定
2013年西行初字第00492号	北京市西城区人民法院	张某某	北京市司法局	北京民生物证司法鉴定所	文件检验
2014年西行初字第00016号	北京市西城区人民法院	杨某某	北京市司法局	北京天平司法鉴定中心	医疗损害鉴定
2014年西行初字第00031号	北京市西城区人民法院	郑某	北京市司法局	北京盛唐司法鉴定所	损伤鉴定
2014年西行初字第00028号	北京市西城区人民法院	李某	北京市司法局	北京长城司法鉴定所	文件检验
2014年西行初字第00051号	北京市西城区人民法院	程某	北京市司法局	国家建筑工程质量监督检验中心司法鉴定所	建筑工程质量鉴定

续表

案号	受理法院	原告/上诉人	被告/被上诉人	第三人	涉及司法鉴定类型
2014年西行初字第00012号	北京市西城区人民法院	张某某	北京市司法局	北京民生物证司法鉴定所	文件检验
2014年西行初字第00010号	北京市西城区人民法院	刘某某	北京市司法局	中国法医学会司法鉴定中心	医疗损害鉴定
2014年西行初字第00075号	北京市西城区人民法院	杨某某	北京市司法局	法大法庭科学技术鉴定研究所	医疗损害鉴定
2014年西行初字第00077号	北京市西城区人民法院	李某某	北京市司法局	中国法医学会司法鉴定中心	医疗损害鉴定
2014年西行初字第00078号	北京市西城区人民法院	魏某某	北京市司法局	北京盛唐司法鉴定所	医疗损害鉴定
2014年西行初字第00164号	北京市西城区人民法院	王某某	北京市司法局	北京明正司法鉴定中心	医疗损害鉴定

续表

案号	受理法院	原告/上诉人	被告/被上诉人	第三人	涉及司法鉴定类型
二审以及再审案件					
2007年石行初字第00028号	北京市第一中级人民法院	张某某	法大法庭科学技术鉴定研究所	—	医疗损害鉴定
2007年一中行终字第00830号	北京市第一中级人民法院	朱某某	北京市司法局	中天司法鉴定中心	医疗损害鉴定
2007年一中行终字第01151号	北京市第一中级人民法院	朱某某	北京市司法局	法大法庭科学技术鉴定研究所	损伤鉴定
2008年一中行终字第01145号	北京市第一中级人民法院	朱某某	北京市司法局	法大法庭科学技术鉴定研究所	损伤鉴定
2008年一中行终字第01841号	北京市第一中级人民法院	高某某	北京市司法局	北京大学司法鉴定室	损伤鉴定
2009年一中行终字第01764号	北京市第一中级人民法院	刘某某	北京市司法局	北京华大方瑞司法物证鉴定中心	医疗损害鉴定

续表

案号	受理法院	原告/上诉人	被告/被上诉人	第三人	涉及司法鉴定类型
2009年一中行终字第01764号	北京市第一中级人民法院	李某某	北京市司法局	北京法源司法科学证据鉴定中心	损伤鉴定
2012年一中行终字第02248号	北京市第一中级人民法院	王某某	北京市司法局	北京明正司法鉴定中心	申请信息公开
2012年一中行终字第00941号	北京市第一中级人民法院	湖南某公司	北京市司法局	北京国科知识产权司法鉴定中心	知识产权鉴定
2012年一中行终字第03000号	北京市第一中级人民法院	黄某某	北京市司法局	北京明正司法鉴定中心	医疗损害鉴定
2012年一中行终字第03090号	北京市第一中级人民法院	韩某某	北京市司法局	法大法庭科学技术鉴定研究所	损伤鉴定
2012年一中行终字第03675号	北京市第一中级人民法院	孟某某	北京市司法局	北京京安拓普文书司法鉴定中心	文件检验
2012年一中行终字第03763号	北京市第一中级人民法院	赵某某	北京市司法局	北京盛唐司法鉴定所	损伤鉴定

第八章 司法鉴定服务合同行政监管

续表

案号	受理法院	原告/上诉人	被告/被上诉人	第三人	涉及司法鉴定类型
2013年一中行终字第00845号	北京市第一中级人民法院	王某某	北京市司法局	北京天平司法鉴定中心、法大法庭科学技术鉴定研究所	医疗损害鉴定
2013年一中行终字第02851号	北京市第一中级人民法院	杨某某	北京市司法局	法大法庭科学技术鉴定研究所	医疗损害鉴定
2013年高行监字第01401号	北京市第一中级人民法院	赵某某	北京市司法局	—	—
2013年一中行终字第00193号	北京市第一中级人民法院	杨某某	北京市司法局	北京天平司法鉴定中心	医疗损害鉴定
2013年一中行终字第00172号	北京市第一中级人民法院	王某某	北京市司法局	中天司法鉴定中心	医疗损害鉴定
2013年一中行监字第00983号	北京市第一中级人民法院	王某某	北京市司法局	中天司法鉴定中心	医疗损害鉴定

续表

案 号	受理法院	原告/上诉人	被告/被上诉人	第三人	涉及司法鉴定类型
2013 年一中行监字第 01029 号	北京市第一中级人民法院	夏某某	北京市司法局	北京天平司法鉴定中心	损伤鉴定
2013 年一中行终字第 02850 号	北京市第一中级人民法院	南某某	北京市司法局	北京法源司法科学证据鉴定中心	医疗损害鉴定
2013 年一中行终字第 02852 号	北京市第一中级人民法院	南某某	北京市司法局	北京法源司法科学证据鉴定中心	医疗损害鉴定
2013 年一中行终字第 02140 号	北京市第一中级人民法院	朱某某	北京市司法局	中国法医学会司法鉴定中心	未受理鉴定
2014 年一中行监字第 00066 号	北京市第一中级人民法院	杨某某	北京市司法局	法大法庭科学技术鉴定研究所	—
2014 年二中行终字第 00326 号	北京市第二中级人民法院	张某某	北京市司法局	北京明正司法鉴定中心	医疗损害鉴定
2014 年二中行终字第 00310 号	北京市第二中级人民法院	李某某	北京市司法局	北京明正司法鉴定中心	医疗损害鉴定

续表

案号	受理法院	原告/上诉人	被告/被上诉人	第三人	涉及司法鉴定类型
2014年二中行终字第00548号	北京市第二中级人民法院	张某某	北京市司法局	北京民生物证科学司法鉴定所	文件检验
2014年二中行终字第00524号	北京市第二中级人民法院	刘某某	北京市司法局	中国法医学会司法鉴定中心	医疗损害鉴定
2014年二中行终字第00164号	北京市第二中级人民法院	李某某	北京市司法局	中国法医学会司法鉴定中心	—
2014年二中行终字第00164号	北京市第二中级人民法院	李某某	北京市司法局	中国法医学会司法鉴定中心	—
2014年二中行终字第00576号	北京市第二中级人民法院	魏某某	北京市司法局	北京盛唐司法鉴定所	医疗损害鉴定
2014年一中行监字第02783号	北京市第一中级人民法院	南某某	北京市司法局	北京法源司法科学证据鉴定中心	医疗损害鉴定
2014年二中行终字第00399号	北京市第二中级人民法院	李某	北京市司法局	北京长城司法鉴定所	文件检验

总体来看，北京市司法鉴定行政诉讼的案件量从 2007 年到 2009 年都比较平稳，但是从 2011 年之后司法鉴定行政诉讼案件量就开始呈现上升的趋势。无论是行政复议案件量还是行政应诉案件量，两者皆呈现不断上升的趋势。而每一例案件背后反映出的都是司法鉴定行政机关的行政监管工作存在的问题，这些问题的持续存在才会接连引发此类复议和诉讼。而司法鉴定行政监管工作究竟出现了什么问题，并不能从简单的数字当中就能发现，必须要找到探究问题的方法，可将每一例案件单独剖析，然后归纳、提炼其中的共同之处与差异，随后进行分析整理以发现背后的实质问题。而司法鉴定行政诉讼案件作为最后一道权利救济，是司法鉴定行政监管工作中问题最突出、矛盾争议最集中的表现。因此，通过对司法鉴定行政诉讼案件的实证研究，能够看出司法鉴定行政监管中出现的问题以及这些问题背后的原因。只有准确找出原因，才能更好地提出相应的解决对策与改善工作的方法。

二、行政诉讼案例分析

北京市司法鉴定行政监管工作中，无论是投诉量还是行政复议和行政应诉量均居全国各城市之首，案件类型多样，既有简单案件也有疑难复杂案件。北京市司法鉴定行政诉讼案件既有比较大的样本量，也具有代表性。因此，本次实证分析就以北京市为例。案件样本选取以"司法鉴定行政诉讼"为案件类型，限定案件发生时间为 2007—2014 年，北京市各级法院审理的所有此类诉讼案件（包括一审、二审以及申请再审案件)①。希望通过这些案件的分析,发现目前司法鉴定行政监管中的问题,分析这些问题产生的原因,进而提出相应的对策。

(一) 案件基本情况分析

1. 当事人基本情况

本次69份案例的裁判文书中原告(上诉人)一项中以自然人为主,共65人次,达到94%,占此次案例收集中起诉人一项的绝对多数。这些自然人主要是当初向司法行政机关进行投诉的投诉人。而其余4件案例中分别是由北京市某区法医院司法鉴定所和湖南某公司作为原告(上诉人),且这两位当事人均提出上诉,因此,尽管有4例案件,但是实际上仅有2家机构作为非自然人原告(上诉人)。此外,在本次收集的案例中,起诉人一方的数据统计中还有一个现象值得注意。此次案例统计中非重合原告共35名,没有提起上诉的原告只有8名,占比不到1/4。而提起上诉的原告为26名,上诉率高达74.28%。不仅如此,在这些上诉人中还存在几名就同一事实以各种理由进行多次起诉、多次上诉的情况。甚至有一位原告仅在本次收集的案例中提起的诉讼和上诉共计达到5次。仅在本次收集的案例中就呈现如此高频次的诉讼,可以看出司法鉴定行政诉讼案件中部分起诉人的"执着",而这种执着背后却是

---

① 本次研究所分析的案件,系作者在北京市高级人民法院调研时收集的,均来源于北京市高级人民法院案件管理系统。

此类案件关系当事人切身利益之重，同时也体现出案件所涉矛盾大、处理不易的复杂背景。

本次收集的行政诉讼案件中的被告基本都是北京市司法行政管理机关即北京市司法局，占所有案件的94%。当然也有少数案件出现了诸如北京市法庭科学技术鉴定研究所、北京市公安局某分局、北京市公安局某分局交通支队等组织作为案件的被告方或者被上诉人的情况。例如，2007年某区人民法院起诉人通过行政诉讼的方式对北京市某鉴定研究所提起诉讼；2009年某区人民法院审理的案件中原告以某公安分局为被告起诉其下属某公安分局交通支队所作出的行政行为不合法。《行政诉讼法》第26条规定，公民、法人或者其他组织直接向人民法院提起诉讼的，作出行政行为的行政机关是被告。换言之，被告方首先应当为行政机关，其次必须是作出行政行为的行政机关。而前述案例中第一例案件被告方为北京市某鉴定研究所，在机构性质上并不符合行政机关的要求。第二例案件中虽然某公安分局是行政机关，但所诉行政行为并非由其作出，而是由具有独立应诉资格的交警支队作出。因此，这两例案件的被告方主体均不适格。由此可以看出，部分原告方对《行政诉讼法》上被告主体资格存在一定的认识误区。这两例案件中原告方均为普通自然人，在没有专业律师的帮助下，出现对法律程序，尤其是行政诉讼程序规定的不了解也在情理之中。此外，本次收集的案例有相当一部分为经过复议之后的案件，而2017年修订的《行政诉讼法》规定"经复议的案件，复议机关决定维持原行政行为的，作出原行政行为的行政机关和复议机关是共同被告；复议机关改变原行政行为的，复议机关是被告"。因此，在今后的类似案件中，被告方的行政机关很可能就不仅是北京市司法局一家了。而在本次分析过程中，案例均为2017年之前审结的，因此，对被告主体的分析仍以2017年修订前的规定为准。

此外，这些案件大多都涉及司法鉴定机构因其作为同被诉行政行为有利害关系或者同案件处理结果有利害关系的诉讼案件第三人参与到案件审理中。其中第三人的参与又以法院依职权要求其参加为主。

2. 案件所涉及的司法鉴定类型

本次收集的案例中，案件所涉及的司法鉴定类型具有比较集中的特点。

所收集的案例中涉及最多的司法鉴定类型是医疗损害鉴定，有35例，所占比例超过一半，达51%。其次分别是损伤鉴定和文件检验鉴定，分别有13例（占约19%）和8例（占约12%），这三项鉴定类型就占所有鉴定类型的82%，占绝对多数。还有部分案例涉及知识产权鉴定和建筑工程质量鉴定等类型，此外，个别案例并未涉及实际的司法鉴定类型，主要涉及鉴定机构为接收委托鉴定以及申请信息公开等类型，共计13例，占约18%。

从以上分析可以看出，医疗损害鉴定和损伤鉴定为案件数量最多的鉴定类型，这主要是因为这些案件所涉及的都是自然人身体受到侵害所求赔偿的案件类型，不仅矛盾大，而且司法鉴定的结果将影响到受害人所能够请求得到的赔偿数额。可以说，此类鉴定直接影响到起诉人的自身利益，产生的争议自然而然会相对较多且相对尖锐。而文件检验鉴定主要存在于涉及遗嘱真实性的遗产分割案件，此类案件鉴定的结果也会直接影响到案件中财产分割的认定，因此，当事人对此类鉴定的争议与前两类鉴定背后的道理是相同的。

(二) 当事人请求情况分析

在这一节中，我们将当事人双方的诉讼请求及答辩内容进行概括梳理，鉴于其中部分案件因为主体不适格等情况仅在诉讼程序环节就结束，审理中并未实质涉及原告方的诉讼请求，因此，案件分析中不再将这些案件作为重点。其余诉讼请求如表8-2所示。

表8-2 当事人诉讼请求内容

原告方	起诉请求	涉及的实质争议事项
张某某	退还鉴定费用，赔偿损失	—
沈某某	判令公安部物证鉴定中心出具虚假鉴定书的行为违法，停止侵害、消除影响、赔礼道歉、赔偿损失	认为鉴定意见书是虚假的
李某某	撤销北京市劳动鉴定委员会作出的鉴定结论	—

续表

原告方	起诉请求	涉及的实质争议事项
北京市顺义区法医院司法鉴定所	确认被告向道路交通事故当事人介绍鉴定人的行为违法；判令被告立即停止违法行为，消除影响	行政机关违法向当事人介绍并要求选定特定鉴定机构，涉嫌行政垄断
王某某	判决被告如实公开原告所要求公开的特定鉴定人简历、执业资格证书以及被告给某鉴定人办理鉴定人执业证书的依据资料信息；被告承担诉讼费用	不服被告作出的答复中关于诉讼请求部分的内容
湖南某公司	撤销被诉答复中的部分内容	（1）鉴定过程的转委托证明机构自身不具备鉴定资格；（2）鉴定人为了此次鉴定才特意申请了资质证书；（3）检材拆分处置会导致检材失真；（4）投诉答复不全面，未作出书面调查认定，属于行政不作为；（5）对鉴定机构和鉴定人处罚过轻；（6）程序违规的鉴定结论应当自始无效；（7）答复文书的制作中未告知如对答复有异议的救济渠道，属于行政不作为
黄某某	撤销被诉答复，判决被告重新予以答复	（1）鉴定材料虚无；（2）对鉴定意见不服；（3）鉴定事项有缺漏；（4）鉴定机构没有营业执照

续表

原告方	起诉请求	涉及的实质争议事项
韩某某	撤销被诉答复，判令被告向鉴定所作出处罚决定，诉讼费由被告承担	（1）鉴定机构骗取登记；（2）鉴定人拒绝出庭作证；（3）鉴定过程中的标准存疑
王某某	撤销被诉答复，被告承担诉讼费用	（1）鉴定机构的鉴定资质存疑；（2）超委托范围鉴定；（3）处理结果的惩处力度不够
孟某某	撤销被诉答复，判决被告重新予以答复	（1）鉴定人超龄人数超过规定；（2）鉴定过程不科学；（3）鉴定标准存疑；（4）鉴定人签名属于同一个字体；（5）鉴定材料有假
赵某某	撤销被诉答复，确认被告违法行政，判决被告赔偿原告各项损害费5万元	（1）鉴定标准和规范存疑；（2）鉴定过程避重就轻；（3）鉴定人按照某些人的特定目的鉴定
田某某	撤销被诉答复	（1）鉴定人资质存疑；（2）文书中鉴定人仅加盖签名章而未签名；（3）对鉴定意见有异议
杨某某	撤销被诉答复，判令被告行政行为违法，判令被告重新作出答复	（1）鉴定收费存在敲诈勒索和强行索要复印费的行为；（2）未进行参与度鉴定；（3）对鉴定材料有异议；（4）鉴定机构拒绝补充鉴定以及补充鉴定回函没有鉴定人签字；（5）对鉴定意见有异议；（6）要求处理鉴定机构和鉴定人，纠正本案鉴定结论。法院驳回原告的重新鉴定申请，请被告告知原告救济途径及办法

续表

原告方	起诉请求	涉及的实质争议事项
王某某	撤销被诉答复	（1）对鉴定依据的标准有异议；（2）对鉴定意见有异议
夏某某	撤销被诉答复，判令被告重新调查处理，诉讼费用由被告承担	（1）鉴定意见不全面；（2）鉴定费用未开具合法票据，存在偷税漏税的问题；（3）把没做的鉴定做上，把某些情况加上
南某某	撤销被诉答复	（1）鉴定过程中转移、调换鉴定材料；（2）鉴定意见避重就轻
南某某	撤销被诉答复	（1）鉴定材料存在问题；（2）要求撤销虚假鉴定；（3）退还鉴定费、出庭费；（4）追究当事人责任
朱某某	—	鉴定中心拒不接受委托，也未在规定期限内给出书面答复
杨某某	撤销被诉答复，判令被告包庇犯罪嫌疑人并移送公安机关办理	（1）鉴定机构及鉴定人行贿受贿、违法收费和虚假鉴定；（2）鉴定意见应当体现医院违规
孟某某	确认被告的行政行为违法	鉴定过程中听证环节违法违规
张某某	撤销被诉答复，判令被告重新作出答复，案件受理费用由被告承担	（1）未签订鉴定协议书；（2）鉴定人不负责任以及故意做虚假鉴定；（3）鉴定费用违反规定

续表

原告方	起诉请求	涉及的实质争议事项
李某某	撤销被诉答复，判令被告重新作出答复	(1) 之前答复已反映部分问题；(2) 出庭作证费用不合理；(3) 质疑之前答复的内容和其他投诉内容；(4) 要求撤销鉴定意见书以及重新鉴定，赔偿各项损失和费用、退回相关费用；(5) 撤销鉴定人资质
杨某某	撤销被诉答复	(1) 鉴定材料存在问题；(2) 鉴定收费存在违规；(3) 鉴定人弄虚作假，违反鉴定程序；(4) 鉴定机构无理由拒绝补充鉴定
郑某	—	(1) 未签订鉴定协议书；(2) 部分鉴定材料未经过委托方直接交给鉴定机构；(3) 鉴定机构未通知其到场鉴定；(4) 质疑其他有关鉴定意见；(5) 司法局只认定程序问题，鉴定机构不进行实质整改；(6) 对鉴定的标准和规范存疑
李某	撤销被诉答复，判令被告重新作出答复	(1) 鉴定材料有问题；(2) 对鉴定意见有异议；(3) 鉴定规范选用有问题；(4) 鉴定机构的归档卷宗中存在许多错误
张某某	—	(1) 鉴定机构鉴定前未向其了解情况；(2) 鉴定机构倒置本案当事人；(3) 鉴定机构篡改鉴定案件的性质；(4) 鉴定人答辩荒谬、推卸责任；(5) 鉴定程序违法；(6) 鉴定中心偏袒一方当事人，与委托人恶意串通；(7) 撤销鉴定意见；(8) 调取相应卷宗以佐证

续表

原告方	起诉请求	涉及的实质争议事项
刘某某	撤销被诉答复,判令被告重新作出答复,案件受理费由被告承担	(1)鉴定材料有问题;(2)应当对尸体进行物证鉴定,而非病历资料鉴定;(3)病历资料未经开庭质证;(4)鉴定收费不合理,乱收费;(5)要求撤销鉴定意见,尸体复原、重新鉴定、赔偿损失和退还相关费用
杨某某	撤销被诉答复,判令被告重新作出答复	—
李某某	撤销被诉答复,判令被告重新作出答复	鉴定意见书违法,要求撤销
魏某某	—	终止鉴定要求退还全部鉴定费用,但鉴定机构只肯退还部分费用
王某某	—	(1)鉴定材料有问题,且未检查身体;(2)对鉴定收费有异议;(3)对鉴定意见有异议;(4)要求撤销鉴定意见
朱某某	撤销被诉答复,判令被告对鉴定机构作出行政处罚	(1)超委托范围鉴定;(2)肌电图检查无报告,检查人员不具有鉴定人资格;(3)对鉴定意见有异议
朱某某	撤销被诉答复,判令被告对鉴定机构作出行政处罚	(1)鉴定过程违反鉴定程序;(2)对鉴定书内容有异议;(3)认定鉴定书无效,要求处罚鉴定人

续表

原告方	起诉请求	涉及的实质争议事项
高某某	撤销被诉答复，判令被告重新作出答复	（1）鉴定书系伪造；（2）要求鉴定机构赔偿损失
李某某	确认被告答复违法	鉴定机构不具有所委托鉴定的鉴定资格
张某某	确认被诉答复无效	（1）鉴定材料有问题；（2）对鉴定意见有异议；（3）要求撤销鉴定意见书

在诉讼程序中首先要关注的是当事人提起的诉讼请求，诉讼请求代表了当事人的利益诉求以及背后的缘由。在一审案件中，原告方主要是因为不服被告作出的行政投诉答复或者认为被告作出的被诉答复违法而提起诉讼。相应的诉讼请求也主要是要求法院依法撤销被告作出的行政答复，同时重新对原告作出相应的答复。有些案件还涉及要求判令被告作出被诉答复的行政行为违法。也有个别案件出现了诸如要求被告对所投诉的司法鉴定机构及其鉴定人作出行政处罚、撤销投诉中涉及的鉴定意见、退还鉴定费用等。而在二审或申请再审的诉求中多以要求撤销一审判决，重新审理为主，有部分案件同时要求撤销案件中所涉及的被诉答复、对所投诉的司法鉴定机构及其鉴定人作出行政处罚以及请求法院同意上诉人或者申请再审人启动重新鉴定等。被告方或者被上诉方无论在初审案件还是二审案件中往往认为己方作出的行政行为合法，请求法院驳回原告的诉讼请求。

由于本书欲通过司法鉴定的行政诉讼挖掘司法鉴定行政监管中的主要争议焦点。因此，本书从样本案例中对原告进行诉求的缘由，也就是表8-2中的实质争议事项进行了分析。

可以看出，在投诉人对司法行政机关关于司法鉴定机构和鉴定人的行政监管争议事项中，对鉴定意见处理方面的争议最多，其次是鉴定材料和鉴定费用认定方面的争议，同时，对鉴定机构和鉴定人的资质、鉴定事项、鉴定标准和规范以及司法行政机关对司法鉴定机构和鉴定人的行政处理方式也是案件争议的焦点。本书结合实际案例中起诉人对各争议焦点以及司法行政机关对争议的答辩内容进行探讨，以期通过梳理这些争议发现司法行政机关在目前的司法鉴定行政监管中存在的问题以及难点。

1. 司法鉴定机构及其鉴定人资质认定的标准

司法鉴定机构及其鉴定人是司法鉴定工作实施过程的主体，解决的是司法鉴定工作"谁来做"的问题。由于司法鉴定是为法律，尤其是诉讼中出现的专门性问题而提供专业性意见的服务。因此，相关的法律法规在鉴定主体上对司法鉴定的机构和人员有着严格的要求。《司法鉴定机构登记管理办法（修订征求意见稿）》第3条规定："司法鉴定机构是司法鉴定人的执业机构，应当具备本办法规定的条件，经省级司法行政机关审核登记，取得司法鉴定许可证，在登记的司法鉴定业务范围内，开展司法鉴定活动。"换言之，司法鉴定机构在从事司法鉴定活动中，是否具有合法的资质是以机构是否取得司法鉴定许可证以及从事的鉴定业务是否在其批准的登记范围内两项指标为依据。这两项认定标准也适用于司法鉴定机构在受到司法行政机关的监督管理过程中若出现违法违规问题其承担法律责任的主要内容。同样,《司法鉴定人登记管理办法(修订征求意见稿)》第 3 条规定:"司法鉴定人应当具备本办法规定的条件,经省级司法行政机关审核登记,取得司法鉴定人执业证,按照登记的司法鉴定执业类别,从事司法鉴定业务。司法鉴定人应当在一个司法鉴定机构中执业。"与司法鉴定机构的资质认定标准类似,司法鉴定人的资质认定主要也是两项指标,即是否具有合法有效的执业证书,从事的实际鉴定工作是否属于核准从事的职业范围。

由上述内容可以看出,现行的法律法规对司法鉴定机构和鉴定人的资质采取行政许可登记制的方式授予其资质。换言之,司法鉴定机构和鉴定人在满足相应法律法规规定的条件后,向当地司法鉴定行政管理机关进行申请登记,待审核通过后即可获得相应的资质。而司法行政机关在遇到投诉有关司法鉴定机构和鉴定人资质问题时,主要根据的也是相关司法鉴定机构和鉴定人是否持有合法有效的资质证书,以及承担的具体鉴定任务是否在其被授予行政许可的职业范围内。

本次收集的案例中,在司法鉴定机构和鉴定人的资质问题上主要存在司法鉴定机构在鉴定过程中将部分检测工作交给其他专业机构、鉴定人在接收委托鉴定后才取得鉴定人资质以及鉴定人年龄过大等争议。其实,鉴定机构在鉴定过程中将部分检测工作交给其他专业机构来做的行为依据前述的现行法律规定并不属于不具有执业资质的情形。而鉴定人在接受委托后才取得鉴定人资质以及鉴定人年龄过大等情形同样在现行法律规定中不属于鉴定人没有鉴定资质的情形。现行法律中在司法鉴定机构和鉴定人不具备鉴定资质的规定中也没有考虑到如此多的现实具体状况。以鉴定人年龄来说，尽管投诉人以此为由投诉鉴定人无执业资质并没有法律依据，但是现行法律中并无明确规定鉴定人资质的退出年龄。鉴定人申请资质的条件中涉及此处的只是非常模糊的内容，即"申请人身体健康，能够适应司法鉴定工作需要"。而不得申请条件中涉及的是无民事行为能力或者限制行为能力的情况。换言之，法律并没有对鉴定人的年龄作出规定，实际工作中对鉴定人的年龄是否能够满足鉴定工作的需要也存在认定的难题。尽管如此，现实中投诉人以鉴定人年龄过大为由的投诉也的确存在一定的合理性。因此，司法行政机关尽管有着明确的法律依据来认定司法鉴定机构和鉴定人执业资质，同时也应对投诉人投诉中所称的各项缘由予以认真考虑，若有可取之处，也应当将这些意见在将来的修法过程中予以考虑完善。

北京市司法局作为北京市主管司法鉴定的行政机关也在不断地努力完善相应的制度。前述投诉人曾以鉴定机构将部分检测工作交给其他专业机构检测为由认为鉴定机构缺乏检测资质。尽管从现行法律角度出发并不违法，但是作为从事承担某项鉴定工作的司法鉴定机构来说，不完全具备鉴定过程中的检测能力毕竟有其不合理之处。因此，北京市司法局联合北京市质量技术监督局印发《司法鉴定机构资质认定试点工作方案》（京司发〔2008〕255号），将鉴定机构的实验室资质认定作为考核鉴定机构是否具有鉴定资质的指标之一，将纳入之后的司法鉴定机构审核。此种制度的完善也是在回应实际工作中遇到的各种各样的问题。

2. 鉴定过程中各个环节中的争议

（1）鉴定委托环节的争议

本次收集的案例关于司法鉴定委托环节的投诉焦点主要有两个：第一，是否超出鉴定委托事项范围或者缺少明确的鉴定委托事项；第二，没有签署司法鉴定委托书，那么就此作出的鉴定意见是否有效。

司法鉴定主要解决的是诉讼中出现的专门性问题，鉴定意见对案件的事实查明以及最终的审理结果有着关键性的影响。因此，法律对司法鉴定的委托有着明确的规定。《民事诉讼法》第76条规定，当事人可以就查明事实的专门性问题向人民法院申请鉴定。当事人申请鉴定的，由双方当事人协商确定具备资格的鉴定人；协商不成的，由人民法院指定。当事人未申请鉴定，人民法院对专门性问题认为需要鉴定的，应当委托具备资格的鉴定人进行鉴定。从法律条文中可以看出，在民事诉讼案件中，司法鉴定委托是由审理案件的人民法院进行的。而在现实操作中，鉴定人均在相应的司法鉴定机构内进行执业，因此，人民法院的司法鉴定委托工作是通过统一委托给相应的司法鉴定机构，再由司法鉴定机构选定本机构内有资质的鉴定人进行鉴定。司法鉴定委托的手续也有着明确的法律规定。《司法鉴定程序通则》第16条规定，司法鉴定机构决定受理鉴定委托的，应当与委托人签订司法鉴定委托书。司法鉴定委托书应当载明委托人名称、司法鉴定机构名称、委托鉴定事项、是否属于重新鉴定、鉴定用途、与鉴定有关的基本案情、鉴定材料的提供和退还、鉴定风险，以及双方商定的鉴定时限、鉴定费用及收取方式、双方权利义务等其他需要载明的事项。可以看出，人民法院如果需要委托司法鉴定，必须要与选定的司法鉴定机构签署司法鉴定委托书，而委托书中也将记载此次鉴定的委托事项和鉴定的要求。因此，司法鉴定的委托环节关键在于双方签署的司法鉴定委托书及其内容。

对于本次收集的案例中投诉焦点的第一项，鉴定当事人对鉴定的要求以及事项应当首先向受理案件的人民法院提出，由法院统一委托给司法鉴定机构进行鉴定。是否超出鉴定事项范围或者缺少明确的鉴定委托事项，主要还是依据委托方与司法鉴定机构之间签署的委托书中明确记载的鉴定事项和鉴定要求来判断。因此，此类投诉在实际调查处理过程中相对容易。存在较大争议的是第二项投诉焦点，即如果委托方与司法鉴定机构并未签署鉴定委托书而进行了鉴定工作，并且出具了鉴定意见，这种程序上有瑕疵的鉴定意见是否能够被法院所采纳？在此次收集的案例中，司法行政部门在答复此类质疑时回避了此问题，认为是否采纳此类鉴定意见是法院自行审查范围。司法行政机关并无明确的法律依据认为出具的鉴定意见无效。同时，对这类无明确的处罚依据的问题也只能要求司法鉴定机构在今后的工作当中进行整改。

不签署司法鉴定委托书的情况在本次收集的案例中屡屡出现，甚至有些情况的曝光并非由于投诉人将其作为投诉的项目之一，而是司法行政机关在调查处理过程中主动发现的。但是，事实上很多情况下并非司法鉴定机构不主动履行这一手续，而是委托法院在繁杂的工作当中并没有及时与司法鉴定机构签署此委托书。从前述内容可以看出，如果出现对鉴定事项和要求的争议，鉴定事项以及要求的确定判断依据就是委托方与司法鉴定机构之间签署的司法鉴定委托书。如果不签署司法鉴定委托书的情况屡屡出现，造成的问题并不仅是其自身的效力容易存疑，更造成了以此为依据的其他事项的难以确定。北京市司法局在投诉处理中遇到多次这类问题，也促使其在某一案例的回复中将此类问题进行了全市范围的专项检查，就司法鉴定委托书的签订以及是否符合标准进行了重点明确要求。此外，北京市司法局还联合北京市高级人民法院共同召开会议，就司法鉴定委托书的签署以及范本内容进行专项会谈。在双方共同发布的会议纪要中也将本次收集案例所反映的相应问题予以考虑，在委托书范本的内容中增加"委托事项"一栏，协议双方在事项上做相应选择；同时变"委托鉴定要求"为"委托鉴定内容及要求"，对经常发生争议之处进行重点明确。尽管司法行政机关在遇到问题时有所行动，但是还有部分争议因为缺乏明确的法律依据仍然未能很好地解决。因此，在今后的法律完善过程中，对于未签署司法鉴定委托书带来的鉴定意见效力以及处罚力度等都需要作出更具可操作性的规定。

（2）鉴定材料的争议

本次收集的案例中就鉴定材料投诉的焦点集中于投诉人认为鉴定材料存疑以及应当有或无某些特定的鉴定材料。

鉴定材料作为实施鉴定工作的基本资料，确保其真实性、完整性成为作出正确鉴定意见的基础。而根据《司法鉴定程序通则》第12条的规定，委托人委托鉴定的，应当向司法鉴定机构提供真实、完整、充分的鉴定材料，并对鉴定材料的真实性、合法性负责。司法鉴定机构应当核对并记录鉴定材料的名称、种类、数量、性状、保存状况、收到时间等。诉讼当事人对鉴定材料有异议的，应当向委托人提出。本通则所称鉴定材料包括生物检材和非生物检材、比对样本材料以及其他与鉴定事项有关的鉴定资料。同时，司法鉴定机构不得受理委托鉴定的原因之一就是鉴定材料不真实、不完整、不充分或者取得方式不合法。因此，依据法律的明确规定，司法鉴定过程中鉴定材料由委托方转交司法鉴定机构并由委托方对所转交的鉴定材料的真实性、完整性负责。对投诉中遇到的此类问题，鉴定材料是否真实和完整皆由委托方负责，即使投诉人认为鉴定材料中应当加入或者删除某些特定鉴定资料，也应当向鉴定工作的委托方人民法院提出申请。

本次案例统计中有一例案件的鉴定材料并非由委托方——某区人民法院转交司法鉴定机构，而是由被鉴定人将鉴定材料转交司法鉴定机构。此种行为违反了司法鉴定程序的要求，但是司法行政机关却仅要求司法鉴定机构整改，其原因仍是并无明确法律条文可以作为对此种行为进行行政处罚的依据。

（3）鉴定标准和规范的适用问题

本次收集的案例中对鉴定过程中鉴定人选用的鉴定标准异议也很多，集中于为何选用此标准而非彼标准以及有相应的国家推荐适用标准却适用其他标准。

《司法鉴定程序通则》第 23 条规定，司法鉴定人进行鉴定，应当依下列顺序遵守和采用该专业领域的技术标准、技术规范和技术方法：①国家标准；②行业标准和技术规范；③该专业领域多数专家认可的技术方法。因此，法律对司法鉴定过程中如何选用鉴定标准和规定有着明确的规定。

然而，现实情况却是除了国家强制推行的标准外，还有一大批鉴定标准处于推荐适用阶段，对鉴定机构而言，可以用也可以不用，并无强制约束力。而本次收集案例中对鉴定标准和规范的投诉几乎都集中于此类推荐适用标准类型。因此，鉴定人在鉴定过程中遇此类鉴定，选用何种标准属于其本人或者所在鉴定机构自由裁量的范围。除去投诉人认为选用某标准作出的鉴定意见更能照顾到己方利益之外，众多鉴定标准无强制效力也是造成此种混乱局面的原因之一。因此，在今后的鉴定标准推广阶段，在鉴定的各专业领域中，统一适用鉴定标准和规范应当成为保证鉴定公信力的重要方法。

（4）鉴定过程以及意见的争议

在本次收集的行政诉讼案例中，行政相对人在诉讼中往往围绕司法鉴定机构或者鉴定人的资质、鉴定过程中的委托事项、鉴定材料以及标准提出异议，但从诉讼请求来看，其还是认为鉴定意见存在问题，往往要求司法机关撤销鉴定意见。因此，此处将鉴定过程和鉴定意见合二为一进行分析。尽管将大量的问题综合在一起考虑，但本质上是一致的，就是投诉人认为鉴定过程有误，出具的鉴定意见不准确。

第八章　司法鉴定服务合同行政监管

《全国人民代表大会常务委员会关于司法鉴定管理问题的决定》第10条、第11条规定，司法鉴定实行鉴定人负责制度。鉴定人应当独立进行鉴定，对鉴定意见负责并在鉴定书上签名或者盖章。在诉讼中，当事人对鉴定意见有异议的，经人民法院依法通知，鉴定人应当出庭作证。而《司法鉴定执业活动投诉处理办法》（司法部令第144号）第15条规定了不予受理投诉请求的内容，其中包括：对人民法院、人民检察院、公安机关以及其他行政执法机关等在执法办案过程中，是否采信鉴定意见有异议的；仅对鉴定意见有异议的。因此，尽管投诉人在诸多方面认为鉴定工作存在问题，但是如果涉及对鉴定过程和鉴定意见的，司法行政机关是没有权利进行认定的，投诉人只能通过向委托方即审理案件的人民法院申请鉴定人出庭接受询问、质证或者申请法院重新鉴定的方式进行。司法行政机关无权评判鉴定过程是否正确，也没有权利撤销作出的鉴定意见书。这样的结论似乎与投诉人最简单的想法相反，投诉人朴素地认为司法行政机关既然依法管理司法鉴定机构和鉴定人，那么就有能力让司法鉴定机构和鉴定人听从。因此，这也就是投诉人一再通过各种救济途径要求撤销鉴定意见而不得的原因之一。

同时我们注意到，通过以上的分析可以得出，已作出的司法鉴定意见并不能够被司法行政机关撤销，法院如若认为此鉴定意见存在问题也仅是不采纳或者进行重新鉴定来解决诉讼中的争议。这样就造成了倘若确实是原鉴定意见存在问题，对其却并没有撤销或者惩戒机制来进行约束，实际上形成了真空地带。这样的状况，一方面的确损害了当事人的利益，另一方面对司法鉴定行业的发展不利。因此,此问题值得立法者和司法行政机关进行关注。

3. 鉴定费用的争议

本次收集的案例中,对鉴定费用的争议也是非常集中的一部分。此方面的问题繁杂,但是焦点却仅有两点:第一,司法鉴定机构没有营业执照,收取费用是否涉嫌偷税漏税;第二,鉴定收费以及鉴定人出庭作证费用是否合理。

(1) 关于司法鉴定机构没有营业执照,收取费用是否涉嫌偷税漏税的探讨

此争议实际上涉及司法鉴定机构的本质问题。《司法鉴定机构登记管理办法(修订征求意见稿)》第22条规定,司法鉴定许可证是司法鉴定机构的执业凭证,司法鉴定机构必须持有省级司法行政机关准予登记的决定及司法鉴定许可证,方可依法开展司法鉴定活动。《全国组织机构代码管理中心关于司法鉴定机构办理组织机构代码证书有关问题的通知》(组代管中发〔2011〕10号)第1条、第4条及第5条规定,经过司法行政机关核准登记,独立设立并取得司法鉴定许可证的司法鉴定机构,应当赋予其组织机构代码并颁发代码证书。司法鉴定机构申办组织机构代码证的机构类型为"其他"。非独立设立的司法鉴定机构申办组织机构代码事宜,由全国组织机构代码管理中心与司法部司法鉴定管理局协商后另行规定。《司法鉴定机构内部管理规范》(司发通〔2014〕49号)第8条规定,司法鉴定机构在领取司法鉴定许可证后的60日内,应当按照有关规定刻制印章、办理与机构执业活动有关的收费许可、税务登

记、机构代码证件等依法执业手续，并将相关情况报送审核登记的司法行政机关备案。从法律条文中可以看出，司法鉴定机构在取得司法行政机关颁发的司法鉴定许可证后，按照上述规定即可申请组织机构代码证，凭此证书申请税务部门的税务相关登记，完成相关的执业手续后即可开展司法鉴定执业活动。因此，按照现行的法律法规，司法鉴定机构的建立并不需要申领工商部门颁发的营业执照。同时，凭借合法的收费许可，进行了税务登记，即可在收费过程中开具正式的发票，收费的合法性不存在问题。至于是否存在偷税漏税的问题并非司法行政机关的职权范围，应当由税务稽查部门进行检查监督，事实上本次案例中司法行政机关也是如此答复投诉人的。

（2）关于鉴定收费以及鉴定人出庭作证费用是否合理的探讨

鉴定过程以及鉴定人出庭作证按照何种标准收取费用，因其直接涉及投诉人的切身利益而成为此次收集案例中投诉人投诉的一个焦点。

作为司法鉴定领域唯一一部法律性质的规范文件，《全国人民代表大会常务委员会关于司法鉴定管理问题的决定》于2015年专门因司法鉴定的收费问题而进行修改，将原先"司法鉴定的收费项目和收费标准由国务院司法行政部门商国务院价格主管部门确定"修改为"司法鉴定的收费标准由省、自治区、直辖市人民政府价格主管部门会同同级司法行政部门制定"。如此修改足以看出，司法鉴定的收费问题在这些年已经成为一个关注度较高的问题。随着司法鉴定机构的社会化，其必然会趋向利益,这就容易产生大量鉴定案件向可以协商收取费用的疑难复杂案件靠拢。尽管双方需要在司法鉴定协议书中就收费标准达成一致,但是也极易出现投诉人本就对鉴定收费心存不满,只是倘若鉴定意见有利于自己则无妨,如果不利于自己则会认为自己当初并不认可或者鉴定机构强迫自己交纳特定的鉴定费用。这种心理作用和现实情况的相互影响极易在鉴定收费的问题上出现争议导致投诉。在司法鉴定服务有关收费的投诉中,有一个不能回避的问题,就是司法鉴定的复杂性、疑难性和重大社会影响性。鉴定人需要投入大量的精力,鉴定耗费的时间成本、人力成本高,鉴定活动面临的风险大,理应高收费。这一理由当然是合理的。但是,何为疑难复杂及有重大社会影响的司法鉴定服务?国家相关法律、法规及规范性文件中没有涉及,但是在一些地方政府司法鉴定管理部门的文件中是有规定的。例如,《北京市司法局关于疑难复杂和有重大社会影响的司法鉴定服务的认定标准》(京司发〔2017〕94号)中细化了认定疑难复杂和有重大社会影响的司法鉴定案件的标准。符合下列条件之一的,即构成标准所规定的疑难复杂和有重大社会影响的司法鉴定案件:①委托人是中级以上(含中级)人民法院的;②案件引起社会关注,并经互联网门户网站、省级或省级以上新闻媒体报道的;③案件争议时间长,从鉴定事项发生到委托鉴定之日超过五年(含五年)的;④本次鉴定属于同一鉴定事项进行三次以上(含三次)鉴定的;⑤除本机构鉴定人外,还需组织三名以上(含三名)相关专业领域的专家共同参与的案件;⑥委托人对鉴定人有特殊要求,需选择三名以上鉴定人进行鉴定,同时需要三名以上专家进行复核的案件;⑦根据《司法鉴定程序通则》的规定,需要委托司法鉴定行业协会组织协调多个司法鉴定机构进行鉴定的案件。司法鉴定机构应当与委托人在司法鉴定委托书中明确疑难、复杂和有重大社会影响的司法鉴定服务的认定情形、鉴定费用金额和收取方式,并留存有关证明材料,同时将有关情况书面告知缴费当事人。司法鉴定机构在受理时作为一般案件接受委托,开展具体鉴定工作后发现属于疑难、复杂和有重大社会影响的,可以与委托人协商后,重新签订司法鉴定委托书或签订补充规定,并将有关情况书面告知缴费当事人。缴费当事人不同意的,司法鉴定机构不得按照疑难、复杂和有重大社会影响的司法鉴定服务进行收费,可以决定是否终止鉴定。

司法鉴定收费的另一个争议焦点是鉴定人出庭的费用。有的鉴定人出庭,要求坐飞机头等舱、高铁商务舱,住五星级宾馆,在出庭地有高级轿车专车接送,每天获得高额的误工费,这使得出庭费用甚至高于鉴定活动本身的收费,自然也引起当事人的不满。针对此问题,我国通过立法不断进行完善。例如,《民事诉讼法解释》第118条规定,《民事诉讼法》第74条规定的证人因履行出庭作证义务而支出的交通、住宿、就餐等必要费用,按照机关事业单位工作人员差旅费用和补贴标准计算;误工损失按照国家上年度职工日平均工资标准计算。人民法院准许证人出庭作证申请的,应当通知申请人预缴证人出庭作证费用。《民事诉讼证据规定》第39条规定,鉴定人出庭费用按照证人出庭作证费用的标准计算,由败诉的当事人负担。因鉴定意见不明确或者有瑕疵需要鉴定人出庭的，出庭费用由其自行负担。

《北京市高级人民法院 北京市司法局关于民事和行政诉讼鉴定人出庭作证若干规定》（京高法发〔2017〕469号）第12条规定，根据当事人的申请，鉴定人在人民法院指定日期出庭发生的交通费、住宿费、生活费和误工补贴，由人民法院指定负有缴费义务的当事人在鉴定费用之外另行支付。人民法院代为收取。人民法院依职权要求鉴定人出庭的，由人民法院支付鉴定人出庭发生的交通费、住宿费、生活费和误工补贴。在相关法律法规、司法解释颁布实施前，交通费、住宿费、生活费暂时按照本市机关事业单位工作人员差旅费用标准计算；误工补贴按照国家有关规定执行。随着法律的不断完善，这类问题逐渐得以平息。

4. 对违规问题的处理方式争议

在本次收集的案例中，投诉人向司法行政机关投诉后之所以不服答复继而向人民法院提起行政诉讼，不仅在于对答复的内容不满意，更重要的在于对司法行政机关在发现鉴定机构的确存在某些问题时的处理方式。本次收集的案例中，凡是遇到司法鉴定机构在鉴定过程中出现的各种不当行为，司法行政机关使用最多也是最严厉的处理方式就是要求司法鉴定机构进行整改。在司法行政机关无权撤销鉴定意见的情况下，这种并不能满足投诉人主观心理要求的处理方式自然而然成为诉讼中的争议焦点。而司法行政机关在目前的实际情况中对司法鉴定机构的处理方式及力度究竟是如何进行的就成为一个亟待探究的问题。

在《司法鉴定执业活动投诉处理办法》（司法部令第 144 号）中对于投诉处理工作的原则表述为"属地管辖、分级受理、依法查处、处罚与教育相结合"。而涉及处理方式该办法第 24 条规定："司法行政机关应当根据对投诉事项的调查结果，分别作出以下处理：（一）被投诉人有应当给予行政处罚的违法违规行为的，依法给予行政处罚或者移送有处罚权的司法行政机关依法给予行政处罚；（二）被投诉人违法违规情节轻微，没有造成危害后果，依法可以不予行政处罚的，应当给予批评教育、训诫、通报、责令限期整改等处理；（三）投诉事项查证不实或者无法查实的，对被投诉人不作处理，并向投诉人说明情况。涉嫌违反职业道德、执业纪律和行业自律规范的，移交有关司法鉴定协会调查处理；涉嫌犯罪的，移送司法机关依法追究刑事责任。"这种表述并没有直接指出哪些情况是属于可以行政处罚，哪些情况是仅给予批评教育等处理即可。《北京市司法局司法鉴定投诉处理办法（试行）》第 18 条规定："投诉案件调查终结后，根据调查结果分别处理：（一）司法鉴定人、司法鉴定机构不存在违法、违规情况的，向投诉人说明；（二）司法鉴定人、司法鉴定机构存在违法、违规行为，但不构成行政处罚的，应视情节下发整改通知书，要求其及时整改或予以全市通报；（三）司法鉴定人、司法鉴定机构存在违法、违规行为，应当予以行政处罚的，根据行政处罚的有关规定进行行政处罚立案、调查和处理；（四）构成犯罪的，应移交司法机关处理。"以上两条规定仅是将司法行政机关的处理方式进行概括性分类，从以上条文中并不能够看出哪些行为构成了行政处罚的行为标准。同时，也没有一部专门规定司法鉴定行业行政处理的法律法规。各种应当给予行政处罚的情形散见于司法鉴定项下各法律文件。《司法鉴定机构登记管理办法（修订征求意见稿）》第38条规定："司法鉴定机构有下列情形之一的，由省级司法行政机关依法给予停止从事司法鉴定业务三个月以上一年以下的处罚；情节严重的，撤销登记；有违法所得的，没收违法所得：（一）因严重不负责任给当事人合法权益造成重大损失的；（二）具有本办法第三十七条规定的情形之一，并造成严重后果的；（三）提供虚假证明文件或采取其他欺诈手段骗取登记的；（四）司法鉴定机构胁迫、指使所属司法鉴定人作虚假鉴定的；（五）因严重不负责任，造成鉴定材料损毁、遗失的；（六）法律、法规规定的其他情形。"可以看出，司法行政机关如果要对司法鉴定机构进行停业或者撤销登记的行政处罚时需要满足以上条件方可进行。而六项条件中第三项条件在实际情况中很少出现。其他各项规定的情况中"重大损失""严重后果"等情形的认定并没有客观唯一的标准，在实际情况中认定的自由度很大，没有很好的可操作性。同时，一旦认定则会出现更多的争议和矛盾。因此，这种严厉的处罚方式实际处理中使用的也很少，北京市从2008年至今作出的有关司法鉴定领域的行政处罚仅有三例，其中没有任何对司法鉴定机构的行政处罚。对司法鉴定人的行政处罚也是因为涉及鉴定人"在两个鉴定机构执业"等十分明确违反法律规定的情形。因此可以看出，司法行政机关在进行行政处罚时仍然是十分谨慎的态度，对于没有法律明确规定的情形尽量不使用严厉的处罚方式。而投诉人在遇到自身利益受损的情形下，主观心理当然是司法鉴定机构受到的处罚越重越好，对于仅要求其自身整改的结果自然不能满意。

同时我们注意到，《司法部司法鉴定管理局关于印发〈司法鉴定工作2013年总结和2014年要点〉的通知》中提出要研究制定司法鉴定违法行为处罚办法，遗憾的是至今仍未见到此办法的出台。而北京市司法局作为本次案例收集中多次的被告同时也肩负着北京市范围的司法行政管理职责，其在2015年年末出台了一部《北京市司法行政机关司法鉴定类行政处罚裁量基准（试行）》（京司法〔2015〕88号），此规定的出台就是为了规范北京市司法鉴定类行政处罚自由裁量权。其中将各类违法行为依据社会危害性划定为A、B、C三个基础裁量档次，其对应的裁量幅度为依法从较轻处罚的下限至给予从重处罚的上限。同时，在实施处罚的过程中根据违法行为情节轻重确定处罚幅度，对行为人是否具有从轻、减轻、从重等情形进行全面分析、综合判断后作出裁量。此文件的出台回应了本次案例收集中关于处理力度方面的投诉焦点，暂时做到了有法可依。只是该规定的实施日期为2016年1月1日，对于本次案例收集当中的诸多已决问题无法适用。此外，究竟该规定的实际效果如何仍待时间的检验。

（三）当事人证据情况分析

1. 原告方证据分析

原告方在案件的诉讼过程中除少数并未向审理法院提交相

关证据的情况外，大多数提交的证据为当初向司法行政机关投诉时提交的投诉材料，而多数情况下，这些证据都会以堆砌的形式全部提交。以下为一例挑选出的具有代表性的原告方提交证据的范例:①

（1）录音光盘；（2）耳鼻咽喉科电子窥镜检查报告单；（3）多媒体检查报告；（4）2010年4月21日、4月30日的检验报告单各1份；（5）2009年7月1日的医学影像学诊断报告书；（6）门诊病历；（7）住院病历；（8）诊断证明书；（9）××科出院志；(10)信函；(11)××鉴定中心（京）××司鉴〔2010〕临鉴字第××号法医学鉴定意见书；(12)××鉴定中心（京）××司鉴〔2010〕临鉴字第××号法医学鉴定意见书；(13)委托司法鉴定函；(14)鉴定材料移交记录；(15)移交补充材料登记表；(16)司法鉴定协议书（法医临床）法医病理；(17)再投诉书；(18)被诉答复；(19)北京市人民政府京政复字〔2012〕××号行政复议决定书；(20)北京市东城区人民法院(2010)东民初字第××号民事裁判文书。

从上例中可以看出，原告提交的证据主要包括三部分：(1)对涉案鉴定的裁判文书、鉴定意见书和相关鉴定资料；(2)其向司法行政机关投诉的材料以及收到的答复；(3)原告方不服所行使的救济方式及答复。此外，还有部分原告当事人会提供一些自行查找到的涉及案中鉴定有关的专业书籍资料以

---

① 南某某诉北京市司法局司法行政答复案，北京市第一中级人民法院（2013）一中行终字第2852号行政判决书。

及相关的法律法规等文件以辅证己方的观点。

2. 被告方证据分析

被告方在本次收集的案例中主要为北京市司法局。北京市司法局所提交的证据有两种方式比较典型:一种为早期所采用的模式,类似于原告方当事人提交证据时的堆砌方式;另一种为后期所采用的分类模式。以下为一例典型的分类模式范例:①

第一组 原告提交的投诉材料,包括:

(1)投诉书(2012年3月20日、4月9日,被告证据目录第1页);(2)投诉书(2012年4月17日,被告证据目录第2~3页);(3)投诉人的身份证复印件(被告证据目录第4页);(4)发票和收据复印件(被告证据目录第5页);(5)××司鉴〔2010〕临鉴字第××号法医学鉴定意见书(2011年11月15日,被告证据目录第6~19页);(6)关于××医院的书面材料(被告证据目录第20页);(7)关于北京××医院的书面材料(被告证据目录第21页);(8)庭审质询鉴定人书面意见(被告证据目录第22~27页);(9)补充鉴定(被告证据目录第28~34页);(10)补充材料(被告证据目录第35~39页);(11)北京市××区人民法院开庭笔录(被告证据目录第40~51页)。

被告出示上述证据用以证明:投诉人投诉事项、投诉时间、投诉请求及投诉材料;鉴定机构收取了原告300元复印费。

---

① 杨某某诉北京市司法局司法鉴定行政管理行政行为案,北京市第一中级人民法院(2013)一中行终字第193号行政判决书。

第二组　被告调查的实体证据材料，包括：

（12）调查报告的说明1（2012年4月10日，被告证据目录第52~53页）；（13）调查报告的说明2（2012年4月18日，被告证据目录第54页）；（14）依据目录（被告证据目录第55页）；（15）××鉴定中心提交的材料（被告证据目录第56~102页）；（16）司法鉴定许可证（被告证据目录第103页）；（17）司法鉴定人执业证（被告证据目录第104~105页）；（18）××鉴定中心司法鉴定案卷（被告证据目录第106~503页）；（19）被告对北京市××区人民法院××就鉴定材料问题的谈话笔录（被告证据目录第504~505页）。

第三组　被告就投诉案件办理的程序证据材料，包括：

（20）司法鉴定执业活动投诉登记表（被告证据目录第506~507页）；（21）北京市司法行政机关当事人送达地址确认书1（2012年4月9日，被告证据目录第508页）；（22）北京市司法行政机关当事人送达地址确认书2（2012年4月17日，被告证据目录第509页）；（23）司法鉴定投诉受理通知书（2012年3月26日国内挂号信邮寄，被告证据目录第510页）；（24）调查通知书1（2012年3月26日，被告证据目录第511页）；（25）调查通知书2（2012年4月11日，被告证据目录第512页）；（26）调查通知书3（2012年4月18日，被告证据目录第513页）；（27）移送函（被告证据目录第514页）；（28）司法行政机关执法文书送达回证（存根，被告证据目录第515~517页）。

此外，北京市司法局向法院出示了《全国人民代表大会常务委员会关于司法鉴定管理问题的决定》《司法鉴定机构登记管理办法》《司法鉴定人登记管理办法》《司法鉴定程序通则》《司法鉴定收费管理办法》《司法鉴定执业活动投诉处理办法》《北京司法鉴定业协会关于办理医疗过失司法鉴定案件的若干意见》《司法鉴定收费项目和收费标准基准价（试行）》《北京市司法局关于疑难复杂和有重大社会影响的司法鉴定案件的认定标准》等，作为其作出××号答复的法律依据。

从上例中可以看出，北京市司法局在后期的模式中将众多证据材料进行了分类处理，主要分为三大类：（1）投诉人提交的投诉材料，用以证明投诉人投诉的时间、事项、请求以及提供的资料。（2）司法局作出调查的实体性证据材料。（3）司法局作出调查的程序性证据材料。这主要证明的是调查处理过程中的事实情况以及严格按照法律规定进行调查的程序情况。此外，大多数案件中，司法行政机关还会提交相关的法律法规等文件作为作出具体行政行为的法律依据。

3. 证据认定的分析

由于本次收集的案件在类型上高度一致化，当事人提交的证据在形式上也基本相同，因而理论上法院对这类证据的认定结论也应当是趋同的。然而，在实际的案件审理中，对这些证据的认定一审法院却大致出现了三种认定情况：（1）因原告、被告提交的证据均已完成当庭质证的法定程序，故按照《行政诉讼证据规定》，这些证据均属于本案认定事实的依据。（2）被告出示的证据可以说明被告作出被诉具体行政行为所依据的事实材料及其程序；原告出示的证据无法证明被诉具体行政行为违法。

(3) 被告出示的证据可以说明被告作出被诉具体行政行为所依据的事实材料及其程序；原告出示的证据与本案具有关联，真实、合法，可以证明相关事实，但原告的上述证据对其所主张的证明内容不具有证明效力。

二审法院对于一审法院所作证据的认定基本维持相同的意见。但是在一些案件中，还是有法官对一审案件审理中的证据认定进行了部分修正。其中四例二审案件中，二审法院的法官认为原告提交的某证据（一般为涉案的答复）为本案被诉的具体行政行为，不能作为证据接纳。还有一例案件中某证据为当事人的意见陈述，不能作为证据接纳。

行政诉讼的证据问题是诉讼中的核心问题之一。从一审法院和二审法院对证据的认定情况来看，主要存在重内容审查轻形式审查的特点。同时还存在对于同一证据的认定有不同意见的情况。例如，对原告方提交的相关专业资料和法律法规，一些法院全部予以认定；另一些法院全部不予认定；还有部分法院只认定法律法规的证据能力和证明力而不认可专业资料的证据能力。法官作出这些认定意见均依据的是《行政诉讼证据规定》，而在此规定中涉及证据的审核认定环节，其中的法律条文仅就证据的关联性、真实性和合法性作出原则性规定。因此，实际案例中出现的这些对同类证据认定意见不一致的情形还应当是审理案件的法官根据自己对法条的理解结合审判经验作出的。这些不同意见在个案的审理中并没有出现影响审判结果的状况，但是各法官的意见不统一不仅会造成类似案件对证据认定方面的不可预测性，而且间接体现实际案件中法官对行政诉讼中有关证据的法律规定的应用存在分歧，甚至可能存在错误的认定。因此，在今后的审判实践中应当尽早统一各法官之间不尽相同的认定做法，避免各行其是，以落实法制统一原则。

（四）案件裁判结果分析

1. 行政复议的结果

行政复议是对行政相对人不服行政机关作出的行政行为而提供的一种权利救济途径。其不仅能够审查行政行为的合法性，同时因为复议机关多数情况下为作出行政行为的上级行政机关，在业务领域具有相似性而能够对行政行为的合理性也一并审查。因此，这种救济方式理论上具有很好的效果。

在本次收集的案例中，共有18件案件的当事人申请了行政复议，其中10例案件向北京市人民政府申请复议，8例案件向司法部申请复议。与此同时，13例案件的当事人并未申请行政复议。具体情况如表8-3所示。

表8-3　案件申请复议情况

对比项	申请		没有申请
	向司法部申请复议	向北京市人民政府申请复议	
案件数	8例	10例	13例
复议结果	全部维持	9例维持，1例超期限未受理	—
法院裁判结果	7例支持司法行政机关，1例案件作出撤销原答复判决	全部支持司法行政机关	全部支持司法行政机关

在本次收集的案例中,是否进行行政复议以及申请行政复议的方式选择对法院最终裁判结果的认定没有相关联系。换言之,一方面,法院作出裁判结果并没有受到行政复议的影响;另一方面,行政复议这样一种救济方式在部分案件中并没有起到应有的效果。

2. 法院对案件的审理结果

本次收集的案例中,绝大多数的裁判结果为驳回原告诉讼请求,支持被告的诉讼请求,有66例,占96%,只有3例(占4%)的案件最终支持了原告。换言之,在绝大多数案件中,法院经过审理认为司法行政机关对原告作出的答复合乎法律规定,并无不当。而其中3例司法行政机关的答复之所以不被认可,其原因就值得特别探讨。

【裁判结果 8-1】①

一、撤销〔201×〕京司鉴投××号《北京市司法局关于××第三次投诉北京××司法鉴定所及相关鉴定人问题的答复》第三页第二段中关于对虚假鉴定、未遵守技术标准和规则投诉的答复内容。

二、被告北京市司法局于本判决生效后三十日内对原告××此次投诉中关于虚假鉴定、未遵守技术标准和规则投诉的内容重新作出答复。

在本案中,法官作出撤销这两项内容的依据是《司法鉴定

---

① 郑某诉北京市司法局不服行政答复案,北京市西城区人民法院(2014)西行初字第12号行政判决书。

执业活动投诉处理办法》第10条的规定，公民、法人和非法人组织认为司法鉴定机构和司法鉴定人在执业活动中故意做虚假鉴定的，可以向司法鉴定机构住所地或者司法鉴定人执业机构住所地的县级以上司法行政机关投诉。据此可知，关于虚假鉴定的投诉事项应属于司法鉴定投诉受理范围。本案中，北京市司法局认为虚假鉴定投诉事项属于对鉴定意见的异议，不符合上述法律规定。此外，《司法鉴定机构登记管理办法（修订征求意见稿）》第32条规定，司法行政机关应当就遵守司法鉴定程序和适用技术标准、技术规范和技术方法的情况，对司法鉴定机构进行监督、检查。《司法鉴定人登记管理办法（修订征求意见稿）》第24条规定，司法行政机关应当就遵守司法鉴定程序，适用技术标准、技术操作规范和技术方法的情况，对司法鉴定人进行监督、检查。本案中原告针对××鉴定所及其鉴定人在鉴定中遵守技术标准和规则的情况进行投诉，北京市司法局应对此履行监督、检查职责，但北京市司法局却认为该投诉事项属于对鉴定意见的异议，不符合上述法律规定。

【裁判结果8-2】[1]

一、判决撤销被告北京市司法局于20××年×月×日作出京司鉴投复〔20××〕×××号《北京市司法局关于××投诉北京市××鉴定研究所问题的答复》。

二、责令被告北京市司法局在本判决生效之日起十五日内

---

[1] 杨某某诉北京市司法局司法鉴定管理行政行为案，北京市西城区人民法院（2014）西行初字第75号行政判决书。

重新作出答复。

在本案中，法官作出此判决的理由是《司法鉴定执业活动投诉处理办法》第 25 条的规定，即司法行政机关受理投诉的，应当自作出投诉受理决定之日起 60 日内作出处理决定；情况复杂，不能在规定期限内作出处理的，经本机关负责人批准，可以适当延长办理期限，但延长期限不得超过 30 日，并应当将延长的时间和理由告知投诉人。行政机关履行法定职责应严格遵守法律规定的期限，超过法定期限构成违反法定程序。因此，司法行政机关在履行指导、监督司法鉴定执业活动投诉处理的法定职责时，应严格依据《司法鉴定执业活动投诉处理办法》规定的期限，超过期限的应视为违反法定程序。本案中，投诉人不服市××鉴定所出具的〔20××〕京××鉴字第××鉴定书向北京市司法局进行投诉，北京市司法局经审查认为符合立案条件进行了受理。在调查过程中，北京市司法局以案件情况复杂为由数次延长办理期限。之后，北京市司法局虽向投诉人作出了被诉答复，但不能否定在此之前北京市司法局违反《司法鉴定执业活动投诉处理办法》关于办理时限规定的行为。

【裁判结果 8-3】①

一、撤销京司鉴投复〔20××〕××号《北京市司法局关于××再次投诉北京市××鉴定研究所问题的答复》。

二、驳回原告××的其他诉讼请求。

---

① 杨某某诉北京市司法局司法鉴定管理行政行为案，北京市西城区人民法院（2013）西行初字第 256 号行政判决书。

此案件中，法官作出如上裁判的理由是此案是关于被诉答复合法性的问题。本案中原告的投诉事项包括鉴定资质、虚假鉴定、违法收费、行贿受贿等问题，被告在调查过程中仅向××研究所调取了鉴定档案，对相关鉴定人作谈话笔录，并未对原告投诉的事项进行全面调查。因此，被告在此基础上作出的被诉答复缺乏相应证据支持，认定事实不清，依法应予撤销。

从以上三个裁判结果可以看出，裁判结果8-2和8-3仅是针对答复超期限和答复不全面等问题作出，并非对原告投诉的实质答复内容的合法性给予否定。而裁判结果8-1中涉及的投诉虚假鉴定和遵守技术规范等问题司法行政机关在同样的其他案件中并没有出现类似此案的答复内容。因此，这例个案的裁判结果对同类型的案件并没有体现出司法行政机关答复中的普遍性问题。因此，尽管存在这三例答复被撤销的案件，但是总体上来说，司法鉴定行政诉讼的绝大多数案件均以原告方的诉讼请求被驳回作为最终的裁判结果。当然，这种有明显悬殊比例的裁判结果并非指裁判存在不公平，而是每个个案背后都有着严格的事实认定和法律依据作为支撑，这样的类型化案件的裁判结果带给起诉者最大的思考就是在起诉前要认真审视己方的诉求和证据是否能够满足当时的法律规定，司法行政机关作出的答复是否真的存在明确的违法之处。

三、司法鉴定行政监管存在的问题及原因

本次收集的案例中从现有的裁判结果来看虽然仅有3例被驳回起诉，即96%的行政诉讼案件均以司法行政部门胜诉而告

终,但胜诉的结果并不意味着当前我国司法鉴定行政监管体制没有问题。实际上,对上一部分的司法鉴定行政诉讼、行政投诉案件涉及内容和争议进行分析,应当说不仅存在问题,而且问题严重。

(一) 司法鉴定行政监管的重点领域

从前文对鉴定类型的分析可以得出,司法鉴定行政监管中的问题集中体现在几个特殊的行业领域:一个是医疗损害鉴定与损伤鉴定,另一个是文书鉴定。这两者中又以前者居多,投诉量和诉讼量均超过半数。而此类问题如此集中地出现在这些特定领域说明这些特定领域有着集中且较难解决的问题。因此,这些领域自然也成为司法鉴定行政监管问题多发区。

以问题最多的医疗损害鉴定为例。首先,此类鉴定直接涉及当事人利益,无论是向司法行政机关投诉还是提起司法鉴定行政诉讼,案件中的当事人往往都是医疗损害鉴定中的病患或者与病患有法律利害关系的近亲属。患者在接受医疗救治过程中遭受到侵害,身体或者心理上存在超出其他鉴定类型的"切身之痛"。[①] 而正是此类鉴定涉及个人身体或者心理上的直接影响,才会在出现某些争议时引发当事人的强烈反应。此外,由于此类鉴定的鉴定意见还直接影响案件最终的赔偿数额,而这些赔偿往往是这些当事人生活中非常重要的一部分经济来源。因此,赔偿金额的变化也会影响到当事人对鉴定机构和鉴定人

[①] 兰玲梅、彭钰龙、郭亚东等:《我国医疗损害鉴定体系的现状及思考》,《中国司法鉴定》2012年第5期,第115-117页。

作出的鉴定意见的关注度，稍有疏漏即会产生较大争议。其次，此类鉴定容易引发问题，还是因为其自身鉴定制度上存在硬伤。以本次收集的案例中反映的情况为例，当事人投诉鉴定机构和鉴定人作出的鉴定意见对医疗机构的医疗过错没有进行认定或者认定太轻，而鉴定机构和鉴定人认为鉴定意见已经作出相应的认定。这些所谓的认定从其表述中可以看出，多数并没有涉及实质医疗行为的对错，而是将关注点转移到医疗机构诊疗过程中文书书写的规范性上。尽管文书书写也是诊疗过程中很重要的一部分内容，然而这种"边缘化"认定不仅不能为法官事实查明给予实质上的帮助，反而增加了不必要的负担。与此同时，当事人与涉案医疗机构均对此类鉴定意见存有不满。这种鉴定意见的出具，从现有的规定来看的确是合法的，但是从鉴定本质的要求上确是不合理的。究其原因，往往是因为鉴定人没有接受过专业的临床医疗诊治训练，没有相应的专业化知识，却拥有着关乎法律严肃性与尊严的司法鉴定资格。[1] 而真正有知识、有能力作出医疗损害判断意见的医疗专家却因为法律并没有赋予其相应的鉴定资格而无法作出合乎法律规定的鉴定意见。这种资格与能力错配的现状背后是相应法律规定的错配，也是司法行政机关没有努力去改变这种错配制度的后果。这种错配的现状虽然在医疗损害鉴定领域显现得尤为突出，但是在其他领域也存在类似的问题。此外，目前仍然缺乏统一的医疗损害鉴定机制，医疗纠纷处理面临的鉴定困难突出。在医疗损

---

[1] 陈小嫱、李大平：《医疗损害鉴定主体改革刍议》，《证据科学》2011 年第 3 期，第 299 - 306 页。

害鉴定过程中，鉴定机构是否需要当事人双方共同参与听证，是否有临床专业的医师参与到案例讨论中均没有明确规定，这些问题基本上都由司法鉴定机构自主决定。甚至部分鉴定机构作出的鉴定意见是鉴定人在完全没有临床专业人员的帮助下直接作出的。① 可想而知，这样作出的鉴定意见评判的标准完全由鉴定人自己把握，已经失去司法鉴定本身的专业性和科学性。司法鉴定的行政监管人员更是普通的行政人员，很难作出专业判断意见，任由此类鉴定在合法资质的外衣下进行着非实质性鉴定。综上，监管工作出现问题的原因不仅在于法律依据和现实人员情况的尴尬局面，更在于整个医疗损害鉴定制度设计上的错位。

（二）司法鉴定行政监管存在的主要问题

目前，司法鉴定行政监管工作主要存在以下问题。

1. 处理投诉能力与经验不足

尽管在法律上司法行政机关被授权为司法鉴定管理主体，然而现实中要面对众多不同的专业性极强的司法鉴定行业以及逐年大量攀升的司法鉴定业务量的情况。从监管力量上看，司法行政部门与公检法系统相比，管理人员严重不足，具备相关执业知识和经验的管理人员比较缺乏，所以对司法鉴定机构和司法鉴定人进行业务管理也就存在一定的困难。②

此外，虽然法律授权司法行政机关为司法鉴定的监管主体，但是并不是被授权的部门作出的监管行为就一定合乎法律的要

---

① 岳霞、乔东访、王慧君：《医疗损害鉴定程序化及标准化问题的思考》，《中国法医学杂志》2014年第4期，第399-400页。
② 霍宪丹：《司法鉴定管理模式比较研究》，中国政法大学出版社，2014，第114页。

求。早期，司法行政机关在接触到司法鉴定的投诉时缺乏处理经验，作出的处理不规范、答复不及时等现象时有发生，甚至对本机构的行政工作流程也存在不熟悉之处。例如，本次收集的案例中就存在某公司在起诉状中有一条理由涉及司法行政机关的答复意见书中并没有明确写明不服此答复可以向司法部或者北京市人民政府寻求行政复议或者向人民法院提起行政诉讼的权利救济途径，这样的答复文书不符合行政法上的文书规范。在此案件之后司法行政机关在作出答复时就增加了类似的救济渠道说明。同时，在本次收集的案例中仅有的三例司法行政机关被判败诉的案件中就有一例是因为司法行政机关作出的答复超出了法律规定的期限范围而被依法撤销。这些都是在司法行政机关处理投诉的过程中逐渐暴露出来的工作当中的不足。

2. 处理投诉范围及能力有限

投诉人主观认为司法行政机关可以解决所有涉及司法鉴定方面的问题，而司法行政机关却因本机构职权限制难以满足投诉人的所有请求，回应力度缺乏，从而引发投诉人不满。例如，有的投诉人最核心的投诉请求是要求司法行政机关撤销相应的鉴定意见书。然而依据《司法鉴定执业活动投诉处理办法》的规定，司法行政机关无权就鉴定意见作出判断，也没有相应的权利撤销司法鉴定意见。这样的一个职权设置与处理投诉的范围限制将部分投诉人最核心的投诉请求拒之门外，也就很难解决这些投诉人最关切的问题，影响投诉处理工作的效果。实际上，司法行政机关对司法鉴定过程中是否遵守相应法律法规负有相应的监管职责，但是在实际答复中却往往以鉴定过程涉及专业性，由鉴定人自主把握，行政机关无法对专业性内容作出评判来答复。这样的答复和解释就意味着司法行政部门对司法鉴定机构和鉴定人的鉴定过程以及鉴定意见没有监督管理的能力，然而司法鉴定最重要也是最容易出现问题之处也就是司法鉴定的过程是否合法，鉴定意见是否正确。如果以没有能力评判专业性内容而不对其进行评判监管，那么司法鉴定的监管会异化为摆设。① 司法鉴定机构和鉴定人在鉴定过程中如果没有任何监督，则会形成监管真空。

但是与此同时，尽管在部分问题上缺乏监管职权，但是在个案中却有能力处理一些涉及其他机构职权范围内的问题。例如，鉴定收费问题，鉴定机构接受委托收取的费用是否合理，按照司法行政机关给出的答复意见中是认为本机构并没有职权处理价格问题，建议投诉人就此类问题向价格主管部门进行投诉举报。然而，在另一个案中却出现了司法行政机关介入此类争议后司法鉴定机构退还部分费用给投诉人的情况发生。这种职权限制和处理能力的不相符与模糊性，不仅让投诉人疑惑，甚至会对司法行政机关在此类问题是否不作为产生怀疑。

3. 行政处理力量有限、方式有限

司法行政机关在面对诸如"司法鉴定机构在鉴定过程中将部分检测工作交给其他专业机构、鉴定人在接收委托鉴定后才取得鉴定人资质以及鉴定人年龄过大等争议；鉴定过程中标准选用为何选用此标准而非彼标准以及有相应的国家推荐适用标

---

① 湖北省司法厅司法鉴定管理处：《关于司法鉴定投诉处理工作的几点思考》，《中国司法》2015 年第 8 期，第 38－42 页。

准而适用其他标准；鉴定人出庭作证费用不合理；对司法鉴定机构违规问题的处理方式不满意"等争议时，给出的答复或者答辩内容往往只有"现行法律没有依据，不能认为司法鉴定机构和鉴定人违法"这种解释。从行政行为合法性的角度来看，这样的解释的确没有问题。然而，也正是这种解释暴露了司法行政机关在司法鉴定的行政监管工作中遇到的巨大问题。首先，对当事人的现实情况在缺乏法律依据时无法回应，难以满足投诉人的诉求。其次，即使是部分可以进行行政处理的案例，也因为法律规定的缺乏或者模糊导致司法行政机关在行政处理的过程中谨小慎微，不仅行政处理方式有限，在面对当事人投诉司法鉴定机构和鉴定人在鉴定过程中有违法违规问题存在时一般只采用要求鉴定机构和鉴定人限期整改的处理方式。然而，这样的处理力度不仅让投诉人难以满意，更在合理性上存疑。一个已经发生的违法违规问题采用限期整改的方式要求在今后的工作中注意，那么之前投诉案例中的问题究竟该如何弥补，司法行政机关并没有直面此类问题。这样的处理方式和力度显然不能够得到当事人的认可，实际上也并没有对涉及的司法鉴定机构和鉴定人起到很好的约束作用。

4. "鉴闹"等非法维权方式的存在

根据以上的分析可知，实际案件中司法行政机关给投诉人作出的种种答复并没有很好地解决矛盾。因此，部分当事人在合法维权方式难以满足自身需求时采用了非法的维权方式，例如，出现了"鉴闹"行为。以撤销鉴定意见为例，在本次收集的案例中司法行政机关在面对大量要求撤销鉴定机构出具的鉴定意见时，认为本机构没有相应的职权可以撤销鉴定意见书，建议当事人以向审理案件的人民法院提请鉴定人出庭作证或者重新鉴定等方式维护自己的权益。然而，无论是司法行政机关还是人民法院，均没有法律规定可以撤销鉴定意见，即使鉴定意见的确存在问题。在这种情况下，这样的鉴定意见人民法院只能弃之不用。这使得部分当事人会认为鉴定机构和鉴定人在收取了鉴定费用的情况下，不仅不会因为出具不合格的鉴定意见而受到惩罚，同时这样的鉴定意见还不能被撤销，已交付的鉴定费用不能够返还，这种主观上的心理是合理的。然而法律却对此没有规定，各部门也以此为由推脱不愿解决此类矛盾。但是矛盾并不会因为推脱而消失，这样的合法维权方式在行不通的情况下产生所谓的"鉴闹"是可以理解的。事实上部分撤销鉴定意见的情况均是在此类"鉴闹"发生后鉴定机构作出的选择。[1] 而"鉴闹"的存在不仅不利于我国依法治国进程的推动，也是司法行政机关作为司法鉴定监管部门难辞其咎的一处伤口。

（三）司法鉴定行政监管存在问题的原因

面对上述出现的司法鉴定行政监管中出现的种种问题，只有找出其产生的原因才能为解决这些问题找出方向。

1. 现行法律规定与当事人诉求的反差

从前文的案例分析中可以看出，原告提出的在司法鉴定过程中遇到的种种现实状况都有一定的不合理之处，难以让当事

---

[1] 杨进友：《司法鉴定投诉制度研究——以鉴定机构和鉴定人为视角》，《中国司法鉴定》2015年第2期，第92-97页。

人释怀。例如，司法鉴定机构没有相关仪器设备、司法鉴定人年龄过大、司法鉴定标准使用不统一、行政处理相同情况而采用不同解决方式等。司法行政机关在处理这些问题时给出的答复往往都是现行法律没有具体规定，不能认定司法鉴定机构和鉴定人的相关行为违法。

法律的缺位是事实，但是如果不进行及时而有效的修改完善，总是用已经跟不上行业发展速度的法律来应对新出现的矛盾，不仅不会解决已有矛盾，甚至会产生更多的矛盾。[1] 例如，在涉及行政处理方式时，《全国人民代表大会常务委员会关于司法鉴定管理问题的决定》中只涉及1条，司法部颁布的规章中也仅有6条。在这种粗线条的法律规定下，现实中面对司法鉴定机构的不同违法违规行为司法行政机关作出的均是限期整改这同一种行政处理结果，势必不能令人信服。而"一碗水是否能端平"关乎司法的公平性，行政处理当中出现的问题不仅难以让当事人信服，同时司法鉴定机构和鉴定人也会因此而轻视此方面的问题，同样的违法违规问题屡屡出现，禁而不止的背后就是行政处理没有达到应有效果。再如，司法鉴定人的年龄限制、司法鉴定机构的仪器设备配置情况等内容相关法律法规并没有给出具体的要求和限制，导致司法鉴定机构和鉴定人资质问题在法律依据的认定上过于宽松。此外，鉴定过程中的监管其实根本上是一个专业性问题的判断过程，这个过程的监管无论如何都会多多少少涉及具体的专业性问题。一方面，现

---

[1] 汤晓江：《司法过程中的利益衡量及其优化》，硕士学位论文，华东政法大学，2013，第23页。

行法律规定下规定行政权力无权介入技术活动的评判；另一方面，对鉴定机构和鉴定人是否遵守技术操作规范和程序本身就是监管的重要内容，是司法行政机关作为主管部门的法定职责之一。这种两难局面造成投诉人倘若对鉴定过程有异议，司法行政机关一般情况下会以法律法规的规定为由而尽量回避。但是如果一概以不过问技术问题为由一推了之，那监管就没有存在的必要了。管与不管，如何管，在没有明确具体的法律权限的情况下，司法行政机关的监管仍然走得磕磕绊绊。即使司法行政机关在事实上认为司法鉴定机构在鉴定过程中有不合理之处，但面对普通民众朴素而合理的质疑，仅以现有法律法规没有规定为由进行回复，显然过于牵强，这样的答复内容尽管看起来合法，却得不到真正的认可。这种基于各种不合理之处而并没有明确具体的法律规定可以对其进行相应的查处而造成投诉人的各种事实上合理的异议不能得到满意的答复，势必会产生更加激烈的矛盾进而引发行政复议或者行政诉讼。

同时，法律规定上的问题不仅是法律缺位，还存在上下位法不统一的情况。以鉴定收费为例，在2015年修改《全国人民代表大会常务委员会关于司法鉴定管理问题的决定》之前，鉴定收费的价格制定权限规定是"司法鉴定的收费项目和收费标准由国务院司法行政部门商国务院价格主管部门确定"。因此，2015年之前的价格制定权限只能是国务院司法行政部门与价格主管部门协商确定。而北京市在执行上述规定的过程中新增加了"疑难、复杂及有重大社会影响的司法鉴定服务或三次以上（含第三次）的司法鉴定服务（含经其他鉴定机构已鉴定的案件),由司法鉴定机构与委托人协商确定收费标准。疑难、复杂及有重大社会影响的司法鉴定服务的认定标准由本市司法行政部门制定"。为此,还出台了《北京司法局关于疑难复杂和有重大社会影响的司法鉴定服务的认定标准》。这样的行为无异于将部分价格制定权力主体转变为北京市一级。而根据我国法律的相关规定,下位法的制定不得与上位法的相关规定相抵触。因此,北京市该文件规定在法理上并没有依据。而且事实上因为有此类认定标准使鉴定机构将大量的案件,尤其是医疗损害鉴定案件靠拢到此类疑难复杂案件认定标准上,导致大量的当事人对这样的收费存在不满的心理。而在本次的案件收集中,因这一条规定产生的投诉争议也占了较大的比例。

2. 职权限制与民众的认识误区

无论是在投诉人向司法行政机关的投诉中还是在之后不满答复而选择的行政诉讼中,当事人都想通过司法行政机关撤销于己不利的鉴定意见进而可以在自身涉及的诉讼中改变原先的判决结果。而现行的法律中不仅没有赋予司法行政机关可以撤销鉴定意见的权力,就连鉴定意见是否正确也并非其监管职权范围。因此,起诉人的根本诉求达不到,才会一而再再而三的进行权利救济,不惜通过行政复议、起诉以及上诉等方式寻求解决途径。而事实上却是无论哪种救济方式均解决不了当事人的诉求。与此同时,撤销鉴定意见一直在法律中是个模糊地带,没有明确的法律规定相关权力机构可以撤销鉴定意见。[①] 因此,

---

① 郭华:《论鉴定意见争议的解决机制》,《法学杂志》2009 年第 10 期,第 63 - 66 页。

司法行政机关回应此类问题时往往只能作出非己职权的回复，但是很明显"堵而不疏"的解决方式最终还是不利于问题的根本解决。

虽然司法行政机关在现代的管理理念下不断地进行改革，使得权力职责逐渐清晰，但是这种改革的过程以及结果并没有普通民众的广泛参与，也未能及时普及到社会大众，尤其是没有法律知识也没有律师协助的普通百姓。在他们的想法中，受封建官本位思想的影响，依旧是"官管一切"的思维方式，司法行政机关既然是主管司法鉴定工作的，那么司法鉴定机构和鉴定人的所有活动，司法行政机关均有权予以干涉。[①] 因此，在司法行政机关的答复不能满足投诉人的要求时，投诉人当然会认为司法行政机关没有认真履行监管职责或者有不作为的行为。这种因双方知识上的差异以及信息不对等造成当事人对司法行政机关的答复不能认可时屡屡提起行政诉讼，寄希望于通过法院这另一种"官"强制性要求司法行政机关作出改变。尽管从最终的行政诉讼结果上看出，投诉人几乎都被驳回了相关的诉讼请求，然而如果这些相关职权规定不能很好地被投诉人所理解，信息上的不对等情况未能及时改变，即使拿到被驳回的诉讼结果仍有可能产生更多的诉讼或者信访事件。这种现象在本次收集的案例中已经有所体现。

3. 行政监管制度设计上的缺陷

在前文案例分析中还有一类问题即司法行政机关给出的答

---

① 姜蕴纯：《司法鉴定中的文化冲突研究》，硕士学位论文，西南政法大学，2014，第25页。

复是此类问题并非属于司法行政机关监管范围，建议当事人寻求其他途径进行投诉或者权利救济。例如，鉴定收费问题应当向价格主管部门反映，鉴定意见问题应当向审理案件的法院申请鉴定人出庭作证或者申请重新鉴定。但事实上，此类问题在不同投诉人的投诉中多次出现。这种现象说明尽管在职权分工上司法行政机关对此类问题并没有行政监管职责，但是作为价格主管部门对司法鉴定名目繁多的鉴定种类以及收费项目，没有司法行政机关的帮助是很难作出合理规定的。在遇到价格投诉时，也必将涉及相关服务的专业内容，如果简单地将所有的价格问题全部转移到价格主管部门而司法行政机关不作出配合处理，这样的价格管理制度设计就是不合理的。与此类似，尽管鉴定意见的评判目前在法律规定上不归司法行政机关管理，但是鉴定意见的质量直接反映了司法鉴定机构和鉴定人的能力高低，间接反映了鉴定过程是否严格按照法律法规进行，对司法鉴定行业的发展依旧至关重要。因此，不应当在遇到此类问题时一概推给法院。法院在目前的法律规定中只能够对鉴定意见是否予以采纳作出认定，即使不采纳有问题的鉴定意见，也没有相应的职权处罚相应的鉴定机构和鉴定人。有权利监管鉴定机构和鉴定人从业合法性的机构不进行监管，没有监管权力的机构却在"饱受其苦"的同时无法作出监管行为。[①] 以至于目前法院仍在实行司法鉴定机构和鉴定人的"名册制"，这种方式其实也在一定程度上变相行使了部分的监管权力，将部分

---

① 宁聪：《论我国司法鉴定的监督》，硕士学位论文，西南政法大学，2011，第17页。

鉴定机构和鉴定人排除在受理鉴定的范围内。这样一种制度的存在违反了统一司法鉴定管理体制改革的方向，但是确是现状。因此，监管职权的划分，监管制度的设计才是一切问题背后的根源。

就现状而言，司法行政机关作为司法鉴定的行政监管主体，虽然在部分事项中并不能完全处理，但是仅告知非己职权范围，对相关协作单位的处理结果不闻不问的方式导致越来越多此类问题的重复出现，多次投诉。尽管对个案的解决可能不存在问题，但对深层次处理好行业中多次暴露的问题却是不利的。没有一个长效互通的监管沟通机制，每次都用个案处理的模式，换来的往往是重复性工作的增长和相关问题成为顽疾的后果。

四、加强司法鉴定行政监管的对策与建议

司法鉴定行政监管是司法鉴定管理工作的重要内容，是监督主体依据法律法规、行业组织章程等赋予的权力，对司法鉴定机构及其鉴定人的执业活动进行指导、制衡、约束、警示、预防和纠正违规违纪执业行为，根本目的在于保证司法鉴定活动的客观公正、科学规范，促进司法鉴定健康持续发展。[①] 本部分在前文对司法鉴定行政监管中出现的种种问题以及产生的原因进行深入分析的基础上，拟对这些存在的问题提出若干对策与建议，以改善目前的司法鉴定行政监管工作。

---

① 霍宪丹：《司法鉴定管理概论》，法律出版社，2014，第171页。

第八章 司法鉴定服务合同行政监管

(一) 对目前司法鉴定行政监管的建议

1. 重视投诉人的诉求

现阶段司法行政机关在对司法鉴定机构和鉴定人的主动监管工作中大多仅涉及司法鉴定机构和人员数量以及开展的业务数量等以数量为相应内容，而真正涉及司法鉴定质量的则基本都以投诉工作中涉及的问题为信息收集的主要渠道。通过前述案例的分析，部分投诉人的投诉请求是不符合法律规定以及司法行政机关的职权范围的。然而，有一部分投诉内容尽管未必符合现行法律规定，但是存在合理之处，并且指出了目前司法行政机关在工作当中的不足，这些不足之处的点明为今后司法行政机关更好地服务提供了指引。例如，在某案件中投诉人认为北京市司法局出具的答复中未明确告知其如对此答复有异议的救济渠道。在北京市司法局制作的答复上，按照司法行政文书的要求，理应写清"如不服本答复，可以自收到本答复之日起六十日内向北京市人民政府法制办公室或中华人民共和国司法部申请行政复议；或者自收到本答复之日起三个月内向北京市西城区人民法院提起行政诉讼"，北京市司法局在制作文书的过程中，未明确告知其救济渠道，存在严重的行政不作为。此案中由于当时相关的法律法规对司法行政机关处理投诉人投诉事项的书面答复格式与具体内容没有强制性的规定，因此被诉答复未载明救济途径与救济期限并无不当，起诉人的主张缺乏法律根据被驳回。但是在此之后，北京市司法局在出具类似的行政答复中已经明确地加上了告知投诉人救济渠道的信息，这就是一大进步。

此外，最初北京市司法局接到行政应诉后认为被诉答复不属于行政诉讼的范围，而法院则认为投诉事项和被诉答复均涉及原告的相关权利，属于行政诉讼的应诉范围。又如，北京市司法局在某案件的调查处理过程中时期太长，其答复被法院依法撤销后，北京市司法局在之后的调查处理过程中就严格按照法律规定的日期进行。这些点点滴滴进步弥补的不足均是通过投诉人对自己利益的锱铢必较发现并完善的。同时这些完善也为北京市司法局今后的工作提供了依据，以使其更加规范细致的服务，甚至变被动为主动。例如，在某案件中北京市司法局在调查某司法鉴定机构时发现一些情况在投诉工作中屡屡出现，于是就在调查处理此个案的过程中向全市范围的司法鉴定机构发出通知要求进行自查自纠。可以说，通过投诉中发现的问题反而更加促进了整个行业的良性发展，司法行政机关的监管更加清晰、更加有力。

2. 尽快修改和完善相关的法律法规

从前文的分析当中可以看出，司法行政机关在答复以及应诉状中多次提到当事人提出的很多投诉请求在现行的法律中并没有给出明确的依据和要求。尤其是当事人反映强烈的行政处罚问题。以北京市为例，从2008年至今北京市司法局在司法鉴定领域开出的行政处罚决定书只有3例。涉及的情况分别是同一个鉴定人在两家鉴定机构执业、鉴定人无正当理由拒不出庭作证以及违规接受委托等非常明确的状况。而通过本书中大量的案例可以看出，司法行政机关在作出处理决定时往往认为达不到行政处罚的标准，不同情况作出的处理意见均为整改。目前，全国还没有一起不该处罚而处罚导致被诉的案件，说明虽然执法还没有"越位"，但"是否到位"还有距离，例如，对该处罚的而不处罚，或该给予较重处罚的用较轻处罚来代替等。[①] 而这种处理意见背后是行政处理方面缺失具体且可操作性的法律依据。因此，可以看出，投诉人对司法行政机关作出的处理决定不认可，屡屡起诉背后很重要的原因之一就是法律依据的缺乏。此外，有关鉴定收费的问题上，目前的法律规定也有些模糊，并没有给出明确的鉴定收费标准。尤其是在申请鉴定人出庭作证的费用收取规定方面，在目前的法律中尚不明确，仅在一些司法解释及地方性文件中有所规定，对此前文已有论述，此处不再赘述。然而，由于出庭相关费用标准较低，于是产生了实践中鉴定人出庭难的问题。甚至有的鉴定人出于各种考虑通过不合理地抬高出庭作证费用从而迫使当事人难以成功申请鉴定人出庭作证。司法行政机关在答复有关鉴定意见的投诉时告知投诉人有关鉴定意见的争议可通过申请鉴定人出庭作证的方式予以解决。这样的答复会导致当事人因鉴定人出庭作证的费用争议产生新的矛盾和投诉。

因此，种种问题背后出现的法律缺位和法律不一致现象亟待改善。只有司法鉴定法律修改的速度跟得上行业发展的脚步，司法行政机关在行政监管的过程中才能够做到依法行政，给出的答复有理有据，投诉人的投诉才能够得到满意的答复，行业的发展才会在一个良性的轨道上发展。

[①] 王磊:《关于加强司法鉴定执业监管工作的几点思考》，《中国司法鉴定》2008年第1期，第56页。

3. 与法院等司法鉴定相关单位互联互通

从前述的案件分析中可以看出,当事人很多的诉讼请求均涉及对鉴定意见的争议等内容。而根据相关的法律法规,这些内容并不属于司法行政机关的职权评价范围,对鉴定意见的评价和采纳需要审理相关案件的人民法院来进行。与此同时,法院作为司法鉴定行业发展的重要影响因素,其自身也在不断增加对司法鉴定意见以及相关鉴定机构的把控力。例如,沈阳市中级人民法院就在2015年取消了三家不合格司法鉴定机构的资格审查,同时对鉴定收费等模糊地带与鉴定机构进行了协商确认;制定了《司法技术专业机构业绩考评办法》,对司法鉴定机构和鉴定人的业绩实行量化考核,促进鉴定机构提升服务质量,保证鉴定工作依法、公平、公正、高质、高效。[1] 青岛市中级人民法院对发现的事实认定错误、鉴定意见失实,鉴定意见数不严谨存在明显错误,收费不规范等问题的司法鉴定机构取消了备选资格。[2] 在重庆市南川区人民法院关于交通事故伤残鉴定的调研报告中指出"鉴定意见改变多。在97件重复鉴定案件中,第二次鉴定改变第一次鉴定意见的案件89件,占比91.75%""有的鉴定意见本身也有值得怀疑之处,一些受害人伤残状况明显不同但鉴定等级相同;千篇一律的鉴定意见书体例及内容也在一定程度上影响了鉴定意见的权威性"[3]。这些在

---

[1] 刘宝权:《沈阳中院制定细则全面规范司法鉴定》,《人民法院报》2015年8月29日第1版。

[2] 王洪坚、吕佼:《四家公司被青岛中院取消司法鉴定备选资格》,《人民法院报》2015年8月9日第1版。

[3] 重庆南川法院课题组:《规范伤残鉴定 提升司法效率》,《人民法院报》2015年9月3日第8版。

法院审理案件中发现的问题非常宝贵。但是，我们也应该看到，司法鉴定意见质量问题的解决或者说对司法鉴定行业发展的促进作用并非法院自己就可以做到的，毕竟法院并没有相应的司法鉴定行政监管职权。法院只能够决定"用或者不用，如何用"的问题，而对司法鉴定意见的产生过程并不能起到很好的监督作用。

如果说鉴定意见是产品，那么法院是该产品的最终用户，建立管理部门与用户的良好沟通，及时获取用户体验，有利于提高鉴定质量和公信力。[①] 法院在审理相关案件中的信息反馈就显得尤为重要。以浙江省高级人民法院的改革为例，凡是涉及法院对外委托司法鉴定的案件，在结案时都必须填写反馈表，以形成"用户体验报告"，定期及时反馈给司法行政机关，使其对司法鉴定机构的评价和监管更加客观全面。法院将审理案件中的鉴定意见不采信，发现虚假、错误鉴定意见，鉴定人的出庭作证情况以及违规违纪行为等信息及时向同级司法行政部门通报，这些信息将是司法行政机关对司法鉴定机构资质评估、考核和司法鉴定人诚信评价的重要依据。这种司法权与司法行政权的配置更加合理，审判机关与司法行政机关的责任分工更加明确，标志着浙江省司法鉴定工作的法制化、规范化建设上了一个新的台阶，对于进一步健全完善统一权威的司法鉴定管理体制具有积极的促进作用，也有利于促进公正司法，防止冤

---

① 孟焕良：《"用户体验"为导向——浙江法院和司法行政部门共建司法鉴定使用与管理衔接机制纪实》，《人民法院报》2015 年 7 月 7 日第 1 版。

假错案，维护公民合法权益和社会公平正义。①

由此可见，作为司法鉴定的主管机关，司法行政机关与审理案件的法院应当"打破狭隘的部门利益观念和封闭的权力归属观念"②，互联互通，共享信息。法院要及时将审判中发现的鉴定意见采信、鉴定人出庭方式等问题向司法行政机关反馈，增强行政管理的针对性。司法行政机关要加大对司法鉴定机构和司法鉴定人违法违规行为的查处力度，并将处理结果及时通报法院。双方要加强合作，建立司法鉴定双向交流的机制。从运行管理和法律规范上尽早建立完善司法鉴定使用与管理相衔接的机制。③ 无论是司法行政机关还是审理案件的法院，在遇到投诉举报时进行更加深入而持久地沟通了解，将涉及的司法鉴定是否存在不合理的问题及时交流意见，以便掌握更多的信息，如此一来，一方面可以更好地答复投诉人，另一方面可以更好地对司法鉴定机构和鉴定人进行评估考核。这样的方式才能更大限度地发挥各部门互联互通的作用，为司法鉴定行业的良性发展提供坚实的信息基础。

此外，目前司法鉴定行业涉及生产生活中的方方面面，尽管此次案例中涉及司法鉴定类型主要以三大类鉴定为主，但仍然存在诸如知识产权鉴定以及建筑物质量安全鉴定等其他类鉴

---

① 陈东升、王春：《浙江法院与司法厅建鉴定管理与使用衔接机制》，《民主与法制时报》2014年8月25日第3版。
② 张军主编《中国司法鉴定制度改革与完善研究》，中国政法大学出版社，2008，第20页。
③ 俞世裕、潘广俊、余晓辉：《构建司法鉴定管理与使用相衔接运行机制的实践与思考——以浙江省为视角》，《中国司法》2015年第12期，第43–48页。

定类型。不同的鉴定类型涉及的是每一个行业中具有独特性的专业知识，作为司法行政机关很难以一己之力掌控全局。因此，加强与司法鉴定相关单位的互联互通，不仅是法律条文完善的要求，也是监管现实的需求。

（二）司法鉴定行政监管制度设计的重新考量

1. 行政监管制度的重新考量

司法行政机关在目前的法律规定下没有对鉴定意见进行审查的职权，同时以现有的行政人员在专业知识以及人员力量上也确实无法做到对大量的司法鉴定意见进行专业审查。而法院作为审理案件中是否采纳鉴定意见的主体，对鉴定意见有着直接的审查优势。审判机关在一定程度上掌握着司法鉴定机构的执业情况，如接受鉴定委托的数量、鉴定意见的采信率、出庭质证的情况等，对司法鉴定机构在实践操作过程中存在的问题也有一定的了解。[1] 然而，目前的法院系统仅有是否采纳鉴定意见的权利，并没有对出具不合格鉴定意见的司法鉴定机构和鉴定人进行行政监管的能力与职权。尽管上文中提出了在目前的状况下要求司法行政机关与法院系统进行充分的沟通协调，双方共享相关信息，在各自能力范围内合力进行司法鉴定的监管工作。然而，这种涉及两大部门的长期合作是否在进行中会十分顺利仍然值得怀疑。在统一司法鉴定管理体制的设想方向下，还是应当在监管制度的设计上下功夫，尤其是监管主体与监管职权、监管能力的配套问题上要努力达成一致，交由某一

---

[1] 裴兆斌：《中国司法鉴定管理制度改革研究》，法律出版社，2015，第47页。

具体的机构行使。

2. 鉴定制度自身的重新考量

无论是当前的建议对策,还是长期监管制度的重新考量。所做的工作无非是在监管的层面发现司法鉴定过程中的问题,进而改善整个行业的发展状况。然而,如果鉴定制度本身存在问题,仅改善监管层面的制度,这样的改善方式仍然不能从根源上解决问题。

以本次案例中投诉涉及最多的医疗损害司法鉴定为例。首先,从鉴定人的角度来说,医疗损害鉴定的鉴定人应当由对医疗诊疗工作非常熟悉,甚至行业专家担任。然而,现实中承担医疗损害鉴定工作的司法鉴定人大多是没有进入过临床工作的人员。由一个并不了解行业工作内容和行业发展情况的人员对长期在临床工作的专业人员的专业工作进行专业评判,本身就是不合理的。其次,目前我国医疗损害鉴定工作在诉讼中仍然大多数以司法鉴定机构为主,而具有行业专家与行业评判能力的医学会却苦于法律中没有赋予其出具鉴定意见的能力而得不到认可。这种专业鉴定领域的错配产生的问题占据了投诉中绝大多数。由此可以看出,如果以目前的鉴定制度长期存在,无论在监管层面作出多大努力,此类鉴定的投诉仍然不会有明显改观。

此外,部分鉴定收费制度也存在不合理之处。司法鉴定工作的收费应当是对司法鉴定人的劳动付出进行补偿性费用收取,而在文件检验领域却实行着以案件标的比例收费的收费标准。这样一种收费制度造成两份在实际工作中难易程度相同的鉴定工作因为所涉及的案件标的不同而收取的费用可能会有数十倍数百倍的差距。甚至鉴定工作相对容易的案件因为案件标的的原因收取的费用还会远远高于鉴定工作相对难的案件。这样的一种收费制度很难认为是合理的。同时，也为相关矛盾和纠纷埋下隐患。

改善司法鉴定的行政监管的意义并不在于单纯地改善监管工作，而在于通过改善司法鉴定的监管工作将司法鉴定行业发展的方向引入一个良性的轨道。而如果鉴定制度本身存在问题，即使在监管层面作出多大努力均是徒劳。因此，改善不合理的鉴定制度才是最重要的工作。

综上所述，在我国目前的基本国情下，应当构建由司法行政机关主导，司法鉴定相关部门予以互通配合的监管体系，合理配置司法鉴定管理权，解决管理上缺位、越位和错位的突出问题。[1]

司法行政机关作为司法鉴定行业的主管部门，应当在司法鉴定的监管过程中处于中心位置，要坚持法定职责必须为，勇于负责、勇于担当。建立健全动态管理机制，对于现有的鉴定机构、人员要把检查、评定和监督结合起来，综合运用法律、行政和技术手段，实现动态管理。对于违法行为情节严重的，要坚决依法清除出去。[2] 增强行政执法人员的责任感，积极培

---

[1] 霍宪丹、郭华：《进一步改革完善司法鉴定管理制度的基本思路》，《中国司法》2014年第1期，第40页。

[2] 邓甲明、刘少文：《深入推进司法鉴定管理体制改革创新发展》，《中国司法》2015年第7期，第30页。

养工作人员按照法定程序办事的习惯，合法合理行使权力。在实施行政行为时，不能缺失法定步骤，颠倒法定顺序，超越法定期限，认真履行法律赋予的职责，做到既不失职不作为，又不越权乱作为。还要通过开门评议、回访调查、处理投诉等工作，全面监督执法人员履行法定职责的情况，避免行政执法不规范现象发生，切实保证行政权力得到依法行使，避免随意性和不可预测性出现。[1] 同时，司法鉴定活动往往是各学科专业领域基本原理、专门知识、技术方法、职业技能、执业经验的交叉融合与综合应用，对监管过程中的专业性问题，应当由行业协会积极提供专业知识上的帮助，充分发挥行政管理与行业协会管理相结合、相配合的作用。[2] 借助行业协会专业知识的帮助，将监督的触手延伸到专业技术领域，进行"深度"监督。[3] 在监管方面应防止将司法鉴定管理重点放置在投诉以及复议上，因为目前的司法鉴定投诉仅限于鉴定争议的后端化处置，如果不注重司法鉴定的准入制度、鉴定过程的管理，其后端处理机制再健全，也仅是一个事后处理，效果不会明显，因此应当强化鉴定的准入与鉴定过程的监管，否则鉴定监管职能会不断流失并走向弱化，鉴定制度改革陷入濒临危险的境地。[4]

---

[1] 刘浩：《顺应人民期待 加强司法鉴定行政监管》，《陕西日报》2013年4月2日第5版。
[2] 霍宪丹：《司法鉴定管理是社会管理与公共服务的统一》，《中国司法》2011年第9期，第96页。
[3] 王怀宇：《关于进一步加强司法鉴定监督管理工作的思考》，《中国司法》2015年第5期，第57页。
[4] 郭华：《司法鉴定管理体制改革的现状反思与未来方向》，《中国司法》2015年第11期，第62页。

审理案件的法院以及价格部门等其他司法鉴定行业相关部门对实践当中遇到的司法鉴定问题应及时与司法行政机关互联互通，共同处理。更加合理配置司法行政权与司法权，更加明确司法行政机关与审判机关、协同部门的责任分工，这对进一步健全完善统一权威的司法鉴定管理体制具有积极的促进作用，也有利于促进公正司法，防止冤假错案，维护公民合法权益和社会公平正义。①

此外，在改善目前的监管工作的内容下，应当重新考虑司法鉴定行政监管制度和鉴定制度当中不合理的部分，尽早在制度层面打通司法鉴定的行业发展道路，尊重司法鉴定本身的行业规律。

---

① 陈东升、王春：《浙江法院与司法厅建鉴定管理与使用衔接机制》，《民主与法制时报》2014年8月25日第3版。

第九章

结　　论

　　本书对我国司法鉴定服务合同进行了系统深入的研究,对北京市 2000 年至 2014 年的司法鉴定民事诉讼案件和行政诉讼案件进行汇总、统计、分析,对我国司法鉴定实践情况进行了系统考察。综合认为,我国司法鉴定目前仍然存在比较多的问题,在行政监管、鉴定委托、鉴定实施、鉴定意见审查与使用上均存在一些问题,且案件相关当事人对司法鉴定的意见比较大。为此,本书建议,将司法鉴定服务合同定位为服务合同。虽然作为人民法院审理案件时启动司法鉴定的行为不是严格意义上的服务合同,但是仍然应当从服务合同的角度加以管控和考察。在司法鉴定服务合同的语境下,对司法鉴定机构及其司法鉴定人开展司法鉴定活动中的权利、义务加以明确,有利于强化委托人、司法鉴定机构、司法鉴定人的执业义务意识,从而规范司法鉴定行为,并因此保障司法鉴定机构和司法鉴定人的合法权益。对司法鉴定机构和司法鉴定人违反法律规定开展司法鉴定活动,给有关单位和个人造成损失、损害的,应当追究其民事责任,法院应当按照合同纠纷或者侵权纠纷予以受理。同时,司法鉴定行政管理部门应当加强对司法鉴定机构和司法鉴定人的监管,促进司法鉴定行业健康发展。

主要参考文献

一、中文类

刘鑫，李天琦．司法鉴定郑重陈述承诺制度研究［J］．证据科学，2020（1）：72－85．

樊金英，杜志淳．跨学科视野下对科学证据的审查认定［J］．证据科学，2019（3）：302－314．

赵杰．司法鉴定意见科学可靠性审查［J］．证据科学，2018（3）：300－311．

刘鑫，焦艳芳．以审判为中心的庭审模式对法医出庭质证的挑战［J］．中国法医学杂志，2017（1）：1－4．

苏青．司法鉴定启动条件研究［J］．证据科学，2016（4）：300－311．

刘鑫，王梦娟．强化程序意识 规范鉴定行为：关于《司法鉴定程序通则》2016年的修改［J］．中国法医学杂志，2016（3）：223－227．

王怀宇．关于进一步加强司法鉴定监督管理工作的思考［J］．中国司法，2015（5）：54－57．

郭华．司法鉴定管理体制改革的现状反思与未来方向［J］．中国司法，2015（11）：58－62．

陈如超．民事司法中的当事人闹鉴及其法律治理［J］．证据科学，2015（3）：309－326．

湖北省司法厅司法鉴定管理处．关于司法鉴定投诉处理工作的几点思考［J］．中国司法，2015（8）：38－42．

杨进友．司法鉴定投诉制度研究：以鉴定机构和鉴定人为视角［J］．中国司法鉴定,2015(2):92-97.

刘岳. 古代盟誓文献渊源考略[J]. 图书馆学刊,2012(8):115-116.

陈小嫦,李大平. 医疗损害鉴定主体改革刍议[J]. 证据科学,2011(3):299-306.

徐长斌. 我国证人宣誓制度存在与发展研究[J]. 前沿,2010(20):108-111.

陈俊敏. 宣誓作证制度考[J]. 河南师范大学学报(哲学社会科学版),2010(2):101.

刘鑫. 当事人起诉鉴定机构16例分析[J]. 中国法医学杂志,2010,25(6):458-460.

郭华. 论鉴定意见争议的解决机制[J]. 法学杂志,2009(10):108-111.

常林. 司法鉴定与"案结事了"[J]. 证据科学,2009(5):629-634.

汪建成. 司法鉴定基础理论研究[J]. 法学家,2009(4):1-27,157.

周江洪. 服务合同的类型化及服务瑕疵研究[J]. 中外法学,2008(5):655-670.

邓虹,李晓堰,陈颖. 司法鉴定合同性质之辩[J]. 中国司法鉴定,2008(4):63-65.

高富平,王连国. 委托合同与受托行为:对《合同法》中三种合同的一些思考[J]. 法学,1999(4).

张鲲. 浅析劳动合同和劳务合同的区别[J]. 四川教育学院学报,2007(3):45-47.

郭明瑞. 关于侵权责任的几个问题[J]. 法学杂志,2006(6):22-25.

吕静. 中国古代盟誓功能性原理的考察:以盟誓祭仪仪式的讨论为中心[J]. 史林,2006(1):83-91,124.

刘燕. "专家责任"若干基本概念质疑[J]. 比较法研究,2005(5).

易军. 违约责任与风险负担 [J]. 法律科学, 2004 (3): 51 - 56.

中国民法典立法研究课题组. 中国民法典·侵权行为编草案建议稿 [J]. 法学研究, 2002 (2): 135 - 147.

郭洁. 承揽合同若干法律问题研究 [J]. 政法论坛, 2000 (6).

潘丽华. 论宣誓制度 [J]. 法律科学, 1999 (4).

王铁. 论买卖合同标的物毁损、灭失的风险负担 [J]. 北京科技大学学报, 1999 (4): 62 - 67.

郑天翔. 郑天翔司法文存 [M]. 北京: 人民法院出版社, 2012.

张润彤, 朱晓敏, 等. 服务科学概论 [M]. 北京: 清华大学出版社出版, 2011.

周江洪. 服务合同研究 [M]. 北京: 法律出版社, 2010.

李锡鹤. 民法原理论稿 [M]. 北京: 法律出版社, 2009.

季美君. 专家证据制度比较研究 [M]. 北京: 北京大学出版社, 2008.

罗森贝克, 施瓦布, 戈特瓦尔德. 德国民事诉讼法 [M]. 李大雪, 译. 北京: 中国法制出版社, 2007.

马俊驹, 余延满. 民法原论 [M]. 北京: 法律出版社, 2007.

张新宝. 侵权责任法原理 [M]. 北京: 中国人民大学出版社, 2005.

张文显. 法理学 [M]. 北京: 法律出版社, 2004.

徐继军. 专家证人研究 [M]. 北京: 中国人民大学出版社, 2004.

松冈义正. 民事证据论 [M]. 张知本, 译. 北京: 中国政法大学出版社, 2004.

黄越钦. 劳动法新论 [M]. 北京: 中国政法大学出版社, 2003.

王进喜. 刑事证人证言论 [M]. 北京: 中国人民公安大学出版社, 2002.

崔健远. 合同法 [M]. 北京: 法律出版社, 2000.

王洪亮. 合同法难点热点疑点理论研究 [M]. 北京: 中国人民公安大学出版社, 2000.

崔建远,于淑妍,等.合同法[M].北京:法律出版社,2000.

何家弘,王俊民,等.司法鉴定导论[M].北京:法律出版社,2000.

余延满.合同法原论[M].武汉:武汉大学出版社,1999.

穗积陈重.法律进化论[M].黄尊三,等译.北京:中国政法大学出版社,1997.

张俊浩.民法学原理[M].北京:中国政法大学出版社,1997.

凯尔森.法与国家的一般理论[M].沈宗灵,译.北京:中国大百科全书出版社,1996.

李学灯.证据法比较研究[M].台北:五南图书出版公司,1992.

柴发邦.诉讼法大辞典[M].成都:四川人民出版社,1989.

上野正吉.刑事鉴定的理论与实践[M].徐益初,等译.北京:群众出版社,1986.

勒内·弗洛里奥.错案[M].赵淑美,张洪竹,译.北京:法律出版社,2013.

孟德斯鸠.论法的精神(上)[M].张雁深,译.北京:商务印书馆,1961.

二、外文类

BERT BLACK, et al. Science and the law in the wake of daubert: a new search for scientific knowledge [J]. Texas Law Review, 1984 (72): 715, 782.

DEIRDRE DWYER. Changing approaches to expert evidence in England and Italy [J]. International Commentary on Evidence, 2003: 523–550.

BARNET PD. Ethics in forensic science: professional standards for the practice of criminalistics [J]. Jurimetrics, 2003 (43).

ANDREW R STOLFI. Why illinosis should abandon Frye's general acceptance standard for the admission of novel [J]. scientific evidence, Chicago-Kent Law Review, 2003 (78): 861-904.

PAUL, STEPHAN R, SANDEEP K NARANG. Expert witness participation in civil and criminal proceedings [J]. Pediatrics, 2017 (139): e20163862.

ANDREW, LOUISE B. Expert witness testimony: the ethics of being a medical expert witness [J]. Emergency Medicine Clinics, 2006 (24).

FEHR COLTON. Re - thinking the process for administering oaths and affirmations [J]. Dalhousie Law Journal, 2020 (43): 637-656.

GASTÓN JAVIER BASILE. The Homeric ἵστωρ and oath-taking [J]. Estudios Griegos E Indoeuropeos, 2018 (28): 17-39.

BOTHMA, FRANK PHILIP. A legal history of oath - swearing [J]. Diss. North - West University (South Africa), Potchefstroom Campus, 2017.

JAMES BRADLEY THAYER. A chapter of legal history in massachusetts [J]. Harvard Law Review, 1895 (9): 1-12.

GRIFFITH, SHANNON M. Religious discrimination in courtroom oaths [J]. Theses and Dissertations, 2017: 675.

HELEN SILVING. The oath: I [J]. The Yale Law Journal, 1959 (68): 1329-1390.

HELEN SILVING. The oath: II [J]. The Yale Law Journal, 1959 (68): 1527-1577.

LEARNED HAND. Historical and practical considerations regarding expert testimony [J]. Harvard Law Review, 1901 (15): 40-58.

NYAMBO S. The abolition of expert witness immunity: implications of Jones v. Kaney [J]. 28 Construction Law Journal, 2012 (28): 539-552.

RENÉE L. Binder. Liability for the psychiatrist expert witness [J]. The American Journal of Psychiatry, 2002 (159): 1819-1825.

JENSEN EG. When "hired guns" backfire: the witness immunity doctrine and the negligent expert witness [J]. University of Missouri at Kansas City Law Review, 1993 (62): 185 - 210.

CHEEVER JM, NAIMAN J. The view from the jury box [J]. National Law Journal, Feb. 22, 1993.

DYER C. UK Supreme Court abolishes immunity for expert witnesses. British Medical Journal, 2011 (342) . DOI: 10.1136/bmj. d2096.

BROUN, KENNETH S, McCormick on evidence [M]. 5th ed. West Publishing Co. 1992.

附 录

2000—2014年北京市各级法院因司法鉴定引起的民事诉讼[*]

鉴定类型	案号	受理法院	原告/上诉人	被告/被上诉人	案由	鉴定类型细分	鉴定结果	诉求	裁判要点	裁判结果
司法鉴定	法医类鉴定									
	(2009)宣初字第05980号民	北京市宣武区人民法院	周某某	北京明正司法鉴定中心	委托合同纠纷	法医临床鉴定	右上肢损伤符合机动车轮胎碾压所致之损伤	返还鉴定费用,赔偿损失	(1)受托人完成委托事务的,委托人应当向其支付报酬;(2)因不可归责于受托人的事由,委托合同解除或者委托事务不能完成的,委托人应当向受托人支付相应的报酬	驳回诉讼请求

[*] 本附录所列案例资料均来自北京市高级人民法院案件管理系统,系北京市三级法院2000—2014年受理的因司法鉴定活动引起的民事诉讼案件。

续表

鉴定类型	案号	受理法院	原告/上诉人	被告/被上诉人	案由	鉴定类型细分	鉴定结果	诉求	裁判要点	裁判结果
司法鉴定 法医类鉴定	(2007)石民初字第00508号	北京市石景山区人民法院	丛某某	法大法庭科学技术鉴定研究所、邢某某	其他特殊侵权纠纷	法医类	不明	确认鉴定意见书无效	不属于人民法院受理民事诉讼的范围	不予受理
	(2007)一中民终字第04172号	北京市第一中级人民法院	丛某某	法大法庭科学技术鉴定研究所、邢某某	其他特殊侵权纠纷	法医类	不明	不服一审判决	确认鉴定意见书无效,不属于人民法院受理民事案件的范围	驳回上诉
	(2006)石民初字第511号	北京市石景山区人民法院	吴某某	北京市法庭科学技术鉴定研究所	名誉权纠纷	法医精神病鉴定	患有精神疾病	赔礼道歉、赔偿精神损失费	(1) 鉴定结论仅供国家司法机关在行使职权时使用;(2) 被告行为系履行职务行为,不属于法律规定的实施侮辱的行为	驳回诉讼请求

附录 2000—2014 年北京市各级法院因司法鉴定引起的民事诉讼

续表

鉴定类型	案号	受理法院	原告/上诉人	被告/被上诉人	案由	鉴定类型细分	鉴定结果	诉求	裁判要点	裁判结果
司法鉴定 法医类鉴定	(2006) 一中民终字第8929号	北京市第一中级人民法院	吴某某	北京市法庭科学技术鉴定研究所	名誉权纠纷	法医精神病鉴定	患有精神疾病	不服一审判决	(1) 司法鉴定部门运用科学技术及专业知识作出司法鉴定意见的行为与吴某某之间不存在任何民事法律关系；(2) 本案并非对当事人诉讼权利的侵害	驳回上诉
	(2008) 西民初字第9643号	北京市西城区人民法院	李某某	北京市劳动鉴定委员会	特殊类型的侵权纠纷	法医精神病鉴定	精神分裂症	认定鉴定意见无效，赔偿精神损失	不符合人民法院民事案件的受理条件	不予受理
	(2009) 通民初字第14026号	北京市通州区人民法院	李某某	北京市劳动鉴定委员会	劳动争议纠纷	法医精神病鉴定	精神分裂症	不明	原告李某某经法院依法传唤，无正当理由拒不到庭参加诉讼	按撤诉处理

续表

鉴定类型	案号	受理法院	原告/上诉人	被告/被上诉人	案由	鉴定类型细分	鉴定结果	诉求	裁判要点	裁判结果
司法鉴定 法医类鉴定	(2008)一中民终字第12018号	北京市第一中级人民法院	李某某	北京市劳动鉴定委员会	特殊类型的侵权纠纷	法医精神病鉴定	精神分裂症	不服一审判决	确认鉴定意见书无效，不属于人民法院受理民事案件的范围	驳回上诉
	(2011)二中民终字第4795号	北京市第二中级人民法院	李某某	北京市劳动鉴定委员会等	特殊类型的侵权纠纷	法医精神病鉴定	精神分裂症	不服一审裁定	不属于人民法院受理民事案件的范围	驳回上诉
	(2010)顺民初字第10586号	北京市顺义区人民法院	杨某某、王某某	北京市顺义区法医院司法鉴定所	人格权纠纷	法医病理鉴定	不明	返还尸体，赔偿损失等	受害人近亲属受到两方面损害：一是财产损害；二是非财产损害即精神损害	返还尸体，赔偿损失
	(2011)二中民终字第07115号	北京市第二中级人民法院	杨某某、王某某	北京市顺义区法医院司法鉴定所	人格权纠纷	法医病理鉴定	不明	不服一审判决	原审判决部分事实未查清	发回重审

附录 2000—2014年北京市各级法院因司法鉴定引起的民事诉讼

续表

鉴定类型	案号	受理法院	原告/上诉人	被告/被上诉人	案由	鉴定类型细分	鉴定结果	诉求	裁判要点	裁判结果
司法鉴定 法医类鉴定	(2012)二中民终字第03803号	北京市第二中级人民法院	杨某某、王某某	北京市顺义区法医院司法鉴定所	人格权纠纷	法医病理鉴定	不明	不服一审判决	杨某某、王某某上诉认为原判确定的赔偿数额过低,但两人未能就此进行举证,亦缺乏法律依据,且其所述意见又不足以推翻原审法院对此所作判决	驳回上诉
	(2010)顺民初字第10584号	北京市顺义区人民法院	韩某某、张某某	北京市顺义区法医院司法鉴定所	人格权纠纷	法医病理鉴定	不明	返还司法鉴定等费用,赔偿精神损失	尸检尸体被他人错领,司法鉴定机构应承担有关责任	调解
	(2004)石民初字第258号	北京市石景山区人民法院	崔某某	北京市法庭科学技术鉴定研究所	其他委托合同纠纷	法医病理鉴定	不明	返还鉴定费用及其他费用,退还鉴定原始资料	作为鉴定部门,与作为鉴定对象的原告并非平等主体,因此,原告请求事项不属于民事诉讼受案范围	驳回起诉

353

续表

鉴定类型	案号	受理法院	原告/上诉人	被告/被上诉人	案由	鉴定类型细分	鉴定结果	诉求	裁判要点	裁判结果
司法鉴定 法医类鉴定	（2008）石民初字第412号	北京市石景山区人民法院	郝某某	法大法庭科学技术鉴定研究所	一般人身损害赔偿纠纷	法医病理鉴定	目前状况不涉及伤残评定问题	赔偿精神损失，经济损失等	被告"在鉴定过程中存在明显的程序上的缺陷"，致使原告的合法权益未能得到保护。原告多次因处理交通事故事宜部门反映情况，并因此而支出了相应的交通费、复印费等，现原告要求被告赔偿精神损害抚慰金的诉求合理，法院予以支持	赔偿经济损失2万元，精神损失1万元
	（2014）高申字第02351号	北京市高级人民法院	柳某	北京明正司法鉴定中心	生命权、健康权、身体权纠纷	法医病理鉴定	不明	不服一审，二审裁定	对该鉴定意见的采信及认定，应由该案审判组织根据相关法律规定，结合案件审理情况，在案件审理中进行，对于鉴定委托书、鉴定协议书及鉴定费用如何负担，亦应由该案审判组织根据案件审理情况予以处理	驳回再审申请

354

附 录 2000—2014 年北京市各级法院因司法鉴定引起的民事诉讼

续表

鉴定类型	案号	受理法院	原告/上诉人	被告/被上诉人	案由	鉴定类型细分	鉴定结果	诉求	裁判要点	裁判结果
司法鉴定	（2004）年石民初字第01889号	北京市石景山区人民法院	孟某甲	北京市法庭科学技术鉴定研究所	其他合同纠纷	法医物证鉴定	孟某甲与孟某乙有亲子关系	认定鉴定意见无效	要求本院认定其他法院所必致本院干涉其他法院审判权行使，导致司法混乱	驳回起诉
法医类鉴定	（2004）一中民终字第11776号	北京市第一中级人民法院	孟某甲	北京市法庭科学技术鉴定研究所	其他合同纠纷	法医物证鉴定	孟某甲与孟某乙有亲子关系	不服一审裁定	孟某甲将其他法院判决认定的有效证据，请求本院判决无效，是司法程序不允许的	驳回上诉
笔迹鉴定	（2010）宣民初字第10331号	北京市西城区人民法院	刘某某	北京明正司法鉴定中心	委托合同纠纷	笔迹鉴定	不明	返还鉴定费	原告提供的证据并不足以证明被告违法多收取了鉴定费	驳回诉讼请求
	（2011）一中民终字第1318号	北京市第一中级人民法院	刘某某	北京明正司法鉴定中心	委托合同纠纷	笔迹鉴定	不明	不服一审判决	被上诉人（原审被告）给付上诉人（原审原告）1000元	调解

355

续表

鉴定类型	案号	受理法院	原告/上诉人	被告/被上诉人	案由	鉴定类型细分	鉴定结果	诉求	裁判要点	裁判结果
司法鉴定 笔迹鉴定	(2013)西民初字第13089号	北京市西城区人民法院	赖某某	北京长城司法鉴定所	不当得利纠纷	笔迹鉴定	不明	退还多收的鉴定费用	被告收取原告款项并非没有依据，双方之间不构成不当得利关系，原告对于本案的法律关系主张不当	驳回起诉
	(2008)丰民初字第7141号	北京市丰台区人民法院	杜某某	中天司法鉴定中心	其他财产所有权纠纷	笔迹鉴定	不明	返还鉴定费	原告起诉的名称与被告的实际名称不符	驳回起诉
	(2008)丰民初字第10309号	北京市丰台区人民法院	杜某某	中天司法鉴定中心	委托合同纠纷	笔迹鉴定	不明	返还鉴定费	鉴定费用的负担不属于人民法院受案范围	驳回起诉
	(2008)二中民终字第11363号	北京市第二中级人民法院	杜某某	中天司法鉴定中心	其他委托合同纠纷	笔迹鉴定	不明	不服一审裁定	案件审理中，双方经协商达成和解并已实际履行	准许撤回上诉

附录 2000—2014年北京市各级法院因司法鉴定引起的民事诉讼

续表

鉴定类型	案号	受理法院	原告/上诉人	被告/被上诉人	案由	鉴定类型细分	鉴定结果	诉求	裁判要点	裁判结果
司法鉴定 医疗纠纷鉴定	(2010)海民初字第12865号	北京市海淀区人民法院	高某某	北京大学司法鉴定室	财产损害赔偿纠纷	医疗纠纷鉴定	排除医院责任	认定鉴定意见书无效、返还鉴定费、赔偿损失	鉴定结论仅为一种证据,是否采纳其证据效力,应当由审理法院根据案件的相关规定予以决定	驳回起诉
	(2011)一中民终字第15372号	北京市第一中级人民法院	高某某	北京大学司法鉴定室	财产损害赔偿纠纷	医疗纠纷鉴定	排除医院责任	不服一审裁定	鉴定结论仅为一种证据,是否采纳其证据效力,应当由审理法院根据案件的相关规定予以决定	驳回上诉
	(2012)高民申字第03201号	北京市高级人民法院	高某某	北京大学司法鉴定室	财产损害赔偿纠纷	医疗纠纷鉴定	排除医院责任	不服一审、二审裁定	因该鉴定结论仅为一种证据,是否采纳其证据效力,应当由审理法院根据案件的相关规定予以决定	驳回再审申请

续表

鉴定类型	案号	受理法院	原告/上诉人	被告/被上诉人	案由	鉴定类型细分	鉴定结果	诉求	裁判要点	裁判结果
司法鉴定 医疗纠纷鉴定	(2014) 一中民终字第2681号	北京市第一中级人民法院	杨某某	法大法庭科学技术鉴定研究所	财产损害赔偿纠纷	医疗纠纷鉴定	医方不存在明显不当之处	不服一审判决	杨某某另行起诉鉴定机构不符合法律规定，不属于人民法院立案受理的范围	驳回起诉
	(2013) 石民初字第2709号	北京市石景山区人民法院	杨某某	法大法庭科学技术鉴定研究所	财产损害赔偿纠纷	医疗纠纷鉴定	医方不存在明显不当之处	返还鉴定费用，赔偿损失	被告所出的鉴定意见系该判决所认定的证据，本院无权就人民法院生效判决已经依法采信的证据作出相反认定	驳回诉讼请求
	(2013) 高申字第464号	北京市高级人民法院	杨某某	北京市医疗事故鉴定委员会	合同纠纷	医疗纠纷鉴定	不属于医疗事故	不服一审、二审裁定	不属人民法院受理民事案件的范围	驳回再审申请
	(2009) 西民初字第7983号	北京市西城区人民法院	张某某等	中国法医学会司法鉴定中心	合同纠纷	医疗纠纷鉴定	不存在医疗过失及过错	返还鉴定费用，支付其他费用	原告对其诉讼请求所依据的事实，未能提供相应证据，故原告应承担举证不能的后果	驳回诉讼请求

附　录　2000—2014年北京市各级法院因司法鉴定引起的民事诉讼

续表

鉴定类型	案号	受理法院	原告/上诉人	被告/被上诉人	案由	鉴定类型细分	鉴定结果	诉求	裁判要点	裁判结果
司法鉴定	（2010）一中民终字第02250号	北京市第一中级人民法院	张某某等	中国法医学会司法鉴定中心	合同纠纷	医疗纠纷鉴定	不存在医疗过失及过错	不服一审判决	庭外和解，原告撤诉	调解
医疗纠纷鉴定	（2009）二中民终字第329号	北京市第二中级人民法院	朱某某	中天司法鉴定中心	委托合同纠纷	医疗纠纷鉴定	不存在医疗过错	不服一审判决	中天司法鉴定中心应根据其专业知识完成委托服务，朱某应向中天司法鉴定中心支付鉴定费用。虽然该鉴定结论在形式上存在瑕疵，但是此鉴定结论不构成影响鉴定结论正确与否的实质因素。原审法院判决中鉴定中心向朱某某退还部分鉴定费及酌定的数额并无不当	驳回上诉

续表

鉴定类型	案号	受理法院	原告/上诉人	被告/被上诉人	案由	鉴定类型细分	鉴定结果	诉求	裁判要点	裁判结果
司法鉴定	医疗纠纷鉴定	（2004）顺民初字第1671号	北京市顺义区人民法院	齐某某	顺义区医疗事故鉴定委员会	医疗事故损害赔偿	医疗纠纷鉴定	不明	赔偿损失	原告起诉鉴定机构医疗事故纠纷，不属于人民法院受理民事案件的范围	驳回起诉
	知识产权鉴定	（2011）西民初字第18467号	北京市西城区人民法院	吕某某	北京紫图知识产权司法鉴定中心	委托合同纠纷	专利侵权鉴定	侵权技术方案与原告专利存在实质性区别	返还鉴定费用	原告在该案的法律地位系司法鉴定程序的当事人，而非委托合同的一方当事人。原告、被告之间不存在民事法律关系	驳回起诉
		（2011）一中民终字第16380号	北京市第一中级人民法院	吕某某	北京紫图知识产权司法鉴定中心	委托合同纠纷	专利侵权鉴定	侵权技术方案与原告专利存在实质性区别	不服一审判决	吕某某在该案的法律地位系司法鉴定程序的当事人，而非委托合同的一方当事人	驳回上诉
	不明	（2009）二中民终字第17103号	北京市第二中级人民法院	张某某	北京市法源司法科学证据鉴定中心	债权纠纷	不明	不明	不服一审裁定	确认鉴定意见书无效不属于人民法院受理民事案件的范围	驳回上诉

附 录 2000—2014 年北京市各级法院因司法鉴定引起的民事诉讼

续表

鉴定类型	案号	受理法院	原告/上诉人	被告/被上诉人	案由	鉴定类型细分	鉴定结果	诉求	裁判要点	裁判结果
司法鉴定不明	(2009)二中民终字第19522号	北京市第二中级人民法院	朱某某	中天司法鉴定中心	财产损害赔偿纠纷	不明	不明	不服一审裁定	退还鉴定费用不属于人民法院受理民事诉讼的范围	驳回上诉
	(2008)西民初字第12234号	北京市西城区人民法院	邓某某	公安部物证鉴定中心	特殊类型的侵权纠纷	不明	不明	赔偿精神损失、经济损失,返还鉴定费用	不属于人民法院受理民事诉讼范围	不予受理
	(2008)一中民终字第13932号	北京市第一中级人民法院	邓某某	公安部物证鉴定中心	特殊类型的侵权纠纷	不明	不明	赔偿精神损失、经济损失,返还鉴定费用	不属于人民法院受理民事诉讼范围	驳回上诉
	(2010)石民初字第764号	北京市石景山区人民法院	曾某某	法大法庭科学技术鉴定研究所	人格权纠纷	不明	不明	赔礼道歉,赔偿精神损失	不属于人民法院受理民事诉讼范围	不予受理

361

续表

鉴定类型	案号	受理法院	原告/上诉人	被告/被上诉人	案由	鉴定类型细分	鉴定结果	诉求	裁判要点	裁判结果
司法鉴定不明	（2010）高民申字第01989号	北京市高级人民法院	曾某某	法大法庭科学技术鉴定研究所	人格权纠纷	不明	不明	不服一审、二审裁定	不属于人民法院受理民事诉讼的范围	驳回再审申请
	2009年石民初字第01223号	北京市石景山区人民法院	刘某某	北京市法庭科学技术鉴定研究所	委托合同纠纷	不明	不明	撤销鉴定意见书	不属于人民法院受理民事诉讼的范围	不予受理
	（2005）石民初字第2182号	北京市石景山区人民法院	刘某某	北京市法庭科学技术鉴定研究所	不当得利纠纷	不明	不明	退还鉴定费用	被告补偿原告1000元	调解
	（2013）顺民初字第12388号	北京市顺义区人民法院	宋某某等	北京华大方瑞司法物证鉴定中心	委托合同纠纷	不明	不明	认定鉴定意见书无效	所诉的司法鉴定意见书已被（2012）朝民初字第16813号民事判决书采信，诉求不属于案受范围	驳回起诉